세계 1등 조직, 1등 기업

도요타는 어떻게
세계 1등이 되었나

데이비드 마지 지음
이현철 옮김

세계 1등 조직, 1등 기업

도요타는 어떻게 세계 1등이 되었나

펴 냄	2007년 11월 15일 1판 1쇄 박음 • 2009년 7월 10일 1판 4쇄 펴냄
지 은 이	데이비드 마지
옮 긴 이	이현철
펴 낸 이	김철종
펴 낸 곳	(주)한언
	등록번호 제1-128호 / 등록일자 1983. 9. 30
주 소	서울시 마포구 신수동 63-14 구 프라자 6층(우 121-854)
	TEL. 02-701-6616(대) / FAX. 02-701-4449
책임편집	김희선 hskim@haneon.com
디 자 인	양진규 jkyang@haneon.com
홈페이지	www.haneon.com
e-mail	haneon@haneon.com
인쇄·제책	정민인쇄·정민제본

ISBN 978-89-5596-453-0   03320

세계 1등 조직, 1등 기업

도요타는 어떻게
세계 1등이 되었나

HOW TOYOTA BECAME # 1

세계 1등은 항상 변할 수 있다.

하지만 도요타 문화는 결코 변하지 않는다.

그것이 도요타가 세계 1등인 이유이다.

CONTENTS

BECAME #1

CONTENTS

HOW TOYO

CONTENTS

이 책은 강한 호기심을 불러일으키는 사례 연구서이다.

－〈하버드 비즈니스 리뷰〉

이 책의 저자는 아주 재미있는 이야기꾼이다.

－〈뉴욕 타임스〉

아주 흥미롭고 교훈적인 책이다.

－〈마이애미 헤럴드〉

만일 도요타를 배우고 싶다면, 이제 TPS에만 집착하지 말라. 시스템 안에 숨어 있는 경영철학과 문화를 이해하고 그 속에서 성공의 열쇠를 찾아보자. 해답은 바로 여기에 있다. 도요타 철학과 시스템의 본질을 이해하지 못한 채 하드웨어에만 집착하고 진짜 귀중한 소프트웨어를 등한시한다면 기업의 벤치마킹이 성공할 가능성은 극히 희박해진다. 이 책은 바로 이런 점을 일깨워주고 있다.

- LG경제연구원 백풍렬

이 시대를 살아가는 리더들이 가져야 할 덕목과 자질을 나는 이 책에서 깨달았다. 우리가 무심코 지나쳐왔던 가치들이 도요타라는 조직에서 얼마나 큰 힘이 되는지도 알 수 있었다. 도요타 성공신화의 비밀을 이 책 한 권으로 모두 섭렵한 기분이다! 이 책을 통해 여러분과 여러분의 조직에 필요한 많은 지혜를 얻길 바란다.

-한국CEO연구소 소장 강경태

Toyopet Crown

1957년 도요타는 캘리포니아 남부에 대리점을 개설, 당시 일본에서 최상의 차종이던 '도요펫 크라운*Toyopet Crown*'을 미국에 들여와 팔기 시작한다. 홍보 문구는 이랬다. "도요펫은 당신의 애완견!" 미국에서 도요펫의 판매고는 수년 동안 보잘 것 없었고, 결국 도요타는 미국 시장을 더 연구하여 제대로 공략하기로 마음먹는다.

Camry 1세대

일본에서 제작된 1세대 캠리는 1980년대 초 미국에 등장한다. 처음 등장한 1세대 모델은 4도어 세단과 5도어 해치백 스타일 두 종류로 출시돼 큰 인기를 얻었다. 소박하고 단순한 형태의 캠리는 적정한 가격, 효율적인 성능, 낮은 유지비로 고객을 사로잡은 것이다.

Camry 2세대

1988년 도요타가 켄터키 조지타운 공장을 가동했을 때 2세대 캠리가 첫선을 보였다. 2세대 캠리는 도요타의 충직한 소비자 층을 만들어냈지만 디자인이 일본풍이라는 핸디캡을 안고 있었다. 곧 도요타는 글로벌 자동차업계의 판도를 획기적으로 뒤바꿀 프로젝트에 착수한다.

Camry 3세대

1992년형 캠리에는 더욱 널찍한 공간, 뛰어난 성능과 더불어 세련된 외관을 갖췄을 뿐 아니라 수많은 기능이 추가됐다. 예를 들어 설치가 의무화되기 전인데도 조수석에 에어백이 장착되었고 알루미늄 블록엔진이 탑재됐다. 소비자들에게 보이지도 않는 장치인데도 한 대당 50달러나 더 비싼 엔진이 달린 것이다. 1997년에 캠리는 토러스와 혼다의 어코드를 모두 제치고 미국의 베스트셀러 승용차가 되었고 그 자리를 2007년까지도 유지하고 있다.

LS400 1990

도요타는 품질, 스타일, 서비스 면에서 최고 요소들만 결집시켜, 도요다 에이지 회장이 제시한 애초 목표를 훨씬 능가하는 걸작을 만들고자 했다. 5년의 개발기간 동안 도요타는 개발비로 10억 달러를 투자하고, 디자이너 60여 명, 엔지니어 24개 팀에 1,400명, 현장기술자 2,300명, 그리고 작업보조원 220명을 동원하여 450개 이상의 시제품을 개발한다. 널찍한 실내 공간, 세련된 패널, 강력한 V8 엔진이 장착된 LS400은 럭셔리-카 시장의 모든 경쟁자들을 물리쳤다.

Prius 2000 Hybrid

수년간의 개발과정을 거쳐 탄생한 자동차가 바로 혁명적인 승용차 프리우스 *Prius* 세단이다. 프리우스는 도요타의 자체 하이브리드 기술로 제작되었는데, 대량판매를 목적으로 제작된 세계 최초의 진정한 21세기형 자동차였다. 프리우스 프로젝트 진행 중에 도요타 사장 자리에 취임한 오쿠다 히로시는 이렇게 말했다. "이 차는 도요타의 미래와 자동차 산업의 미래까지도 바꿀 수 있습니다."

Corolla 2003

1967년에 도요타는 대중형 콤팩트-카, 코롤라*Corolla*를 미국 시장에 내놓았고 1971년경에는 미국에서 일본산 자동차를 30만 대 이상 판매했다. 이와 함께 지속적 개선, 고품질과 적정 가격을 추구하는 도요타의 열정이 온갖 미국식 차종들을 만들어내면서 도요타는 미국 '빅 3'가 지배하던 자동차시장에서 만만찮은 상대로 떠오른다. 1975년 도요타는 폭스바겐을 추월하여 미국 최대의 수입차 메이커가 됐다.

TundraSport 2008

1세대 툰드라는 포드의 F-150과 GM의 시보레 실버라도*Silverado* 같은 우람한 풀사이즈 픽업트럭과 비교하여 외국산 모조품쯤으로 보였다. 그러나 도요타 엔지니어들은 트럭운전사는 거의 남성이라는 기존의 고정관념에 얽매이지 않고 끊임없이 개선할 점을 찾아냈다. 예를 들어 픽업트럭 운전자가 모두 젊은 남성들은 아니기 때문에 툰드라의 뒷문에 공기압식 리프트를 장착하여 손가락 두 개만으로 뒷문을 닫을 수 있게 했다. 툰드라의 성공으로 도요타는 회사의 성장을 위한 또 하나의 원동력을 얻게 된다.

도요타는 어떻게 세계 1등이 되었나

이 책은 맨 처음 내가 집필을 구상할 때와 다르게 진행됐다. 원래는 단순히 도요타를 제너럴모터스(GM), 포드, 닛산 같은 경쟁사들과 비교하여, 어떻게 도요타가 해마다 수많은 부문에서 다른 자동차 업체들을 앞지르는지 보여주려 했다. 그리고 이를 통해 산업계를 선도할 또 다른 생산방식을 찾으려 하였는데, 이것은 그다지 흥미롭진 않지만 적어도 시의 적절한 작업이라고 생각했다. 왜냐하면 올해 업계와 언론의 주목을 가장 많이 받은 회사는 수많은 업체들 중에서도 단연 도요타이기 때문이다. 2006년 도요타는 연간 생산·판매 목표를 발표하면서 언론의 헤드라인을 장식했는데 도요타가 발표한 이 목표대로라면 도요타는 자동차시장에서 세계 최대의 메이커가 될 것이 분명했다.

오랜 세월 글로벌 대기업이던 세계 2위의 포드와 세계 1위의 GM을 도요타가 한꺼번에 뛰어넘어 정상으로 도약하자, 사람들의 시선은 디트로이트에서 덴버를 지나 두바이로 쏠리게 됐다 (2007년에 중동 두바이에서 국제 모터쇼가 열렸음-옮긴이). 놀랍지 않은가? 포드는 한때 승용차와 트럭의 판매가 전체의 25퍼센트를 차지하며 70년 넘게 GM에 이어 세계 2위 자리를 굳건히 지켜온 기업인데 말이다.

하지만 도요타가 떠오르면서 포드는 전에 없던 엄청난 시련을 겪게 되었다. 수많은 생산공장이 폐쇄되고 무수한 화이트칼라와 블루칼라가 일자리를 잃은 것이다. 심지어 새 CEO 앨런 멀럴리 Alan Mulally 회장은 포드가 적어도 2009년까지는 이윤을 내지 못할 거라고 말하기도 했다. GM의 사정도 별반 다르지 않았다. GM의 CEO 릭 왜고너Rick Wagoner 회장은 자동차 메이커로서 세계 정상 자리를 지키는 일이 가장 중요하다고 공언했지만, 아마도 어려운 일이 될 것임을 마지못해 인정해야 했다. GM 역시 공장들을 폐쇄하고 수많은 근로자들을 해고해야만 했던 것이다.

한편 도요타는 정상을 향해 다가가고 있는 중이다. 지난 수십 년간 자동차업계에서 도요타는 작지만 만만치않은 일종의 '틈새시장 기업' 쯤으로 여겨졌기에 그들의 성공은 더욱 놀랍다. 그러나 도요타의 압도적인 판매량은 그 성공 스토리의 한 부분에 불과하다. 얼마 전 도요타는 업계 전문가들에게 자신들이 자동차업계의 규칙을 새로 쓸 정도의 능력이 있다는 것을 입증했다. 오랫동안 자동차산업 분석가들과 대다수의 일반인들은 경기 민감성을 이유로 자동차산업이 경기순환 사업이라고 믿어왔다. 왜냐하면 유가, 철강 원자재 가격, 소비심리, 금리 같은 요인이 소비자 구매 패턴을 결정했고 그것이 곧 업계의 판매와 수익 등을 좌우했기 때문이다.

그러나 도요타의 15년간 실적을 보면 이야기는 전혀 달라진다. 경제 상황이 오르락내리락 했는데도 도요타의 연간 순이익은 아주 견실한 양상을 보였다. 특히 기간 내내 꾸준한 상승세를 보이다가 최근에 이르러서는 급격히 도약한 점이 눈에 띈다. 이와 같이 도요타의 실적에 경기순환의 요인은 전혀 보이지 않는다. 물론 GM과 포드가 한창 잘나가던 시기에는 도요타의 판매량이 위축된 것도 사실이다. 그러나 불황의 충격이 GM과 포드의 고위 경영진을 휩쓸고 지나가던 중에도 도요타는 결코 심각한 불황을 경험한 적이 없다. 사실 그 '험난한' 시기에 도요타의 매출은 다른 시기와 거의 아무런 차이가 없었던 것이다.

도요타의 과거 실적을 더 면밀히 들여다보면 견실한 성장, 업계 평균을 훨씬 웃도는 주주수익율, 상상을 초월하는 소비자 선호도, 그리고 세계 최고의 종업원 만족도를 확인할 수 있다. 그러니 《좋은 기업을 넘어 위대한 기업으로Good to Great》의 짐 콜린스 같은 기업 전문 베스트셀러 작가 뿐 아니라 하버드 대학 최고위 경영대학원 교수들의 눈길이 도요타에 쏠리는 것도 당연하다.

그러나 정작 내가 놀라워한 것은 회사의 핵심 경영자들과의 인터뷰 때였다. 믿을 수 없을 정도로 성공적인 도요타의 도약에도 불구하고 회사 내 어느 누구도 그러한 성과를 떠벌리지 않았다. 나중에 알게 된 사실이지만 도요타를 정상으로 도약시킨 그들의 장점과 비결은 매출액이나 이윤과는 거의 상관이 없었다. 뛰어난 실적은 탁월한 경쟁력이 낳은 주산물이 아니라 단지 일상 업무의 부산물이었던 것이다!

어떤 조직의 주요 성공요인은 표면에 보이는 실적에 있지 않다. 물론 결과상의 수치도 중요하지만 그것은 본질이 아니라 그저 성과를 알려주는 증거일 뿐이다. 일단 이러한 중요한 사실을 깨닫자 나는 책에 대한 접근 방향을 완전히 다른 쪽으로 바꾸기로 결심했다.

오랜 세월 널리 사랑받아온 '존 디어(John Deere, 미국의 유명한 농기계 제작업체 디어Deere사의 상표명 - 옮긴이) 브랜드나 과감한 경영혁신을 이룬 일본 자동차 메이커 닛산의 사례도 있지만, 그래도 나는 도요타 이상으로 값진 교훈을 주는 기업을 본 적이 없다. 다음 장(章)에서부터 드러나겠지만 도요타는 일개 자동차 메이커나 제조 회사를 넘은 하나의 전문적 라이프스타일 그 자체다. 이를테면 오랜 세월에 걸쳐 입증된 진보, 개선, 야심, 그리고 발전의 생활방식이다.

사실 나는 수십 권의 비즈니스 서적을 읽었고 그 중 몇 권은 줄줄 외우기까지 한다. 그럼에도 불구하고 도요타보다 더 큰 효용가치를 주는 기업이나 인물은 한 번도 만나보지 못했다.

가령 나는 '사우스웨스트 항공'의 감성적인 영업 스타일을 배우면서 즐거움을 느꼈지만, 그런 배움은 여태껏 일부 사람들에게만 효용가치를 가졌을 뿐이다. 마찬가지로 나는 왜 사람들이 다른 색보다 녹색으로 칠해진 트랙터(미국의 유명한 농기계 제작업체 디어사의 트랙터)를 더 사고 싶어 하는지 배우면서 흥미를 느꼈지만, 그런 지식들은 내가 더 나은 일을 하거나 더 보람된 길로 나아가도록 도와주지는 못했다. 하지만 내가 도요타를 연구하고 집필하게 되면서부터는 상황이 전혀 달라졌다.

최대는 최대일 뿐 최고가 아니다

어느 날 아침 나는 도요타의 뉴욕 사무실에 앉아 있었다. 그러다 우연히 도요타 자동차 북미법인 사장인 짐 프레스Jim Press와 대화를 나눴는데 그를 통해 나는 직관적으로 어떤 깨달음을 얻게 됐다. 당시 프레스 사장은 도요타의 사업방식에 관해 이렇게 말했던 것이다. "우리는 최대가 아니라 그저 최고가 되려 합니다. 왜 주식 시세에 신경 써야 합니까? 그러다 보면 잘못된 결정을 내리게 될 뿐인데 말이죠."

이 말을 듣고 나는 이 기업의 경영 목표가 분기이익이나 순수익이 아니라 날마다 조금씩 진보하는 인력개발이라는 것을 알았다. 그것은 영업 구상이 아니라 하나의 철학이었다. 도요타는 사업활동에 대한 공약을 주주에게 남발하는 일이 없다. 그런데도 주가는 계속해서 오른다.

이때 나는 비교적 소수의 사람들만 흥미를 가질, 특정 산업의 안내서 같은 것을 쓰려던 애초 구상을 버렸다. 그보다는 도요타의 독특한 운영방식에서 얻은 가장 값지고 유용한 리더십을 파헤쳐보자고 결심했던 것이다. 만일 내 노력이 성공한다면 그 결과물은 엄청나게 많은 이들에게 유익한 책이 될 것이다. 더 나은 방향, 더 확고한 경쟁력 우위, 그리고 개인적 성공과 성취를 위해 더욱 명확한 로드맵을 열망하는 나 같은 사람들에게 말이다!

이 책이 바로 그 결과물이다. 그런데 이 책은 기업 위인전이 아니다. 왜냐하면 여러분도 곧 알게 되겠지만 도요타는 결코 완벽하지 않기 때문이다. 또한 이 책은 기업 일대기도 아니다. 다시 말하지만 1, 2차 세계대전 사이에 설립된 한 회사의 온갖 활동과 이정표를 끌어 모은 잡다한 기록들이 아니다. 이 책에 담긴 내용은 한 회사를 세계에서 가장 성공적이고 창조적인 기업으로, 그리고 단언컨대 세계 최고의 자동차기업으로 성장시킨 원칙, 교훈, 그리고 전략에 대한 것이다.

도요타는 완벽을 추구한다

우리가 그저 결과와 목표 달성에만 매달린다면
그 결과와 목표는 이뤄지지 않는다.

기노시타 미쓰오, 도요타 자동차 부사장

도요타는 아마 세계 최고의 자동차회사일 것이다. 그러나 도요타는 단순히 자동차만 파는 회사가 아니다. 어떤 이들은 도요타의 성공이 일본의 풍부한 전통과 규율에서 비롯됐다고 생각할지 모르지만 그렇게 간단히 설명할 수 있는 성공 스토리는 없는 법이다. 더욱이 매년 거의 천만 대의 자동차를 기막히게 설계하고, 생산하고, 팔아치우면서 동시에 다수 고객들을 만족시키기란 결코 쉬운 일이 아니다.

어떤 이들은 도요타의 성공요인을 업계 최고의 차량을 끊임없이 쏟아내는 독특하고 효율적인 생산 시스템에서 찾을 것이다. 하지만 그것은 이 기업이 지닌 강점의 아주 작은 일부일 뿐이다. 도요타의 성공을 따라잡고 싶은 경영자들은 그 특유의 생산 시스템 너머에 있는 것을 보아야 한다. 기존의 지식을 이용해 다른 분야에 적용하는 능력, 경영철학과 제품에 이르기까지 도요타를 이루는 수많은 부분들이 모두 한데 어우러져 엄청나게 긴밀한 하나의 성장 조직을 창조한 것이다.

기업이 새 직원들을 어떻게 관리하느냐는 제품 조립공장에서 부품 흐름을 어떻게 관리하느냐 만큼 전체 성공에 중요하다. 마찬가지로 그 기업이 다른 업체와의 제휴에 어떻게 접근하는가도 제품 품질에 대한 자세만큼 중요하다. 그러나 도요타 성공의 비결은 이들 분야의 어느 하나에 있는 것이 아니라 '인간 존중'을 바탕으로 한 전반적인 경영태도에 있다. 그렇기 때문에 도요타에서 얻는 교훈은 제조업체뿐 아니라 은행이나 소매업체에도 적용될 수 있을 것이다. 도요타는 드높은 이상을 가짐과 동시에 모든 종업원들이 회사의 목표를 적극적으로 추구하는 조직구조를 유지하여 스스로 동기를 부여하는 기업으로 발전해왔다.

이런 독특한 자세를 가진 도요타는 세계에서 가장 존경받으며 성장하는 유망기업 중 하나이며, 경쟁사들을 추월하면서 21세기에 무한한 공헌을 할 위치에 올라서 있다. 하지만 회사가 이런 차원에 이르도록 사원들을 일하게 만들기는 결코 쉬운 일이 아니다. 한때 일본의 변두리 시골이었던 곳에 설립된 도요타는 오늘날 세계 곳곳에서 영업을 지속하면서 세간에 널리 알려진 성공의 방정식을 모조리 무시해왔다. 오히려 도요타는 이윤과 시장점유율을 넘어선 무언가에 온힘을 기울인 것처럼 보인다. 그렇다면 도요타는 대체 어떤 기업인가? 도요타 시스템의 다양한 부분들은 회사 공동의 이상 아래 어떻게 작동하는가? 이를 알려면 우리는 이 기업의 초창기 시절을 되돌아봐야한다.

모든 것은 완벽을 추구할 때 시작된다

도요타는 가족회사로 출발했다. 창업가문의 경영철학은 오늘날까지도 이 기업의 진로에 영향을 미치면서 19세기말 일본에서 비롯된 유산을 간직하고 있다. 도요다 사키치(Toyoda Sakichi, 1867~1930)는 노동자 집안에서 목수의 아들로 태어났다. 젊은 시절 그는 도쿄에서 멀리 떨어진 작은 마을에서 가족과 함께 살았는데 그곳은 주로 방직업으로 먹고사는 마을이었다. 도요다 사키치는 어머니와 마을 여인들이 수동 목제 베틀로 직물을 짜면서 날마다 고된 노동에 시달리는 모습을 지켜보았다. 그 베틀을 돌리려면 두 손으로 실패를 잡고 재빨리 앞뒤로 던져야 했는데, 큰 동작이 필요했으므로 작업은 필요 이상으로 힘겨웠다.

그 엉성한 기계가 어머니와 다른 여인들을 무척 힘들게 한다는 사실을 알게 되자, 도요다 사키치는 그 직조 작업을 수월하게 할 방법을 찾기 시작했다. 천부적인 발명가였던 사키치는 결국 신형 베틀을 만들어냈다. 그 베틀은 한 손의 단순한 동작만으로 움직일 수 있어서 직조 작업을 한결 편하게 해주었다. 하지만 사키치는 간단한 개량에 만족하지 않았다. 그는 날마다 여인들의 동작을 관찰하고 밤늦게까지 새로 찾은 문제점을 해결하려 애쓰며 더욱 개량된 베틀을 만들고자 노력했다.

마침내 도요다 사키치는 1890년에 최초의 직조 관련 특허를 얻고 100건 이상의 특허권을 따내면서 토머스 에디슨이나 헨리 포드 같이 새로운 산업의 독보적 인물로 역사에 기록됐다. 그 무렵은 유럽과 미국에서 이미 우수한 직조기가 사용되고 있었으며 랜섬 올즈라는 사람이 최초의 스팀 가솔린 엔진 자동차를 개발한 때였다.

자신의 수동직조기를 기계화하여 한층 더 개량할 수 있음을 알게 된 도요다 사키치는 몇 년간 개발과 시험을 거듭한 끝에 일본 최초의 자동직조기를 발명했다. 그리고 1896년에 '도요다 동력 직조기'라는 이름으로 특허를 얻었다. 일 년도 안 되어 그 직조기는 초창기 일본 섬유산업의 총아가 되었고 그의 회사 '도요다 직기제작소(후에 '도요다 자동직기 제작소'로 변경)는 그 지방에서 가장 번창하는 회사가 됐다.

도요다의 자동직조기가 일본의 직물산업을 놀라울 정도로 크게 성장시켰지만 그래도 유럽과 미국의 우수한 직조기에는 미치지 못했다. 그 복잡한 구조는 자꾸만 작업 흐름을 방해했고 끊어진 실 때문에 전체 직조과정이 정지되기 일쑤였으며 실패 전달을 위한 가동중단 시간도 너무 길었다. 게다가 부품도 호환성이 없었고, 설계도 균일하지 않았다. 때문에 도요다 사키치는 거기에 만족하지 못하고 자신이 더 나은 직조기를 만들어 노동자들의 수고를 덜어야 한다고 생각했다.

그래서 도요다 사키치는 유럽으로 건너가 영국 최고의 기계 제작사인 플랫브라더스사 *Platt Brothers & Co. Ltd.*가 제작한 방적기를 연구하였다. 거기서 사키치는 서구의 사업 방침과 경영 철학을 접하게 되었고, 끊임없이 탐구하며 열정적으로 새로운 지식을 흡수했다. 서구에서는 산업화시대가 한창 무르익으면서 사업 일반과 경영활동에 관한 연구와 분석이 활발히 진행되었는데, 그것은 아직 일본에서는 불가능한 일이었다. 한편 도요다는 19세기 경영 분야의 스승이자 작가인 사무엘 스마일스 *Samuel Smiles*(1812~1904)에게 매료됐다.

스코틀랜드 태어나 에든버러 대학에서 의학을 공부한 스마일스는 'self-help'라고 알려진 자기계발 분야에서 의미 있는 첫 책을 저술하였다. 아직도 출간되어 널리 읽히고 있는 스마일스의 책 《Self-Help》(국내에는 《인생을 최고로 사는 지혜》라는 제목으로 나와 있음-옮긴이)는 1859년 처음 출간되어 곧장 영국의 베스트셀러가 됐다. 사무엘 스마일스는 이렇게 말했다. "자조(Self-Help)의 정신은 모든 인간의 참된 성장을 이끄는 근원이다. 그 정신이 많은 사람의 생활 속에 스며들 때, 그것은 국가를 활력 있고 강하게 만드는 진정한 힘의 원천이 된다." 도요다 사키치는 《Self-Help》의 영문본을 구입했는데, 역사가들에 의하면 그는 이 책에서 크나큰 영향을 받았다고 한다. 현재 그 책은 일본 중부의 도요다 출생지에 허술하게 묶인 원고의 형태로 전시돼 있다.

그 무렵 도요다 사키치는 이미 일본에서 명성을 얻고 있었다. 그는 엄청난 돈을 벌었기 때문에 당시의 발명품에 만족하면서 여전히 문제점이 남아 있는 직조기를 가지고 종업원들이 일하게 내버려 둘 수도 있었다. 하지만 사키치는 기술혁신을 멈추지 않았다. 그의 직조기는 상업적 직물산업에 적합하도록 끊임없이 놀라운 개량을 거듭하였고, 한층 더 발전해나가면서 그는 더욱 커다란 부와 명성을 얻을 수 있었다. 그에게는 더 나은 기계화를 통하여 원료를 절약하고 불필요한 노동을 줄이겠다는 신념이 있었다.

더구나 일본 밖에서도 도요다 사키치는 세계 최고의 발명가 겸 신흥 실업가로 인정받았다. 그것은 그가 기술자이면서도 활발한 사업가로서 어떻게 사람들의 일을 더 쉽고 효율적으로 만들 수 있을까 끊임없이 연구한 덕분이었다. 이런 그의 연구가 무르익어 마침내 지도카 *jidoka*라는 개념이 생겨났다. 지도카(自働化)의 '동(働)'자는 '움직일 동(動)'에 '사람 인(人)'이 붙어 있는 것인데, 이는 자동화 기계 생산의 결함을 인간이 개입하여 근본에서 수정한다는 의미를 담은 말이다. 지도카는 오늘날 도요타의 생산방식에서 가장 중요한 주춧돌 중 하나이기도 하다.

그러나 이러한 성공에도 불구하고 도요다 사키치는 기계들의 성능과 품질을 더욱 개선하고 싶어 했다. 그는 당시 일본에서 활동하던 미국인 엔지니어 찰스 프랜시스 *Charles A. Francis*에게 도움을 청하게 된다. 사키치는 프랜시스에게 자신의 직기제작소의 설비를 개조하게 했을 뿐 아니라 꼬치꼬치 캐물으며 프랜시스가 하는 모든 조작을 꼼꼼히 배워나갔다. 사키치는 미국의 생산방식을 세심히 연구하여 생산라인을 재구성하고 부품들이 균일하고 호환성을 갖도록 설비를 재설계하였다.

인간 존중은 경영이 아니라 철학이다

도요다 사키치는 기업 철학가이기도 했다. 그는 개인이 기업에 어떻게 기여할지 또 기업은 더 큰 세계에 어떻게 공헌할지 깊이 고민했다. 그는 당시의 다른 기업가들, 특히 서구 경영자들의 성과에 매료됐다. 그는 스마일스의 저술이 매우 유용하다고 생각했는데, 그 책이 무수한 사례 연구를 바탕으로 했기 때문이었다. 그 사례들은 수많은 발명가와 기업가들이 어떻게 창의성을 발휘하여 작업장의 노동 환경을 개선하고 나아가 사회가 나아갈 방향까지 바꾸었는지 보여준다. 종업원들은 스마일스의 책에서 좀더 효율적으로 작업할 수 있는 방법을 학습함으로써 자신과 동료들의 생활수준을 어떻게 개선할 수 있는지 알게 됐다. 또한 그들은 자신들이 만든 제품을 쓰는 사람들의 생활수준을 개선하는 데도 기여하게 되었고, 결국은 모두에게 유용하고 가치 있는 결과를 가져올 수 있었다.

노동자들은 스마일스의 책을 '실용적이고 매력적인 선물'이라 부른다. 왜냐하면 '읽는 이에게 자신의 잠재력을 일깨우고 성공의 야망을 심어주며 올바른 이상(노동과 수고를 절감하고 작업 중에 자기혐오를 줄이는 것)을 추구하고 인생에서 자신의 노력을 신뢰하도록 도와주기' 때문이다. 기본적으로 이 책은 스스로 돕는 자에게 행운이 온다는 오래된 격언의 확인서이다. 스마일스는 이렇게 충고한다. "… 젊은이는 즐거움을 얻기 위해 일해야 한다. 노력과 근면 없이는 그 무엇도 성취할 수 없다. 학습자는 난관 앞에 물러서지 말고 인내와 끈기로 어려움을 돌파해야 한다. 무엇보다 사람은 인격 함양에 힘써야 하는데, 그렇지 못하면 능력도 쓸데없고 세상의 성공도 다 헛것이다."

인간과 기업에 관한 이 같은 사상은 러시아의 위대한 작가 레오 톨스토이(1828~1910)의 말에서도 울려나온다. "모두가 세상을 바꾸려 한다. 그러나 자신을 바꾸려는 사람은 아무도 없다."

기계의 진보는 대다수 사람들이 따라가기 벅찰 정도로 급속히 진행되고 있었다. 하지만 일부 선구자들은 인간 이해를 소홀히 한 자동화가 무자비하게 진행된다면 삭막하고 비효율적인 세계가 될 것임을 깨닫기 시작했다. 노동자가 현대의 작업장에서 우수한 능력을 발휘하려면 뛰어난 사색가가 될 필요가 있었다. 자신이 날마다 하는 노동을 통해 자신과 공동체에 기여하고 있음을 이해하는 사색가 말이다.

스마일스에게서 영감을 얻은 도요다 사키치는 자신의 발명품에 인간미를 부여하여 인간이 나아갈 방향을 바꾸는 데 기여하고자 했다. 그 결과 마침내 세계에서 가장 우수한 기업 하나를 일으킬 토대가 형성됐다. 1930년에 사망할 때까지 사키치는 많은 시간을 할애해 아들 도요다 기이치로*Toyoda Kiichiro*(1894~1952)에게 기업의 사회 공헌에 관한 자신의 철학을 가르쳤다.

1920년대 말 무렵 직기회사와 수십 종의 특허 발명품 덕분에 도요다 사키치는 20세기 산업계에서 가장 저명한 인물 중 하나가 돼 있었다. 하지만 그는 결코 만족할 줄 몰랐다. 그는 사람들이 배우고 탐구하려는 자세를 버리지 않는 한, 사람들의 문제해결 능력은 무한하다고 생각했다. 사키치는 엔지니어들이 책상 앞에 앉아 있기보다 공장에서 직접 배워야 우수한 제품이 개발될 수 있다고 믿었다.

그래서 기이치로가 대학을 졸업하고 '도요다 직기제작소'에 들어왔을 때 도요다 사키치는 밑바닥에서부터 사업을 배우게 했다. 또 사키치는 해외 직조기 제작사를 시찰하는 것이 글로벌 경쟁력을 갖추는 데 필수적이라고 믿었고 아들이 자신의 혁신적 발걸음을 쫓아 자기 나름의 문제해결법을 보고 배우고 개발하기를 원했다.

1930년에 도요다 사키치는 아들 기이치로에게 '도요다 자동직기 제작소'를 남긴 채 세상을 떠났다. 그 5년 후, 기이치로는 도요다 사키치의 경영철학을 회사의 운영원칙으로 공식화하여 아버지에게 경의를 표했다. 이 원칙은 후에 등장하는 도요타의 독특한 사업방식의 밑거름이 된다.

도요다 창업정신(1935)

1. 어느 위치에 있건 자신의 직무에 충실하고 함께 노력하여 국가의 발전과 번영에 이바지한다.
2. 끊임없는 창조, 탐구, 발전을 추구하여 시대를 선도한다.
3. 실용성을 중시하고 경솔함을 경계한다.
4. 친절과 아량을 지니고, 온화하며 가족적인 분위기를 만들도록 노력한다.
5. 예의를 갖추고, 크건 작건 생각이나 행동으로 이루어진 모든 일에 감사를 표한다.

도요다, 자동차시장에 뛰어들다

아버지의 권유로 도요다 기이치로는 유럽을 여행하며 플랫브라더스사의 선진 기술을 둘러보게 된다. 그리고 미국으로 건너가 자동차산업의 메카인 디트로이트를 돌아보다 미국의 산업동향, 특히 자동차산업에 매료됐다. 기이치로는 번영하는 헨리 포드Henry Ford의 제국에 유독 흥미를 느끼고, 조립라인 생산방식으로 대중들이 구입할 저렴한 자동차를 생산하는 포드사의 효율적인 생산공정을 면밀히 연구하였다.

도요다 기이치로는 미국의 광활한 도로망을 부러워했고 시민들이 저렴한 자동차를 구입할 수 있다는 것도 알게 됐다.

1923년 일본에 대규모 지진이 발생했는데 그 지진으로 일본 수송 체계의 근간을 이루는 철도망이 무참히 파괴되었고, 기차를 못 타게 된 대다수 일본인들은 여행에 큰 어려움을 겪었다. 그러자 도요다 기이치로는 일본에서 미국 자동차를 복제하고 개량하여 생산해야겠다고 마음먹었다. 아버지가 직조기를 발명한 것처럼 자신도 모든 일본인이 장거리 여행에 이용할 수 있는 저렴한 자동차를 만들어야겠다고 생각한 것이다.

그래서 1920년대 말 플랫브라더스사가 도요다 자동직기 제작소로부터 도요다 사키치의 특허권을 인수하겠다고 제안했을 때, 사키치와 기이치로 부자(父子)는 선뜻 그 제의에 동의했다. 그 매각으로 기이치로에게 100만 엔(현재 화폐 가치로 2천만 달러 이상에 상당하는 금액)이 들어왔고, 그 돈은 일본 자동차산업의 종자돈이 됐다. 일본에 고급 기계를 설계하고 제작할 기술이 전혀 없다는 사실 따위는 중요치 않았다. 오히려 자동차 개발 앞에서 도요다 부자는 경영이념 중 하나를 추구할 기회를 발견했다. 그리고 그 이념이란 창조적 모험을 통해 인간의 번영을 이루는 것이었다.

도요다 기이치로는 직조공장 안에 마련한 작업장에서 자동차 설계에 관한 경험이라곤 전혀 없는 소수의 엔지니어팀과 함께 작업에 돌입했다. 그리고 1935년 도요타 최초의 자동차 시제품을 만들어냈다. 'AA'로 명명된 그 모델은 이듬해인 1936년부터 생산에 들어갔는데, 크라이슬러 자동차의 외관(좀 더 공기역학적이고 맵시 있는 곡선 형태)에다 시보레의 엔진을 탑재한 승용차였다. 시보레는 당시 일본에서 가장 인기 있는 차종이어서 부품을 구하기가 매우 쉬웠기 때문이었다.

최초 자동차의 출시에 때맞춰 도요다 자동직기 제작소는 새 자동차회사의 명칭과 로고를 공모했다. 이에 수천 명이 응모했는데, 결국 회사 이름으로 Toyoda에서 'd'를 빼고 't'를 넣은 'Toyota'가 결정됐다. 그 이유는 일본에서 8이 행운의 숫자로 여겨지는데, Toyota를 뜻하는 일본 문자가 8획인데다가 Toyota가 보기에도 멋지고 듣기에도 근사하게 느껴졌기 때문이다. 이어서 새 도요타 로고에 어울리는 한자 엠블럼도 결정됐다. 그리하여 1937년에 드디어 자동차회사 '도요타 자동차*Toyota Motor Company, Ltd.*'가 설립됐다. 장소는 일본 중부 아이치 현에 있는 나고야 시에서 조금 떨어진 시골이었는데, 후에 그 지역은 '도요타 시'로 불리게 된다.

도요타의 첫 자동차는 결함투성이였는데 초창기 생산공정은 너무 초보적이어서 세계 무대에서 도저히 경쟁할 수 없었다. 비록 도요타의 최초 자동차가 고작 크라이슬러, 포드, 제너럴모터스(GM) 차량들의 유사 복제품에 지나지 않았지만 도요다 기이치로는 그것들에 소중한 가치를 부여하려고 노력했다. 한편 최초 도요타 자동차의 가격은 당시 미국 자동차들에 비해 10퍼센트 이상 저렴한 수준이었다.

자동차사업에 뛰어든 후 처음 7년 동안 도요타가 생산한 승용차는 겨우 1500대에 불과했지만 트럭시장에서는 꽤 성공을 거두었다. 도요타의 첫 자동차가 출시될 무렵에 때맞춰 일본 정부의 새 지침이 내려졌는데, 일본 내에서 차량을 판매하는 모든 자동차회사는 반드시 대주주와 경영자가 모두 일본인인 회사여야 한다는 규정이었다. 이는 기본적으로 미국 수입차에 대항한 조치였다. 외제차와의 경쟁이 줄어들자 도요타는 판매량에서 꾸준한 상승세를 타게 된다. 그러다 2차 세계대전이 발발하고 도요타는 생산능력을 군수차량 생산에 집중했다.

오늘날 널리 알려졌듯이 2차 대전이 끝난 직후 도요타는 빠르게 떠오르기 시작했다. 도요타는 비용 대비 높은 효율과 종업원의 참여를 강조하는 독특한 정신(모노츠쿠리, 물건 만드는 데 자신의 혼을 담는다는 뜻으로 일본 특유의 장인 정신을 말함-옮긴이)을 바탕으로 성장한 것이다. 마침내 1945년 미국 정부는 도요타가 미군정 하의 일본에서 평시 차량 생산을 시작하는 것을 허용하게 된다. 게다가 도요타는 미 국방성의 산업교육 프로그램에도 참여했는데, 그 프로그램의 초점은 생산공정 개선과 인력개발에 있었다. 그리고 그것들은 나중에 도요타의 핵심 강점이 된다.

1947년 도요타는 '도요펫Toyopet'이라는 명칭으로 알려진 모델 SA를 판매하기 시작했는데, 이 차는 최초의 대중 보급형 승용차였다. 도요펫은 성능이 뛰어나거나 고급스러운 차는 아니었지만 저가의 소박한 승용차로, 전후 일본의 열악한 도로 사정에 적합하도록 설계된 차였다. 고객들은 열렬히 반응했고 도요타는 그 해에만 도요펫을 10만 대 이상 생산했다.

그러나 1950년에 일본이 경기 침체의 수렁에 빠지자 도요타도 엄청난 시련을 겪게 되었고 자금 압박이 심해지자 직원들을 해고할 상황에 처하게 됐다. 다행히 역사적인 구조조정 합의가 이루어졌지만 그와 동시에 경영진은 장기 생존을 위해서는 기업 운영체제를 획기적으로 개선해야 함을 절감했다. 그 이후 도요타는 손실을 보는 일이 없었다.

도요타 자동차가 처음 미국에 상륙한 시기는 1950년대 말이었다. 이미 직원 세 명이 '가서 둘러보라'는 특명을 받고 미국에 파견된 뒤 도요타가 해외 판매를 시도해야 한다고 결정한 후의 일이었다. 당시 도요타는 캘리포니아 남부에 소규모 대리점을 개설하고 당시 일본에서 최상의 차종이던 '도요펫 크라운 *Toyopet Crown*'을 들여와 팔기 시작했다. 광고를 비롯한 홍보 문구는 이렇게 외쳐댔다. "도요펫은 당신의 애완견!" 몇 가지 트럭 모델과 함께 선보인 도요펫의 판매고는 수년 동안 보잘것없었고 결국 도요타는 미국 시장을 더 연구하여 제대로 공략하기로 마음먹었다. 바로 이 무렵부터 도요타는 미국 시장을 겨냥하여 1965년형 코로나*Corona* 같은 승용차를 생산하기 시작했다.

1980년대에 도요타는 켄터키 주 조지타운*Georgetown* 공장 같은 현지 공장을 설립하면서 미국 지역사회에도 상당한 투자를 하기 시작했다. 이 모든 조치들이 도요타의 향후 성장에 중요한 나아갈 방향이 되었고, 이를 통해 거의 30개국에 영업소를 개설하고 170개국이 넘는 전세계 시장에서 자동차를 판매하기에 이르렀다. 그 결과 도요타는 전 자동차업계의 선망의 대상이 될 수 있었다.

불만이 있으면 제게 알려주십시오

지난 4반세기 동안 도요타는 '인간 존중'과 '지속적 개선'이라는 핵심 창업이념을 저버린 적이 없다. 이 이념은 도요다 사키치와 기이치로 부자가 선택한 서구 경영철학과 일본 전통문화에서 우러나온 것이다.

바로 이런 이유로 오늘날의 도요타가 장기간에 걸쳐 온갖 문화와 철학에서 잡다한 이상들을 끌어 모은 잡동사니 거대 기업일 뿐이라는 평가에 짐 프레스는 코웃음을 친다. 짐 프레스는 도요타 자동차 북미법인 *Toyota Motor North America*의 사장이자 도요타의 견고한 핵심 그룹에 들어간 소수의 미국인 중 한 사람이다.

그렇다. 도요타는 일본에 근거를 둔 일본 기업이다. 아시아식 전통과 유산이 도요타의 사업 운영방식과 기업문화에 여전히 필수적인 역할을 하고 있다. 그러나 그것은 도요타 방정식의 일부일 뿐이지, 도요타 성공신화의 유일한 요인은 아니라는 것이 짐 프레스의 주장이다.

일본에 있는 도요타의 세 본사 건물에 가서 느낀 점은 이 기업이 확실히 매우 일본적이라는 사실이다. 영어도 거의 쓰이지 않고, 외국인도 아주 드물다. 그러나 그 안에서 이루어지는 운영방식에는 도요타만의 독특함이 녹아 있다. 다른 두 일본 자동차 메이커인 마쓰다*Mazda*와 닛산*Nissan*이 지난 20년간 어떤 고난을 겪어왔는지 생각해보면 이는 더욱 명확해진다.

1990년대 말 닛산은 거의 파산 상태였고, 마쓰다는 오랫동안 흐트러진 생산라인과 들쭉날쭉한 품질에 시달리다가 현재는 포드의 경영참여를 통해 운영되고 있다. 두 기업 모두 괜찮은 제품들을 내놓는 비교적 견실한 회사였다. 하지만 언제인지 모르게 둘은 같은 문제에 시달리게 된다. 그것은 이미 미국의 '빅3(미국 3대 자동차회사인 GM, 포드, 크라이슬러를 말함–옮긴이)' 자동차 메이커와 세계의 수많은 글로벌 기업들이 처한 어려운 상황과 같다.

1970년에 포드를 떠나 도요타에 들어온 짐 프레스는 이들 회사와 도요타의 차이는 경영자세와 경영에 대한 접근방식에서 비롯된다고 말한다. "도요타 사람들은 더 헌신적입니다. 그들은 이기주의, 즉 '나 혼자만을 위해 일한다'라는 생각을 적게 합니다."

도요타 자동차 북미법인을 이끄는 최초의 외국인 사장인 짐 프레스는 타코마Tacoma와 캠리Camry 같은 인기 차종 개발에 직접 참여한 것으로 알려져 있다. 그리고 그는 오늘날 자동차업계에서 가장 뛰어나고 영향력 있는 경영자 중 한 명으로 인정받는다. 관계자에 따르면 닛산의 카를로스 곤Carlos Ghosn 회장과 GM의 밥 루츠Bob Lutz 부회장이 헤드라인을 장식하기 위해 애쓰고 GM의 릭 왜고너 회장이 언론에 민감하게 반응하는 동안 도요타의 짐 프레스 사장은 실질적인 성과를 얻기 위해 더 노력한다고 한다. 하지만 도요타의 전통대로 프레스 사장은 절대 자신의 성공을 떠벌리는 사람이 아니다. 그는 자신의 개인적 업적에 대해서는 한마디도 하려 하지 않았다.

날마다 수영을 하는 짐 프레스는 캘리포니아 남부의 도요타 영업소에서 일한 초창기 14년 동안 아내와 아이들과 함께 사무소 근처에 정박된 약 12미터 길이의 보트에서 살았다. "우리는 낚시질로 식량을 얻고 오리를 애완동물로 삼았으며, 온갖 수상 스포츠를 다 해봤습니다." 이렇게 말하는 짐 프레스는 다이어트 소다를 즐겨 마시는 금주가인데, 대개 부하들에게 부드러운 어조로 이야기하는 사장으로 알려져 있다. 사람들은 천천히 차분하게 대화하는 프레스 사장을 '사려 깊고 겸손한 리더'고들 말하지만, 그는 남을 움직이는 능력도 갖고 있다. 그는 회사가 가장 중시하는 바를 결집시키는 인물인데, 그것은 어느 일본인 직원의 표현에 따르면 바로 "행동, 행동, 무조건적인 행동!"이다.

전국적으로 발행되는 한 잡지는 프레스 사장을 약간 '고독한 인물'이라 표현했지만 아마도 그 말은 자동차업계에서 그가 드러낸 겸손한 자세를 뜻할 것이다. 프레스 사장은 친구나 동료들과 어울려 시간을 물 쓰듯 낭비하거나 자기 분수에 넘치게 생활하며 "나를 봐. 내 성과를 보라고!" 하며 외치는 경박한 지도자가 아니다. 한번은 인터뷰 중이었는데, 프레스 사장이 동료 직원에게서 쪽지를 건네받고는 정중하게 양해를 구하고 자리를 떴다. 나중에 알았지만 오랜 친구에게서 전화가 온 것이었는데, 어려움을 겪던 친구가 휴가를 보내면서 기분이 나아지고 있다며 걸어온 전화였다. 돌아온 프레스 사장은 몇 번이고 사과하면서, 그 전화가 아주 중요할 뿐 아니라 개인적으로 부득이한 통화였다며 양해를 구했다.

짐 프레스 사장은 미국 중부 캔자스 주의 토박이로서 자동차 중개상인 삼촌과 자동차광(狂)인 형과 함께 작은 마을에서 자랐다. 프레스 사장은 어린 시절 고카트Go-kart(1956년 미국 레이싱카 설계자 아트 잉겔스가 개발한 2기통 엔진의 오픈카―옮긴이) 엔진을 분해했다가 다시 조립하는 법을 배웠다고 한다. 그는 어느 잡지의 광고를 보고 고카트 키트를 주문해서 혼자 그것을 조립한 뒤에 그걸 타고 레이스를 벌이기도 했다.

십대 시절에 그는 삼촌의 시보레 대리점에서 세차 일을 하면서 짬짬이 자동차 엔진과 중고차를 만지작거렸는데, 그러다가 내연기관에서 자신의 천직을 발견했다. 16살 때 그는 1955년형 셰비Chevy(그는 "6기통 엔진의 거대한 물건이었죠"라고 표현했다)를 몰고 가속경주 레이스에 참가했는데, 여전히 자신은 자동차 수리공이라고 주장한다. 그 이상도 그 이하도 아니라면서. 프레스 사장은 이렇게 말한다. "내가 좋은 성적을 받은 유일한 교실은 자동차 정비소였습니다. 나는 그 지역에서 열리는 모든 모터쇼를 보러 갔고 안내지를 가져다가 온갖 사진들을 오려서 보관했지요." 오늘날 그는 캠리 하이브리드를 몰고 다니는데, 뉴욕 맨해튼의 새 주택에는 안성맞춤이라고 한다. 하지만 보통 그는 차를 집에 두고 회사까지 걸어 다닌다.

30여 년 전 짐 프레스가 포드 자동차를 나와 도요타로 왔을 때 그의 선택은 바보짓처럼 보였다. 하지만 프레스는 말하길, 포드사에는 너무 많은 간부층이 있어서 자기가 그곳에 있는 동안 경영주 헨리 포드 2세를 구경도 못했다고 한다. 어쩌면 포드

씨를 딱 한번 본 듯도 한데, 그것도 그냥 지나면서 얼핏 보았다는 것이다. 포드사의 업무 명령은 수많은 사다리를 거쳐 내려왔고 지시가 맨 아래에 도달했을 쯤에는 내용이 무언지 애매모호하기 일쑤였다고 한다. 그러나 도요타에 왔을 당시 그는 중간 관리자에 불과했는데도 첫날부터 사장, 회장과 함께 일하기 시작했다.

"저는 도요타 자동차들의 우수함을 알았습니다." 포드사를 떠난 경위를 설명하면서 짐 프레스는 이렇게 말했다. "그리고 일단 안으로 들어오자 모든 일이 제대로 돌아갔습니다. 업무 결과를 확인할 수 있었고, 모든 것이 어떻게 돼가는지 보였습니다. 아주 근사했어요…. 꼭 제 집 같았습니다."

그러나 그가 도요타에서 일하기 전에는 이와 달랐다. 한번은 그가 포드사에서 근무할 때 선더버드*Thunderbird*(1950년대에 나온 포드의 2인승 컨버터블 승용차-옮긴이) 조립공장으로 파견된 적이 있다고 한다. 파견 목적은 '진동 없는 차를 출고하도록 감독하기 위해서'였는데 당시 짐 프레스는 아는 사람들이 어느 회사에서 일하냐고 물으면 움찔했다고 한다. 포드사에서 일한다고 하면 틀림없이 포드 차에 대한 온갖 불평이 쏟아질 게 뻔했기 때문이다.

오늘날 짐 프레스는 도요타가 추구하는 모든 가치를 대표하는 인물이다. 하지만 글로벌 자동차산업의 뛰어난 간부 중 하나이면서도 그는 자신이 훨씬 거대한 사명을 향해 자기 역할을 다하는 일개 직원일 뿐이라고 믿는다.

실제로 프레스 사장은 도요타에서 행하는 자신의 역할이 말단 직원의 역할과 하등 다를 바 없다고 누누이 강조한다. 물론 그가 미국 자동차시장에 엄청난 위력을 행사하고 수백만 미국인들의 생활에 직접 영향을 미치는 것은 사실이다. 예를 들어 프레스 사장은 도요타의 경영진을 설득해 타코마 같은 차량들을 개발하고 하이브리드 세단 프리우스*Prius*를 예정된 일정에 앞서 미국에 들여온 바 있다. 그러나 이러한 업적에도 불구하고 그는 그런 뛰어난 안목의 비결을 현장에서 뛰는 딜러와 소비자들의 생생한 목소리 덕분이라고 말한다. 프레스 사장은 얇고 산뜻한 명함을 갖고 다니지 않으려 하는데 그 이유는 그런 명함으로는 직업상 만나는 소비자들의 요구를 명함 뒷면에 적을 수 없기 때문이다. 간부 직원이 되면서 이런 방식으로 적는 것을 그만두기 전까지 그는 다음과 같은 내용이 적힌 명함을 지니고 다녔다. "당신이나 당신이 아는 누군가가 도요타 자동차에 불만이 있습니까? 그럼 제게 알려주십시오."

프레스 사장은 일 년에 여러 차례 일본으로 날아가 이사회 임원, 엔지니어, 디자이너들에게 어떤 차량이 미국 소비자들의 마음을 잡아끌지 알려준다. 시골마을 출신의 캔자스 토박이가 중간급 관리자로 일본계 회사에 들어가 이사회 임원이 됐다는 사실은 엄청난 사건이다. 게다가 이 책이 쓰이는 2007년 현재 도요타의 총 매출액이 거의 2천억 달러에 달하고, 9퍼센트를 넘는 업계 최고의 영업 이익(업계 평균의 세 배)을 올렸다는 점을 생각할 때 그의 출세는 더욱 놀랍다. 어느 모로 봐도 이것은 회사의 이념에 충실히 살아온 한 사람이 이뤄낸 탁월한 성공이다.

게다가 짐 프레스 사장은 모범적인 습관과 자기단련으로도 유명하다. 예컨대, 그는 40년 동안 수천 시간을 물속에서 보냈음에도 끊임없이 수영 실력을 연마한다. 또 그는 상승하는 도요타의 위세가 자신의 시야와 부하 직원들의 마음가짐을 흐려놓지 않도록 노력한다. 즉 프레스 사장은 자신의 야심을 위해서가 아니라 끊임없이 자신과 남들을 이롭게 하고자 자기계발을 추구하기에 훌륭한 것이다. 결국 프레스 사장 같은 도요타 직원들이 수없이 많기에 수년에 걸친 기록적인 성과와 장밋빛 미래를 가진 세계 최정상의 기업, 도요타가 탄생한 것이다.

생산방식만이 도요타의 성공비결은 아니다

도요타는 직원들이 회사의 기본이념을 수용하게 하는 데 굉장한 노력을 기울이기 때문에 이 기업에 입사하는 것은 그 자체로 하나의 성공이다. 도요타의 직원이 되려는 사람은 직조기에서부터 자동차와 그것들을 만든 공정에 이르기까지 모든 것이 개선될 수 있다는 확신에 동의해야 한다. 그리고 인간이 적절한 목표에 혼신의 힘을 기울일 경우 반드시 그것이 개선될 수 있음을 믿어야 한다. 그런데 이런 말은 어쩌면 단순히 허황된 기업 홍보처럼 들릴 것이다. 그러나 이것은 정말로 사실이다!

도요타의 경영방식에 관해 짐 프레스 사장은 이렇게 말한다.

"오랜 세월, 엄청난 노력을 기울여 우리는 어느 시대에나 적용될 수 있는 복합적 시스템을 개발했습니다. 도요타는 일종의 국가와 같습니다. 사람과 여러 문화 간의 온갖 작용들로 이루어진 국가라고 할 수 있죠. 도요타는 그 자체로 하나의 사회입니다."

도요타는 종업원, 소비자, 그리고 수많은 대중을 포함한 온 인류에게 공헌하려는 철학을 가졌기에, 그 기업구조가 봉사지향형 목표를 향해 성장해가도록 설계돼 있다. 그렇기에 도요타는 아마도 어떤 산업에서도 성공할 것이다. 물건을 만드는 방법이 아니라 그것을 만드는 마음가짐과 생산과정에 임하는 자세, 바로 그것이 도요타의 성공비결이다.

진정한 관리자는 권한이 없다

만일 작업자가 지시받은 일만 수행한다면,
생산된 제품에서 발견되는 결함이 끝도 없을 것이다.
우리는 작업자가 명령받아 일하는 것이 아니라
스스로 창의성을 발휘하여 일하길 원한다.
그래야 생산공정의 질이 높아진다.

기노시타 미쓰오, 도요타 자동차 부사장

위대한 리더가 되려면 독재자가 아니라 협력자가 되어야 한
다. 도요타의 최대 라이벌들을 비롯한 세계 곳곳의 수많은 기업
들에서는 고위 간부들이 막강한 권한을 가진다. 그들은 거들먹
거리며 말 그대로 현장 실무자들 위 저만치 높은 곳에 군림한
다. 이 같은 기업의 엄격한 상하관계는 결국 조직을 비효율적인
관료주의의 수렁에 빠뜨린다. 이런 조직에서 현장의 실무자들
은 업무의 목적도, 그 일의 결과도 제대로 이해하지 못한 채 그
저 무턱대고 지시를 따른다. 마찬가지로 권한을 움켜쥔 상급자
들 역시 현장 실무와 너무 동떨어져 있어서 자신이 내린 지시의
의미나 효과를 충분히 알지 못한다.

취학연령의 아동을 둔 어느 일반 가정을 생각해보자. 이 가

정의 부모가 왕처럼 모든 권한을 가지고 아이들에게 숙제를 하라고 '명령'할 수는 있다. 하지만 숙제를 제대로 하도록 아이들을 완전히 통제하기는 어렵다. 실제로 숙제를 하는 사람은 부모가 아니라 아이들이지 않은가? 물론 때로는 지시만으로 숙제가 이뤄질 수 있을 것이다. 그러나 아이들이 지시를 따르지 않는다면 부모가 아무리 잔소리를 퍼부어도 결국엔 '쇠귀에 경읽기'가 될 수밖에 없다.

여러 해 전 포드사에서 벌어진 일을 살펴보자. 당시 포드의 회장 겸 CEO는 창업주 헨리 포드의 증손자 빌 포드였다. 수년간 미국 기업의 지도자들 중에서 빌 포드 회장만큼 친화력 있고 명확한 비전을 가진 경영자는 드물었다. 빌 포드 회장은 재임기간 중 회사에서 가장 부유한 직원이었지만 획기적 비용절감의 필요성을 제대로 이해한 경영주였다. 그는 공개 석상에서 포드사가 친환경 자동차의 선두주자가 되어야 하며, 더 나은 세계를 위해 많은 공헌을 해야 한다고 줄기차게 역설했다. 그러자 자동차업계의 가장 비판적인 저널리스트와 전문가들조차도 빌 포드 회장의 리더십에 찬사를 아끼지 않았다.

그러나 불행히도 빌 포드 회장의 비전은 한낱 이상에 그치고 말았다. 그의 말은 10만 명이 넘는 종업원들에게는 단순한 구호일 뿐이었다. 포드사에서는 회사의 리더가 하는 말과 현장 실무자들이 하는 행동이 따로 노는 경우가 허다했다. 예로부터 세계 최대의 관료주의 기업으로 유명했던 포드 자동차는 인력과 조직 시스템이 적정한 규모와 목표에 걸맞지 않게 비대해지면 어떻게 되는지를 보여주는 결정판이었다. 귀중한 정보가 관료주의의 미로 속을 헤매는 동안 의사결정은 경직되고 굼벵이처럼 느려졌다. 그렇지 않다면 한때는 잘나가던 포드 같은 대기업이 어떻게 그처럼 망가질 수 있겠는가? 2006년에 1,400억 달러 이상의 매출을 올리고 대규모 구조개혁을 단행한 기업이 어떻게 한 해 뒤에 120억 달러 이상의 손실을 기록했는가 말이다.

몇 년간 치열한 노력을 기울였던 빌 포드 회장은 자신의 시도가 헛수고였음을 깨달았다. 그래서 보잉사 부사장이던 앨런 멀럴리가 포드의 새 회장으로 취임해 포드를 재건하는 막중한 책임을 떠맡게 되었다. 취임 후 멀럴리 회장의 첫 일정 중 하나는 일본에서 도요타 자동차의 조 후지오 회장을 만나는 것이었다. 도요타를 '세계에서 가장 멋진 조직, 세계 최고의 생산 시스템'이라 부른 멀럴리 회장은 포드의 책임자가 된 직후 세계 곳곳을 돌아다녔다. 바로 도요타를 배우기 위해서 말이다. 흥미롭게도 이 만남은 오랜 배움의 순환 고리를 완성했다. 수십 년 전 도요다 기이치로가 포드 공장을 연구했듯이 포드가 도요타를 배우게 된 것이다.

멀럴리 회장은 값진 교훈을 하나 얻었는데, 상부의 권한을 과감히 하부에 위임하여 현장 작업자들이 스스로 생각하고 행동하게 하는 운영체제를 통해 도요타가 세계 최고가 되었다는 것이다. 하지만 포드의 기업 문화는 그와 정반대였다고 포드 북미 사업부 사장 마크 필즈는 말한다. 포드에서는 도움을 구하는 것을 무능력한 것으로 보았고 상부에서 지시가 내려오면 아무리 이상하더라도 부하 직원들은 그냥 군소리 없이 시키는 대로 해야 했다. 왜냐하면 설사 실무자들이 경험과 직감으로 더 나은 방법을 알고 있다 해도 그들에게는 다른 방식을 시도할 권한이 없기 때문이다.

그래서 포드가 마치 공룡 같은 자신의 몸뚱이에 짓눌려 한없이 곤두박질치는 동안 도요타는 안정, 성장, 진화를 바탕으로 착실히 전진해나갔다. 도요타는 경영자와 관리자들이 보스나 독재자가 아니라 코치나 협력자가 되게 했다. 그리고 실무자들에게 자율권을 부여하는 우수한 경영구조 위에서 도요타는 발전을 거듭했다. 뛰어난 직원들이 창의적으로 움직일 때 그 조직은 눈에 띄게 강해진다.

도요타의 기노시타 미쓰오 부사장은 여러 맡은 임무 외에 글로벌 인재관리를 담당하고 있는데, 그는 그것을 성을 둘러싼 성벽에 비유한다. 성벽은 갖가지 크기의 돌들로 쌓여 있는데 어떤 것은 커다랗고 어떤 것은 조그맣다. 하지만 그 크기에 관계없이 각각의 돌은 다른 돌을 떠받치는 중요한 역할을 담당한다. 작은 돌들이 큰 들돌을 지탱하고 큰 돌들은 작은 돌을 지탱한다. 즉 모든 돌들이 함께 어우러져 튼튼한 성벽을 이루는 것이다. 그런데 만일 누군가 작은 돌이 쓸모없다며 빼내버린다면 언젠가 그 성벽은 허물어지고 말 것이다.

아랫사람에게 모든 것을 맡겨둬라

기업의 고위 경영진 중에서 도요타의 북미 생산책임자인 개리 콘비스 만큼 부하 직원들의 존경과 신망을 받는 사람은 드물다. 훤칠한 키에 체격 좋고 활동적인 콘비스는 GM에서 일하다 도요타-GM 북미합작법인(New United Motor Manufacturing Inc., NUMMI)에 들어왔고 결국 도요타의 식구가 되었다. 그가 도요타 조립공장에 들어왔을 때 수많은 부하 직원들이 그의 지시를 열심히 따랐으므로 그가 마음만 먹었으면 권위적 지도자로 군림할 수도 있었다. 그러나 업계에서 가장 주목받는 자리 중 하나인 도요타 북미법인 부사장에 올랐을 때 콘비스는 일본인 상사에게서 더없이 값진 교훈을 얻었다.

현재 개리 콘비스는 조지타운 공장 관리부터 도요타의 북미 생산시설 총괄 감독에 이르기까지 광범위한 직무를 담당하고 있다. 그런 그가 부사장이 되었을 당시 상사로부터 이런 가르침을 얻었다고 한다. 군림하는 상사가 되지 말고 '아무 권한도 없는 듯이 관리하라'는 말이었다. 아무 권한도 없는 듯이 관리하라. 콘비스는 직원들에게 도요타의 경영철학을 직접 가르치고 그들이 회사에 기여하도록 도울 정도로 회사의 철학에 매료된 사람이었다. 그런데 그는 상사의 그와 같은 조언을 들었을 때 마치 허를 찔린 듯했다. 그런 발상은 대다수 기업의 간부들이 지닌 태도와는 정반대였던 것이다. 대부분의 간부들은 권력이나 권한을 쟁취하여 휘두르려 하는데 말이다. 이렇게 높은 자리에 승진했는데도 아무 권한도 없는 듯이 관리하라는 상사의 지침을 받게 되자 콘비스는 멍한 기분이었다.

"저는 그 말을 생각하며 이렇게 중얼거렸습니다. '오, 세상에, 얼마나 놀라운 생각인가!' 그러면서 생각했죠. '같은 업계에 종사하는 미국인 간부 중에서 새로 승진한 직원에게 이렇게 말해주는 사람이 과연 있을까?' 아마 결코 없을 겁니다. 그래서 저는 그 말을 평생 잊지 못합니다." 그때를 돌아보며 콘비스는 말했다.

그 심오한 충고가 도요타에서 근무하며 배운 '도요타 웨이'의 철학과 함께 어우러져 그의 가슴을 파고들었다. 그는 문득 도요타에서 이룬 자신의 성공이 바로 그런 분위기 덕분이었음을 깨달았다. 그의 상급자들은 아무 권한도 없는 듯 관리하면서 그가 지속적 개선과 변화를 추구하도록 북돋아주었던 것이다. 숱한 사례들이 머릿속에 떠올랐다. 한번은 콘비스가 조지타운 공장에 관한 꽤 큰 규모의 '자본지출(고정자산의 가치와 가용연수를 증가시키는 지출 - 옮긴이)'을 승인받기 위해 어느 상사에게 간 적이 있었다. 콘비스는 그 사안의 타당성을 검토한 뒤 결과자료를 그에게 제출했다. 그러자 상사는 그러한 결정의 최종 책임자이면서도 콘비스에게 알아서 하라고 맡기는 것이었다. 상사는 그에게 사업의 승인요청서가 아니라 추진보고서를 갖고 오라고 했다.

"저는 순간 움찔했어요. 속으로 생각했지요. 한 번 더 검토해봐야겠구나. 그 일로 저는 의견 전달보다 사실 확인이 더 중요함을 느꼈습니다. 모든 사실을 확인하는 것 말입니다. 그것도 철저히 말이죠"라고 콘비스는 말했다.

요즘 같은 도요타의 전성기에 개리 콘비스는 도요타의 고위 책임자 겸 최고경영진의 일원임에도, 상관이 아닌 협력자로서 회사의 문제해결에 적극적으로 관여하도록 요구받는다. 즉 지도자일지라도 자존심을 내세우기보다 기꺼이 배우려는 자세를 가지고 현장의 사실들을 '직접 가서 확인'하면서 합당한 결정을 내려야 하는 것이다. 쟁쟁한 26인의 임원으로 구성된 일본의 도요타 이사회에 참석할 때면, 개리 콘비스는 다른 최고경영자들과 함께 항상 네마와시(根回し, '나무를 뽑을 때 미리 뿌리 주위를 파놓는다'는 뜻으로, '사전조율'이나 '막후교섭'을 뜻함-옮긴이)를 경험한다. 네마와시는 주관적인 생각이 아닌 객관적이고 확실한 사실을 바탕으로 모든 사안의 찬성과 반대 의견을 철저히 논의하여 진실을 찾아내는 관행을 말한다.

도요타의 의사결정 방식은 최고경영자 한 사람의 순간적 판단으로 정책을 결정하는 것과는 거리가 멀다. 도요타에서는 여러 사람들이 모여 확고한 사실을 바탕으로 정책을 결정한다. 고위 임원 회의에서는 도요타 특유의 겸손한 태도를 바탕으로 여러 가지 전문적 질문들이 오간다. 그러면 참석자는 추측이나 소문, 애매한 의견 따위는 일체 배제하고 확실한 사실만을 내놓거나, 그게 아니라면 다시 문제의 본질로 돌아가 더 철저히 조사해야 한다. 이러한 의사결정 관행은 험악하거나 고압적인 질문 방식보다 훨씬 효과적이라고 콘비스는 말한다. 도요타에서는 항상 예리한 질문에 대비해 사전준비를 철저히 하게 되고, 권한이 많은 만큼 책임감도 크기 때문이라는 것이다. 따라서 콘비스는 세계 최고 기업의 고위 간부이지만 그가 조사자료를 보고할 때면 다른 임원들의 날카로운 질문공세가 끊이질 않는다.

콘비스는 이렇게 말한다. "우리 이사회에서는 비슷한 생각이 별로 없습니다. 중요한 건 막연한 의견이 아니에요. 결정은 사실을 바탕으로 이뤄집니다. 직접 가서 보면 제대로 이해하게 되고 그러면 우리 약점이 드러나지요. 어떤 시점이 되면 결국 비전을 가진 지도자들이 결정을 내리겠지만 그래도 모두가 나름의 대답을 해야 합니다. 내가 도요타 임원들과 이사회에 참석하면 그냥 나올 때가 없습니다. 항상 다른 이사들이 회사를 개선하여 상위 차원으로 도약시키기 위해 예리하게 캐묻거든요."

책임은 '내'가 아니라 '우리'가 진다

도요타 직원이나 고위 임원들과 대화해보면 금방 느끼는 사실이 하나 있다. 그것은 '나'라는 단어가 거의 없고, 대부분 '우리'라는 말을 쓴다는 점이다. '우리'라는 말은 입에 발린 회사 홍보용 단어가 아니라 도요타 조직의 일체성을 보여주는 현실적 용어이다. 모든 직원들은 정보를 공유하고 고위 임원들은 하급 직원들의 스승 역할을 하기 때문에 도요타는 상당히 수평적 조직을 형성하고 있다.

도요타 조직의 또 다른 핵심요소는 회사의 일부 분야에 활용되는 '매트릭스 구조matrix structure'이다. '매트릭스 구조'는 엔지니어링 같은 특정 작업을 할 때 관련된 모든 직원들이 하나의 집단을 이루어 다양한 부서의 여러 관리자들과 공동으로 작업하는 업무구조를 말한다. 이 매트릭스 구조 개념 덕분에 도요타에는 조직 전반에 전통적 위계질서가 자리 잡고 있으면서도 아래서부터 상층부까지 책임의식이 배어 있는 것이다.

도요타는 엔지니어링에 매트릭스 구조를 활용함으로써 제품 개발에서 경쟁사들보다 상당한 이점을 갖는다. 왜냐면 많은 직원들이 '권위 없는 책임의식'으로 무장한 채 진실을 밝히고 해법을 찾아내려 하기 때문이다. 또 그들은 진행 중인 프로젝트에 당사자로 참여하면서 공동으로 작업하기도 한다. 미시간대학 산업공학과 교수 제프리 라이커*Jeffrey Liker*가 자신의 책《도요타 웨이*Toyota Way*》에서 설명한 대로 도요타의 공식 책임자는 항상 실제 책임자의 한 단계 윗선이다. 이 말은 개별 사안의 진짜 결정권은 사장이나 상사가 아니라 실무 책임자가 갖고 있다는 뜻이다. 콘비스의 상사가 대규모 지출 건에 대해 승인하기를 거절하고 콘비스에게 결정권을 넘긴 경우에서 보듯이, 도요타 직원들은 각자 '자신의 구상을 주장하여 다른 직원들의 동의를 구하고 마지막으로 공식 책임자에게 그 구상이 옳은 것임을 설득'하도록 되어 있다.

엔지니어링 작업에 참여하는 개발팀 직원들 중에 가장 중요한 사람은 아마도 수석 엔지니어일 것이다. 그러나 도요타에서 수석 엔지니어는 몇 건의 직접 보고 이외에는 하는 일이 없다. 미국의 기업 문화에서는 고작 대여섯 건의 보고만 하는 관리자가 핵심 책임자가 되는 경우는 결코 없을 것이다. 하지만 도요타에서는 그런 경우가 허다하다. 도요타에서 수석 엔지니어들은 차량개발 프로그램의 책임자로 활동하지만 개발팀을 직접 지휘하지는 않는다. 개발 업무를 직접 실행하는 사람들은 현장의 팀원들이기 때문이다.

매트릭스 업무방식에는 여러 장점이 있다. 작업 실무자들이 내부 파벌에 묻히지 않고 정보가 여러 직능들 사이에 쉽게 공유되며, 유연한 노동력 사이에서 작업량이 신속히 분산 된다. 또 매트릭스 구조를 활용하면 팀원들이 자기 상사나 하나의 과제에만 얽매이지 않기 때문에 훨씬 폭넓은 지식을 얻게 된다. 매트릭스 구조의 반대자들은 여러 명의 상사 아래서 많은 프로젝트를 동시에 수행하면 혼란만 생긴다고 주장할지 모른다. 그러나 엔지니어링과 제품개발 면에서 거둔 도요타의 성과가 그렇지 않다는 것을 잘 보여준다. 도요타는 다른 분야에서도 다양한 차원의 매트릭스 업무방식을 활용하고 있는데, 특히 가장 많이 이용되는 분야가 제품생산 부문이다.

매트릭스 구조는 도요타가 세계 최대 규모의 기업으로 성장하면서도 관료주의에 빠지지 않은 하나의 비결이었다. 개리 콘비스의 말에 따르면, 그가 도요타에서 근무하는 동안 한 사람의 상사 밑에서만 일한 경우는 전혀 없었다고 한다. 그것은 그가 이사회 임원이 된 오늘날에도 마찬가지다. 매트릭스 구조는 작은 마을에서 아이가 자라는 경우와 비슷하다. 건강하고 활달한 아이는 집에서 부모의 말도 잘 듣고, 밖에서 선생님이나 코치의 말도 잘 들을 것이다. 그리고 아마 자신을 매일 돌봐주고 지도하는 할아버지나 이웃들의 말도 잘 들을 것이다. 아이는 어떤 날은 이 사람과 같이 지내고 어떤 날은 다른 사람과 함께 지낸다. 그러다 보면 아이는 어떤 과제가 주어져도 거뜬히 처리할 수 있는 능력을 얻게 될 것이다.

도요타에서는 회사의 장기 목표에서 갈라져 나온 여러 과제들이 이런 역할을 한다. 조직의 목표와 리더십이 팀워크를 끌어내고 '내'가 아닌 '우리'를 만들어낸다. 그러면서 책임이 따르는 권한은 골고루 분산되어 직원들은 한 명의 권위적 인물이 아닌 공동의 목표를 위해 움직이게 된다. 물론 공장 밖에서는 도요타도 간부, 중간관리자, 실무자의 전통적 피라미드 구조를 이루는 것이 사실이다. 하지만 업무 프로세스가 정보 흐름을 촉진하고 장벽을 제거하도록 되어 있기 때문에 날마다 수평적 시스템이 충분히 작동한다. 예를 들어 관리자들은 널따란 사무실에서 실무자들과 함께 일하기 때문에 부하 직원들과 더 가까워지고 매일의 업무 흐름에 쉽게 참여할 수 있다. 또 끊임없이 문제의 본질로 돌아가기를 강조하는 회사의 노력이 중간관리자와 간부 직원들을 주어진 위치보다 한 단계 이상 아래 위치로 내려가 현실에서 일어나는 문제를 확인하게 하고 더 많은 장애물을 제거해 효과적 업무수행과 생산활동을 가능하게 한다.

관리자는 보스가 아닌 조정자가 되어야 한다

도요타의 경영 시스템은 더 적은 것을 가지고 더 많은 것을 얻고자 하는 회사의 경영철학에 뿌리박고 있다. 도요타의 '다른 회사 연구하기' 전통은 창업 초창기에 직접 포드로 가서 생산방식을 배운 도요다 기이치로에서부터 비롯된다. 이런 현장 시찰을 통하여 도요타 리더들은 피라미드형 계급에 의한 기계적 의사결정과 관료주의가 얼마나 해로운 것인지 깨달았다. GM, 포드, 크라이슬러의 기다랗게 늘어진 피라미드 관리 체계는 대개 직원들을 자기 분야에만 가둬 회사의 더 큰 목표를 성취하기 위한 유연성을 빼앗아버린다. 흔히 그런 하향식 경영방식은 할 일에 대한 구상은 있지만 실행할 능력이 없는 간부들이 부하들에게 지시만 남발하는 무능한 조직을 만들어낸다.

반면 앞서 보았듯이 도요타의 상향식 참여방식은 관리자들을 보스가 아니라 '조정자'에 가까운 존재로 변화시킨다. 경영진의 주요 임무는 직원들이 함께 협력하여 현실을 지속적으로 개선해나갈 방법을 찾도록 지도하는 것이다. 도요타 자동차 미국 판매법인 CEO 후노 유키토시 회장은 도요타 경영철학의 살아 있는 표본이다. 그는 수많은 미국인 직원들 사이에서 다른 어떤 관리자들보다 영향력 있는 인물로 여겨지고 있다.

도요타의 수평적 조직구조는 직원들에만 적용되는 것이 아니라 계열사들에도 그대로 적용된다. 대개 대규모 글로벌 기업들은 여러 대륙에 설립한 자회사들을 마치 큰 피라미드 아래에 연결된 작은 피라미드처럼 거느리고 있다. 말하자면, 한 기업의 본사 영업소는 북미에 있는 주요 사업소들보다 '더 높고' 북미의 사업소들 역시 계단식 명령 체계를 가지고 다른 사업체들을 거느리는 것이다. 바로 이것이 포드와 GM이 유럽 영업소를 운영하는 방식인데 각 지역의 사업소들은 비교적 자율적으로 운영되긴 하지만 실제로 전체 업무를 관장하는 것은 글로벌 본부에서 파견된 책임자다.

그러나 도요타는 그런 구조를 관료주의적 형태로 여겨 보고와 책임 면에서 여타 기업보다 훨씬 더 평등한 체계를 갖추고 있다. 예컨대 도요타 자동차 미국판매법인은 미국판매 전반을 지휘하지만 미국 최고의 사업체는 아니다. 이 사업체는 생산과 엔지니어링을 담당하는 미국 내 다른 계열사들과 긴밀히 협력하도록 돼 있지만 절대 그들보다 우월적 지위에 있지 않다. 도요타 자동차 미국판매법인이나 켄터키 조지타운 공장, 도요타 미국 엔지니어링 사업소 등은 모두 업무 보고를 도요타의 글로벌 본부에 직접 한다. 그 결과 도요타는 지나치게 많은 계단 조직과 수직적 관리구조에서 오는 병폐를 예방하는 수평적 구조를 갖추게 되었다.

도요타의 경우와 GM의 경우를 비교해보자. 흔히 '밥 루츠'로 불리는 GM 부사장 로버트 루츠*Robert Lutz*는 제품개발 사업을 진행하던 중에 이렇게 말한 바 있다. "우리의 네 글로벌 영업소들은 독자적으로 자동차를 개발해왔습니다. 마치 달걀 네 개를 별개의 프라이팬에서 따로 익히는 것과 같지요."

많은 도요타 비방자들은 GM이 일본 자동차 메이커들과의 경쟁에서 고전하는 주된 이유가 다음 두 가지 때문이라고 주장한다.

1) 보건의료비와 유산비용(Legacy cost)※

※ **유산비용(Legacy cost)** : 회사가 종업원뿐 아니라 퇴직자와 그 가족을 위해 평생 부담하는 의료보험료와 연금 비용을 말함-옮긴이

2) 일본 정부의 엔화 가치 통제로 상당한 환율 이득이 생겨 도요타의 가격 경쟁력이 높아진 점

분명히 이런 요인들은 한 기업의 수익성에 굉장한 영향을 미친다. GM의 전·현직 종업원에게 들어가는 보건의료비만 해도 연간 50억 달러가 넘는데, 이는 자동차 한 대를 팔 때마다 거의 1,500달러에 달하는 수준이다. 거기에다 연금 비용으로 차량 한 대 당 700달러가 추가되는 상황이니 GM의 릭 왜고너 회장이 골머리를 앓을 만도 하다. 반면 일본에는 미국과 달리 전국 의료보험제도와 국민연금제도가 있기 때문에 도요타의 직원에 대한 보건의료비와 연금 지출은 GM에 비해 훨씬 적다. 따라서 도요타는 차량 한 대당 몇 백 달러의 이득을 보게 되는 셈이다. 그리고 2001년 무렵에 일본 중앙은행이 미국 재무성채권과 여러 달러 자산들을 사들여 엔화 가치를 유지함으로써 도요타가 상당한 이득을 보았다는 사실은 아무도 부인할 수 없다.

이런 사실들이 GM의 경영 저해 요인임을 인정하더라도 왜

GM이 시장에 좀 더 잘 적응하지 못했는지, 왜 경영방식을 더 유연하게 하지 못했는지를 설명해주지는 못한다. 기업이 최고가 되려면 '린' 경영을 하여 관료주의를 없애고, 문제점을 찾아 해결해야지 변명만 늘어놓아서는 안 된다. 도요타는 소규모의 딜러망을 갖는데 그것은 린 경영을 유지하고 관료주의를 몰아내기 위해서이다. 가령 2006년 말에 GM은 미국 내에 7,000개가 넘는 전용 딜러 매장을 보유했는데 이들이 시장점유율 25퍼센트를 차지했다. 반면 도요타는 미국 내 자체 딜러 매장이 1,200개를 갓 넘는 수준이었음에도 이들 매장만을 가지고 시장점유율 약 15퍼센트를 달성했다. 도요타는 딜러망을 좁혀 의사소통을 간소화하고 그것에 핵심 운영철학을 불어넣을 수 있는데, 이는 관료주의를 없애고 협력업체들에게 효과적으로 권한을 배분한 '린' 영업구조 덕이다.

인재 채용이 아닌 인재 양성에
심혈을 기울여라

우리는 채용과정에서부터 도요타 문화를 창조하기 시작한다.

개리 콘비스, 도요타 북미생산법인 부사장

일본 기업들의 오랜 전통은 사원을 채용할 때 이력서만 보고
뽑는 것이 아니라 자기 회사에 가장 알맞은 사람을 고르는 것이
다. 회사는 1년 정도 신입 사원을 교육하고 평가한 뒤에 적절한
부서에 배치한다. 이런 채용 관행의 목적은 특별한 능력을 가진
사원보다는 회사 문화에 가장 적합한 사원을 찾는 데 있다. 독
특한 기업 문화가 뿌리내린 도요타에서는 이런 채용방식을 적
절히 활용하여 사람을 존중하고 지속적으로 개선하고자 하는
의지가 있는 신입 사원을 발굴하고 있다.

지난 20년간 도요타는 급속히 성장하여 글로벌 기업이 되었
지만 일본 내에서는 여전히 신입 사원을 대상으로 한 광범위한
현장 교육 프로그램을 실시하고 있다. 즉 사원연수 프로그램에

다양한 현장 경험을 통하여 도요타의 문화와 운영방식을 철저히 가르치는 것이다. 대개 화이트칼라 신입 사원 오리엔테이션은 꼬박 일 년 동안 진행된다. 이 기간에 신입 사원은 3개월간의 공장 실습과 여러 부서의 순환근무를 통하여 도요타가 가진 독특한 생산과정을 샅샅이 학습하게 된다. 그런 다음 그는 딜러 대리점으로 파견되어 자동차 판매과정과 고객에 관해 배운다. 기본적으로 일본 도요타의 신입 사원들에게 입사 첫 해는 지속적 개선과 인간 존중을 익히는 종합적인 실습기간에 해당하는 것이다. 이런 배움의 과정은 출근 첫날부터 시작하여 몇 년간 지속되는데, 결국 신입 사원은 다른 사람을 가르칠 정도로 노련한 '도요타 맨'으로 변모한다. 이런 관행은 인재교육에 관한 사무엘 스마일스의 비전과 일치한다. 스마일스는 그의 저서에 이렇게 썼다. "혹독한 수련과정이야말로 위대한 인물이 반드시 거쳐야 할 관문이다."

신입 사원이 일단 인력관리팀에 의해 특정 부서로 배치되면 회사 내의 경험 많은 선임자가 배정되어 그와 함께 3년간 활동하게 된다. 그들은 직무상 문제에서부터 회사의 전통과 관행, 미래의 예상과 기회에 이르기까지 온갖 것들을 의논한다. 그 선임자는 '멘토mentor'가 되어 신입 사원을 도우면서도 수시로 사정없이 다그쳐 그가 성장하고 전진하도록 밀어붙인다.

어느 날 나는 도요타 사무소를 방문했다가 신입 사원과 인터뷰할 기회를 가지게 되었다. 그의 영어 실력은 가까스로 떠듬거릴 정도였는데, 그 인터뷰는 그의 멘토가 마련해준 것이었다.

신입 사원은 통역 없이 말하느라 무진 애를 먹었고 멘토 프로그램에 관한 질문에 진땀을 흘렸다. 그 멘토가 나중에 설명하길 신입 사원이 영어의 필요성을 절감하게 하려고 일부러 그 자리를 마련했다는 것이었다.

도요타의 신입 사원 연수 프로그램은 일본의 종신고용 전통에서 생겨났다. 하지만 10년간 경기침체에 시달리면서 많은 일본 기업들은 그 종신고용 관행을 엄격히 지키지 않게 되었다. 어쩔 수 없이 대량해고를 단행한 것이다. 도요타 역시 더 이상 종신고용 원칙을 철칙으로 여기지 않게 되었지만, 그 이유는 다른 데 있다. 도요타의 경우 회사에 점점 더 노련한 전문가들이 필요해졌기 때문에 경력 사원을 채용하는 경우가 많아진 것이다. 하지만 도요타는 여전히 그 광범위한 연수 및 멘토 프로그램을 버리지 않았다. 제대로 준비된 사원들이 있어야 회사의 장기적 이념을 지탱할 수 있다고 믿기 때문이다. 그래서 도요타는 세심한 채용과정과 함께 그들의 연수 및 멘토 프로그램을 더욱 가다듬어가고 있는 것이다.

훌륭한 인재 양성이 곧 기업의 미래다

도요타 직원들의 상호 지원은 최고위층에서 시작된다. 상호 존중의 철학에 따라 도요타의 모든 종업원은 자신의 직무 분야건 아니건 간에 서로 도와야 하고 자신의 지식과 경험을 다 같이 공유해야 한다. 바로 그렇기 때문에 와타나베 가쓰아키 사장과 기노시타 미쓰오 부사장이 '도요타 연구소'에서 직접 직원들을 교육시키는 것이다.

'도요타 연구소'를 이끄는 고니시 고키 부장는 말한다. "도요타의 중역들은 인력개발에 온 정열을 쏟습니다. 간부들은 그것이 그들의 임무라고 믿습니다. 인력개발은 단순한 '의무'가 아닌 그들의 운명이자 회사의 운명이죠."

도요타의 영업소가 해외로 뻗어가면서 사원교육과 관리의 필요성이 커지자, 멘토 프로그램을 미국과 여러 아시아 지역에서도 실행하게 되었다. 이와 함께 일본인 직원들이 해오던 일부 문제해결 세미나도 도입되었다. 일본인이 아닌 직원들은 일 년간의 연수나 3개월의 공장실습을 실행하지 않아도 된다. 하지만 도요타는 핵심 전문 인력들을 캘리포니아에 세운 사내 교육기관 '도요타 대학University of Toyota'에 보내 그들에게 회사의 경영이념을 심어주고 있다.

기노시타 미쓰오 부사장은 말한다. "우리는 하나의 환경을 만들고자 합니다. 그것은 선임자가 후임자에게 가르침을 전수하는 환경이지요. 물론 우리는 여러 상황 속에서 우리가 원하는 것만 할 수는 없습니다. 우리는 적응해야만 합니다. 그러나 가르치고 배우는 문화만큼은 도요타에게 매우 중요합니다. 이 원칙은 우리가 어디 있건 변치 않을 겁니다."

도요타에서 '가르치고 지도하는' 전통은 매우 중요해서 그런 교육 능력이 직원 평가의 핵심요소가 되었다. 짐 프레스와 개리 콘비스가 '도요타 웨이'의 원칙과 성격을 그렇게 술술 풀어놓는 것도 그냥 이루어진 것이 아니다. 이 미국인 중역들은 지식 공유의 중요성을 이해하고 조직의 전체 부서와 직급에 걸쳐 모든 직원들과 소통하는 능력을 지녔기에 도요타에서 리더로 떠오를 수 있었던 것이다.

전략적으로 볼 때 도요타의 인력개발 방식은 오랜 세월 도요타의 성공을 이끌어온 막강한 무기였다. GM, 포드, 크라이슬러 그리고 닛산 같은 경쟁사들이 대량해고 문제로 몸살을 앓는 동안 도요타는 회사의 기본 철학을 충분히 이해하고 있는 기존의 안정된 노동력과 함께 착실히 전진했다. 시간이 흐를수록 도요타와 경쟁사들 간의 인력 수준 차이는 더욱더 벌어질 것이다. 도요타가 인력교육을 더욱 강화해가는 동안 경쟁사들은 자꾸만 귀중한 경험들을 잃게 될 것이기 때문이다. 예컨대 현재의 포드에서 멘토 프로그램을 실시하는 것은 거의 불가능하다. 왜냐하면 지난 여러 해에 걸쳐 전체의 3분의 1이 넘는 노련한 화이트 칼라 직원들이 회사를 떠났기 때문이다.

반면 도요타는 지속적으로 성장하며 회사의 경영철학을 충실히 이어갈 새로운 인재들을 발굴함으로써 값진 경험을 보존하고 있다. 실용 정신, 탐구심, 겸손함, 개선을 향한 의욕 그리고 인간과 공동체의 번영에 기여하려는 열망 같은 귀중한 자산 말이다. 입사지원자가 도요타 방식이나 린 경영을 이제 막 배우고자 하는 초보자인지 혹은 특정 분야의 뛰어난 전문가인지는 크게 중요치 않다. 중요한 것은 학습자가 새롭거나 지금보다 나은 운영방안을 찾는 도요타의 정신을 계승하여 실천하고 그것에 항상 열린 마음을 유지하려는 자세이다. 이런 접근은 다른 기업들이 입사지원자들에게 원하는 것과 사뭇 다르다. 대다수 기업들은 우선 가장 뛰어난 사람을 뽑은 뒤에 그가 회사 문화에 적응하길 기대하기 때문이다.

도요타 신입 사원의 첫째 조건

도요타의 철학은 특정한 기법이나 전통들의 집합체가 아니라 종업원의 창의성과 자발적 참여를 북돋우려는 마음가짐이다. 그렇기에 사원들은 회사에 기여하고자 하는 자세 이외의 다른 현실적 목표에는 별로 신경 쓰지 않아도 된다. 신입 사원을 채용할 때 도요타는 그가 얼마나 알고 있느냐보다는 그가 얼마나 적극적 자세를 갖고 있느냐를 더 중시한다. 도요타는 단순히 괜찮은 팀을 구성해서 그들이 어디로 갈지 결정하게 하지 않는다. 도요타의 경영원칙에서 변치 않는 지상과제는 이것이다. '지속적 개선과 인간 존중!' 그렇기에 이것은 '어디로'가 아니라 '어떻게'에 관한 문제가 된다.

따라서 도요타에 입사하려면 적극적으로 배우려는 자세가 무엇보다 중요하다. 고집 센 사람에게 무능함을 인정하게 하기는 어렵지만, 학습 의욕이 높은 사람에게 도요타 생산방식을 가르치기는 쉽기 때문이다. 반발심이 강한 사람은 도요타에서 설 땅이 없다. 도요타는 공정이나 기능이 개선될 수 없다고 주장하는 사람을 반역자와 다름없이 보기 때문이다. 도요타 원칙에 따르면 사업이나 생활이든, 아무리 근사해 보일지라도 어느 구석에는 개선할 여지가 있다. 도요타의 채용 담당관들은 입사지원자에게서 정직성과 성실함 같은 품성을 찾는데, 그것은 도요타 문화가 자신을 낮추고 다른 이의 비판을 수용하는 겸손과 봉사의 자세 위에 세워졌기 때문이다.

짐 프레스는 말한다. "그런 자질을 가진 사람도 있고 못 가진 사람도 있습니다. 일부는 가졌고 일부는 아니지요. 많은 이들에게 그것은 비옥한 토양입니다. 토양이 없는 사람들은 대개 시도해보다 알아서 떠나고 말지요."

그러나 도요타의 시스템과 원칙들을 이해하는 사원들, 그 독특한 경영방식의 우수성을 깨달은 이들에게는 무한한 배움의 기회가 펼쳐진다. 그들은 일본에 있는 창업주 도요다 가문의 사람들로부터 특별한 지도를 받기도 한다. 그렇게 짧은 기간에 그토록 엄청나게 성장한 기업이 이처럼 아직도 창업가문과 긴밀한 관계를 유지하는 경우는 드문 일이다. 1930년대에 조그만 직기 판매상으로 출발했던 회사가 2007년에는 연간 2,000억 달러 이상의 판매고를 올리는 글로벌 자동차 메이커가 되었는데도 말이다. 도요타의 강점은 도요다 쇼이치로 박사가 이끄는 도요다 가문이 여전히 큰 존경 속에서 회사를 이끄는 기둥으로 남아 있다는 데 있다.

오늘날 도요타에서 일하는 임직원들과 창업가문이 어떤 관계에 있는지 설명하기 위해 짐 프레스는 오래된 공상과학 TV 드라마를 끄집어냈다. 그것은 600년 동안 똑같은 문화를 유지해온 어느 행성에 대한 이야기였다. 나중에 그게 가능했던 이유가 밝혀지는데, 이는 뇌와 같은 기능을 하는 중심체가 행성에 있었기 때문이었다. 즉 오래된 위성이 계속해서 행성에 반복적인 신호를 쏘아 보내고 있었던 것이다. 도요타도 이와 비슷하다고 짐 프레스는 말한다. 세계가 변해가고 도요타가 21세기에 적응해가는 상황에서 도요다 쇼이치로 박사와 도요다 가문은 아직도 도요타의 신경중추로서 아주 적극적으로 활동하고 있는 것이다.

"신호는 아직도 전송되고 있습니다" 라고 프레스는 말한다.

실수를 적극적으로 공개하는 문화를 만들어라

실무 현장의 도요타 직원들은 대개 회사가 교육에는 철저하지만 실수에는 관대하다는 사실을 깨닫는다. 일단 도요타에 입사한 사람은 착실히 직장에 나와 채용 당시에 내보였던 자질을 꾸준히 발휘하기만 하면 괜찮은 위치를 유지하기가 비교적 쉽다. 앞서 말했듯이 도요타에서 실수는 학습의 기회로 여겨진다. 물론 팀원들이 신속히 그 문제를 드러낼 때에만 그렇다. 개리 콘비스의 말에 의하면 대개 실수는 그 팀원의 잘못이 아니라 잘못된 지시의 결과이다. 특히 신입 사원이 저지른 실수는 더욱 그렇다. 만일 작업자가 미리 배우지 못했다면 가르쳐주지 않은 선임자가 잘못이라는 것이다.

콘비스는 말한다. "우리는 절대로 완전하지 않은 물건을 작업장 밖으로 내보내지 않습니다. 우리는 누가 어떤 작업을 하는지 알고 있지요. 우리의 브랜드 이미지와 전체 회사의 명성은 그런 신뢰에서 나옵니다. 그래서 우리는 실수한 사람은 용서하지만 문제가 있을 때 감추게 놔두지 않습니다. 그래서 우리는 정직하고 적극적인 사람을 필요로 하지요."

앞서 나왔듯이 도요타의 생산직 근로자에게는 지켜야 할 핵심 의무가 두 가지 있다.

1) 매일 직장에 나와라.
2) 문제가 있으면 코드를 당겨라.

도요타에는 대기 인력이 없기 때문에 시간엄수는 필수 사항이다. 만일 어느 팀원이 생산 현장에 안 나올 경우 그 팀의 책임자가 빈자리를 메워야 한다. 이런 체계는 미국 자동차공장의 상황과 엄청나게 다른데, 거기서는 결근자가 생길 경우 노조의 대체 작업자가 그 자리에 투입된다. 심지어 노조는 개인 사정이 있거나 작업에 서투른 노조원을 위해 생산중단 시간까지 정해놓았다. 또 작업자들은 그곳 사정에 익숙해질 때까지 문제를 공개하는 것을 꺼려한다. 켄터키 주 얼랭거Erlanger에 있는 도요타 북미본부 직원은 말한다. "미국의 공장들에서 작업자가 실제로 문제를 공개하는 것은 노동조합에 타격을 줄 수 있습니다. 미국 회사들에서는 문제를 상사 모르게 숨기는 게 보통이죠."

도요타의 작업자들은 문제를 공개할 뿐 아니라 남들이 찾아 낸 문제점을 같이 처리하도록 되어 있다. 만일 모든 수단을 동 원하여 신속히 처리하지 않는다면 문제를 공개해봤자 아무 소 용도 없을 테니 말이다. 다른 직원의 업무에서 발생한 문제는 '그의 문제'일 뿐이라는 식의 태도는 도요타의 원칙에 거스르 는 이기적 자세일 뿐 아니라 회사의 전반적 경쟁력을 훼손하는 죄악이다. 도요타의 생산 현장에서는 한 사람의 문제가 모두의 문제이다. 낭비 요소가 아무리 사소해도 하나하나 합해지면 회 사 전체에 심각한 피해를 끼칠 수 있기 때문이다.

좋은 협력관계가 기업의 강점이 된다

도요타 경영진과 생산직 근로자의 협력적 관계는 1950년대 초부터 시작되었다. 당시 도요타는 대규모 영업 손실 때문에 정리해고를 단행해야 하는 상황이었다. 도요타 경영진은 근로 자 대표를 만났고 양 측은 다시는 그런 상황이 발생하지 않도록 가능한 모든 조치를 취하기로 합의했다. 양 당사자는 신뢰를 바탕으로 공식 협의기구를 만들고 이를 통해 서로에게 이로운 해법이 나올 때까지 모든 사안을 공개적이고 솔직하게 논의하 기로 동의했다.

도요타 경영진과 근로자 대표들은 매년 이루어지는 임금과 수당 협상에 대한 협의방안을 마련했다. 노사 양 측의 요구와 사회 공헌이라는 궁극적 목표까지 세심히 고려한 수습책이었다. 이런 노력의 결과 도요타는 50년 넘는 세월 동안 파업의 조짐 없이 원활히 운영돼왔다. 도요타에서는 미국 자동차 메이커를 허구한날 괴롭히는 적대적 노사관계를 찾아볼 수 없다. 오늘날 도요타 간부와 관리자들이 협력관계에 관한 결정을 내려야 할 경우 자주 그 역사적 합의를 되돌아본다고 기노시타 부사장은 말한다.

"그것이 도요타의 강점 중 하나입니다. 우리는 서둘러 결론을 내리지 않죠. 우리는 충분히 대화하고 함께 노력하여 공동의 합의점에 도달하려 합니다."

도요타는 부품업체들과의 관계에서도 이와 똑같은 원칙을 적용하여 해마다 경쟁사들에 비해 상당한 이득을 얻는다. 한 예로 부품을 구매할 때 도요타는 협력업체들에게 무조건 원가를 낮추고 그 고통을 알아서 감당하라고 요구하지 않는다. 그보다는 원가를 분석한 뒤 부품업체와 긴밀히 협력하여 필요하다고 판단할 때만 그들이 원가를 줄이도록 유도한다. 결국 양 당사자 모두에게 이익이 되는 해결책을 찾는 것이다. 도요타는 '윈윈 Win-Win' 전략을 바탕으로 협력업체들이 계속 수익을 올리며 생존하도록 보장하기 때문에 서로 간의 신뢰는 대단히 크다. 이는 글로벌 자동차산업에서 보기 드문 사례일 것이다.

**기노시타 미쓰오 부사장이 말하는
도요타 협력관계의 기본자세**

1. 상호 신뢰를 구축한다.

2. 서로 생산성을 높이고 수익을 공유한다.

3. 함께 경제와 사회의 번영에 기여한다.

권위적인 태도보다 겸손의 힘이 더 세다

일단 당신이 그 시스템을 받아들였다면,
평생 거기에 맞춰 살아야 한다.

개리 콘비스, 도요타 북미생산법인 부사장

그저 종이 위에 있는 원칙은 별 의미가 없다. 이와 같은 맥락에서 조직이 오랜 시간을 지나 진정한 진보를 이루려면 리더는 말이 아닌 행동으로 모범을 보여야 한다.

미국 도요타 자동차의 최고위 간부 중 한 명은 전용 주차장을 마다하고 날마다 걸어서 조립공장을 지나 사무실로 출근한다. 자동차회사 최고 간부의 이런 행동은 매우 이례적인 일이다. 대개 자동차회사 중역들에게는 수많은 특전이 쏟아진다. 보통 그들은 전용 비행기부터 호화롭고 널찍한 사무실, 개인 운전사와 넉넉한 접대비까지 회사에서 제공받는다.

그러나 개리 콘비스 부사장을 잘 아는 사람들은 그가 고객이나 도요타의 다른 직원들, 심지어 공장 작업자들과도 비슷하게 생활하겠다는 그의 결정을 당연하게 받아들인다. 콘비스는 도요타의 독특한 운영방식을 옹호할 뿐 아니라, 날마다 그것을 몸소 실행한다. 다시 말해 도요타의 인간 존중의 철학을 실천하는 것이다.

도요타에 입사한 뒤 처음 16년 동안 개리 콘비스는 날마다 도요타의 인기 소형차인 도요타 코롤라*Toyota Corolla*를 몰고 회사로 출근했다. 그가 농담 삼아 말하길, 자신이 15,000달러짜리 소형차를 타고 다니는 것을 보고는 이웃들이 그가 자동차회사 중역임을 믿지 않았다고 한다. 한번은 도요타의 조지타운 공장에 방문객들이 몰려왔는데, 그가 일반인처럼 주차장에 차를 대려고 실랑이를 벌이자 그들도 그를 그 회사의 중역임을 안 믿었다고 한다. 공용 주차장은 콘비스의 사무실에서 400미터 가량이나 떨어져 있지만 그는 기꺼이 시간을 들여 걸어 다닌다. 물론 콘비스는 세계 자동차업계의 주요 인사 중 하나이므로 그의 시간은 매우 귀중하다. 하지만 그는 곧 덧붙여 말한다. "남들의 시간도 소중하죠."

콘비스의 사무실은 조지타운 공장 안에 있다. 사무실에서 생산 현장이 내려다보이기 때문에 그는 모든 팀원과 항상 연락할 수 있다. 그는 매일 조립공장을 지나다니는데, 그것은 자신이 현장에 함께 있음을 작업자들에게 수시로 일깨워서 문제점을 해결하고 도요타 차량의 제작방식을 날마다 개선하기 위해서이다. 또 콘비스 부사장은 회사 비행기를 타는 경우가 거의 없는데, 그것은 회사 비행기 이용이 너무 사치스럽다고 생각하기 때문이다. 대체로 그는 중역 티를 조금도 내보이지 않고 작업자들과의 거리를 좁히려고 애쓴다. 거만한 태도는 거리감을 만들 뿐 아니라 아주 부적절한 짓이지 않은가?

콘비스 부사장은 말한다. "저는 우리 생산직 근로자들을 진심으로 존중합니다. 제 임무는 그들에게 먼저 다가가는 겁니다. 왜냐하면 그들이 쉽게 저를 찾아와 만나기 어렵기 때문이죠. 보통 아침에 눈을 뜨면 저는 먼저 그들을 생각합니다. 이미 공장에 나와 더 나은 방식을 찾으려 애쓰는 작업자들을 말입니다."

골프광이자 대형 모터사이클 할리데이비슨을 즐겨 타는 개리 콘비스는 켄터키 주 렉싱턴에서 아내와 다섯 아이들과 함께 살고 있다. 그는 부하 직원들과 글로벌 자동차업계의 많은 인사들로부터 대단한 존경을 받는 리더이다. 그에 대한 이런 존경은 그의 지위 때문이 아니라 그의 지식, 경험, 그리고 말 그대로 소매를 걷어붙이고 문제에 달려드는 모범적 자세에서 우러나온 것이다. 콘비스는 말한다. "사람을 존중하십시오. 그들의 말을 들으면서 함께 일하세요."

그는 생산 현장에 나가 팀원들에게 조립공정에 관해 직접 물어보고, 매달 생산부 직원들이 올리는 수십 건의 개선 건의안에서 영감을 얻는다. "그때가 하루 중 제게 가장 즐거운 시간입니다. 저는 현장에서 잔뼈가 굵었고 우리가 가치를 창출하는 곳도 바로 현장이지요. 저는 우리 작업자들이 무엇보다 가장 중요하다고 믿습니다. 만일 제가 가치를 창출하지 않는다면 그들과 함께 현장에 있을 필요가 없겠지요."

- 자주 버스를 이용한다.
- 회사 비행기를 개인 용도로 사용하지 않는다
- 자신의 이메일을 직접 읽고 관리한다.
- 공장 사원 주차장에 주차한다.
- 매일 생산 현장을 돌아본다.
- 늘 팀원들과 가까이 있는다.

리더의 겸손함은 직원들을 감동시킨다

자기 회사의 철학에 맞게 사는 것은 지극히 당연한 애기처럼 들린다. 하지만 불행히도 진짜 그렇게 사는 사람은 드물다. 거대 기업의 고위직 인사들은 비용이 얼마나 들든 또 동료 직원들에게 어떻게 보이든지 간에 온갖 특전이나 혜택을 누리고 싶은 유혹에 이끌린다. 중역들은 노동자 세계의 특권층이고 그들에게는 온갖 혜택이 주어진다. 포드 자동차에서 있었던 일화 하나만 보면 다른 회사와 도요타의 엄청난 차이를 이해하게 될 것이다.

포드 자동차 북미사업부 사장이던 마크 필즈*Mark Fields*는 언론의 집중 포화를 맞은 적이 있다. 왜냐하면 그가 2005년 1사분기에만 회사 비행기를 개인 용도로 이용하며 273,000달러 이상을 써버렸기 때문이다. 만일 그가 그 정도의 씀씀이를 앞으로 일 년 내내 지속한다면 회사의 비용은 1백만 달러를 넘을 지경이었다. 물론 그런 비행기 사용은 회사 경영진의 승인을 받은 것이었고 필즈가 입사할 때 서명한 계약서에 명백히 기재되어 있었다. 필즈는 포드의 부실 회사들을 정리하고 구조조정을 단행하기 위해 채용됐는데, 그 중에는 포드 자동차 본사도 포함되어 있었다. 필즈의 가족은 플로리다에 살았고, 그는 주말마다 디트로이트에서 그곳으로 날아갔다. 평균 몇 백만 달러씩의 급료를 받는 사람에게 추가로 백만 달러 정도의 혜택은 아무것도 아닌 모양이다. 그러나 필즈의 주된 임무는 포드의 북미사업부를 재건하는 것이었다. 필즈의 비행기 나들이가 이뤄지던 2005년 무렵부터 포드의 수익성이 개선될 것으로 보는 2009년 사이의 포드 자동차 총 예상 손실액은 거의 170억 달러에 달한다.

포드에서 진행 중인 대규모 구조조정 계획에는 여러 공장의 폐쇄와 수천 개의 일자리 감소가 들어 있었다. 거의 모든 부문에서 비용을 절감해야 했고, 새 CEO 앨런 멀럴리 회장은 회사의 미래를 걸고 모험을 해야 했다. 기업회생 계획의 자금을 얻기 위해 회사 자산을 담보로 넣고 대규모 차입금을 얻은 것이다. 그래서 최고위 중역이 쓸데없이 추가로 1백만 달러를 낭비했다는 사실은 다른 직원들의 입방아에 올랐고, 일부 직원들이 필즈 사장의 비행기 나들이에 핏대를 세웠던 것이다. 어떤 직원들은 필즈의 행위를 용서할 수 없다며 격분하기도 했다.

불만의 목소리가 필즈 사장에게도 전해지자 그는 회사 비행기를 이용한 개인 여행을 중단하면서 사내 인터넷 방송으로 직원들에게 자신의 결정을 알렸다. 그러나 상황은 심각해진 뒤였다. 사장의 사치스러운 여행 소식이 직원들에게 알려지자 더 없이 중요한 기업 회생 절차를 이끌기가 훨씬 더 어려워진 것이다. 필즈 사장이 회사 철학대로 살지 않는다는 것이 드러났기 때문이다.

그렇다면 도요타의 경우를 보자. 사장 와타나베 가쓰아키(Watanabe Katsuaki, 2005년 6월에 도요타 자동차 사장으로 취임한 전문경영인-옮긴이)를 비롯한 많은 도요타의 중역들 역시 지리적 문제로 근무에 어려움을 겪고 있다. 회사의 근무지가 도요타 시, 나고야, 도쿄 등 일본 각지에 흩어져 있기 때문이다. 와타나베 사장은 다른 중역들과 마찬가지로 곳곳에 사무실을 둔 채 수시로 도쿄에서 도요타 시와 나고야를 오가며 각종 회의에 참석하고 있다. 일본에서도 기업 중역들, 특히 자동차회사 간부들이 장거리 여행을 할 때는 운전사가 딸린 승용차를 이용하는 것이 보통이다. 그러나 대개 와타나베 사장과 그의 이사회 임원들은 일반인과 다를 바 없이 고속철도 신칸센을 타고 왔다갔다 한다. 도요타 중역들은 무턱대고 남들을 따라하지 않는다고 한 직원은 말한다. 그저 일본의 철도가 가장 신속한 교통수단이기 때문에 기차를 이용하며 그만큼 회사는 더 효율적으로 돌아간다는 것이다. 이런 이유로 해서 도요타는 신설하는 나고야 본사를 기차역 바로 옆에 마련하기로 확정했다.

미국 도요타의 짐 프레스 사장은 경쟁사에 관해 이야기할 때 마치 자기 이야기 하듯 편안해하면서도 가급적 말을 아끼려 한다. 그는 자동차업계의 쓸데없는 지출에 대해 세세히 언급하려 하지 않으면서도 다수 글로벌 기업들에서 벌어지는 간부들의 지나친 씀씀이에 대해서는 도저히 이해가 안 간다며 고개를 내저었다. 그는 낭비를 혐오하는 도요타의 기업문화에서는 그런 일이 용납될 수 없다고 말했다. 수백만 달러까지 상승한 중역들의 급료와 결국엔 고객과 주주들이 모든 비용을 감당해야 할 중역들의 엄청난 특권들에 대해 묻자 프레스 사장의 반응은 단순했다.

"뭐라고요? 믿기지가 않군요."

그렇다고 도요타 간부들이 특권을 싫어한다고 생각하면 오산이다. 그들 역시 특권을 즐긴다. 도쿄에 있는 도요타 본사 앞에 가보면 임원들을 모신 고급 승용차가 잇달아 지하 주차장으로 들어가는 모습이 장관을 이룬다. 외장 유리로 번뜩이는 도쿄 본사는 주요 기업의 오피스 빌딩다운 적당한 규모인데, 거기에는 미국의 GM이나 포드 또는 가까운 일본 닛산 본사처럼 층층마다 온갖 직급의 직원들로 가득하다.

확실히 도요타의 모든 사원이 동등한 특권을 누리는 것은 아니다. 일본에서 중간급 관리자의 전형적인 업무 공간은 개방돼 있어서 자유로운 의사전달이 가능하고 직원들을 관찰하기가 편하다. 이른바 커다란 오베야(大部屋, 큰 회의실이라는 뜻. 책임 기술자와 팀원들이 한 방에서 공동 작업하는 개발 프로세스를 뜻하기도 함-옮긴이) 스타일의 사무실이다. 반면 최고위 간부들은 널찍한 개인 사무실에서 근무한다. 대도시인 도쿄 같이 교통이 혼잡한 곳은 승용차로 이동하기가 매우 힘들지만 운전사 딸린 자가용을 타는 간부들도 심심찮게 볼 수 있다. 또 간부들은 자주 초대권을 얻어 도쿄돔에서 열리는 야구 경기를 관람하기도 한다.

그러나 도요타가 특별한 것은 간부들에게서 거만함을 찾아보기 어렵다는 점이다. 사옥 내의 분위기는 엄격한 규율로 정돈되어 있고 경박함이란 좀처럼 느껴지지 않는다. 간부들은 무거운 책임감을 느끼며 모든 직원들 가운데 가장 오랜 시간 근무하는 것으로 알려져 있다. 그리고 간부들이 평사원들보다 많은 급료를 받는 것은 사실이지만, 프로 운동선수들과 비교하면 형편없는 액수이고 경쟁업체보다도 훨씬 낮은 수준이다. 이는 도요타의 창업 정신인 겸손, 검약, 존중에서 우러나온 기업 방침 때문이다.

예로부터 일본에서는 CEO가 말단 생산직 종업원이 받는 급료의 17배 이상은 받지 않는 것이 관행이었다. 그러나 닛산의 카를로스 곤 회장 같은 경영자들의 급료가 치솟으면서 고위직 간부의 급료가 서구 기업들의 수준에 육박하게 됐다. 일례로, 2006년에 닛산 회장과 9명의 최고위 임직원들은 평균 2백만 달러의 연봉을 받았다. 하지만 도요타에서는 같은 해 고위직 간부의 평균 급여가 50만 달러를 약간 넘는 정도였다. 전 세계 다른 경쟁사들의 최고위 경영자들 급료에 턱 없이 모자라는 수준이다. 그러면서도 도요타 자동차는 경쟁사 모두를 앞지르고 있다.

상대적으로 낮은 간부 직원의 급여 수준과 더불어 부하 직원이 상사에게 문제점을 지적한다 해도 그것을 나무라지 않는 것이 도요타의 기업문화이다. 이것은 GM 같은 회사의 기업문화와는 완전히 딴판이다. GM에 다니던 어느 생산직 종업원의 말인데, 만일 생산공정이나 어떤 결정이 잘못됐다고 상급자에게 말한다면 난리가 날 거라고 한다. 아마 자기가 한 달간 회사에 결근한다 해도 그보다는 덜 혼날 거라고 하면서 말이다.

도요타의 인력 구조를 설명하며 짐 프레스는 말한다. "우리 모두는 서로 동등합니다. 전체 구조를 보면 도요타 신입 사원과 회장 사이의 거리가 그리 멀지 않습니다. 만일 우리가 부자가 되고 싶었다면 모두 다른 곳에서 일했을 겁니다. 우리에겐 돈이 문제가 아니지요." 프레스 사장에 따르면 도요타 직원은 누구든 급료 수준이나 직함에 상관없이 똑같이 대우받는다고 한다. 각 종업원이 모두 회사의 발전에 기여하므로 특별히 중요한 자리가 따로 없다는 것이다.

짐 프레스가 캘리포니아의 토런스에 있는 도요타 사무소에서 근무할 때의 일이다. 어느 날 그는 회사 직원들과 함께 LA 레이커스의 농구 경기를 관람하게 됐다. 그 직원들 중에는 오랫동안 건물 경비원으로 일한 보비 패터슨이란 사람도 있었는데, 그는 프레스 사장과 거의 20년간 알고 지낸 사이였다. 패터슨은 프레스 사장이 사무실을 드나들 때마다 수시로 다가와서는 회사와 고객들에 대한 이런저런 이야기를 주고받곤 했다. 그러다 프레스 사장에게 레이커스 농구 경기에 갈 기회가 생겼고, 그는 패터슨에게 자기와 같이 가자고 제안했던 것이다.

프레스는 말한다. "저는 그에게서 많은 것을 배웁니다. 그가 바로 이 회사입니다. 만일 도요다 쇼이치로 씨가 우리 회사의 1인자라면, 경비원 패터슨은 2인자일 겁니다. 제 임무는 그저 우리 기업의 직원들에게 봉사하는 것이고, 거기에는 패터슨 씨도 포함되지요."

겸손함을 넘어 인간 존중으로

겸손, 즉 자신을 낮추고 남을 존중하는 자세는 의심할 바 없는 일본인의 행동 특성이다. 아마도 이것이 도요타 문화가 스마일스와 데밍 같은 서구인의 경영철학에 그토록 자연스레 융화되었던 이유일 것이다. 하지만 도요타에는 타고난 겸손 이상의 것이 있다. 짐 프레스는 그것을 도요타 문화의 특징인 진심어린 '인간 존중'이라 부른다.

도요타가 세계 최고의 글로벌 자동차 메이커로 성장해감에 따라 점차 어떤 무언의 기풍이 회사에 퍼져나갔다. 도요타의 특징을 설명하려는 사람들은 그것을 차분함과 조심성이라 표현하는데, 이러한 특성 때문인지는 몰라도 도요타를 잘 아는 많은 이들은 기존의 기업적 성격에 남들을 존중하는 경향이 도요타에 한층 더 강화됐다고 말한다.

어쩌면 도요타의 지리적 위치가 말보다는 행동으로 보이는 기업문화에 한몫 했을지 모른다. 오늘날 도요타의 최고급 승용차 렉서스와 하이브리드 차 프리우스를 생각해보면 상상하기 어렵겠지만 도요타는 지금까지도 작은 규모의 시골 회사라는 이미지를 간직한 채 소비자들과 끈끈한 유대감을 형성해왔다.

도요타 시는 도요타 자동차의 발상지일 뿐 아니라 도요타의 생산공장과 운영시설이 밀집돼 있는 곳이다. 이 지역이 미국의 일부 소도시와 비슷할 거라 생각할지 모르지만, 사실 도요타가 오기 전에는 일본의 변두리 지방에 불과했다. 그래서 이곳은 오랜 세월 시골 촌구석이라는 인상이 남아 있었고, 그로 인해 도요타는 혼다나 닛산 같은 도회지 기업들에 비해 얼마쯤 '촌스러운' 이미지를 갖게 됐다.

도요타의 창업가문 역시 겸손과 인간 존중을 철저히 지키며 품위를 유지하고 있다. 도요다 집안 사람들은 일본에서 널리 존경받고 있는데, 그것은 그들의 성공뿐 아니라 오랜 세월 보여준 절제와 헌신의 자세 덕분이다. 창업 4세대, 회사 직원들, 언젠가 도요타를 이끌어 갈 올해 52세의 도요다 아키오(Toyoda Akio, 창업주 도요다 사키치의 증손으로서 도요타의 경영권 승계 1순위자임-옮긴이) 부사장까지 다 포함해서 도요타 가족은 한 울타리 안에서 촘촘히 엮인 한 집안 문화를 형성하고 있다. 그리고 도요타가 증권시장의 상장기업이 되었어도 도요다 가문은 여전히 회사 경영에 깊이 관여하고 있다. 그 이유는 가문 전체가 보유한 의결권주의 비율이 전체의 40퍼센트를 넘기 때문이다. 도요다 가문은 회사의 문화와 운영에 상당한 영향을 미치고 있는데, 이는 미국의 포드 가문과 포드 자동차의 관계와 비슷하다.

한 예로, 도요타 자동차의 명예회장인 도요다 쇼이치로(Toyoda Shoichiro, 도요다 에이지의 5촌 조카이고 도요다 아키오의 아버지-옮긴이) 박사가 2006년에 텍사스 주 샌안토니오에 나타난 적이 있는데, 당시 도요타의 새 트럭공장 완공을 기념하기 위해서였다. 도요다 가문이 여전히 회사 이사회에서 중요한 역할을 하고 있는지 묻자, 짐 프레스는 대번에 "그럼요"라고 대답했다. 또 다른 도요타 중역은 도요다 쇼이치로 박사가 '매일 아침 참석해서' 회사의 모든 방침에 대해 '적지 않은' 조언을 한다고 말한다. 그는 창업주의 손자로서 회사의 길잡이 역할을 하는 것이다. 여러 해 전 도요다 박사는 일본 주택산업에 도요타가 더 적극적으로 뛰어들어야 한다고 주장했다. 그는 국민들에게 적정 가격으로 고품질의 조립식 주택을 공급하길 원했던 것이다. 그래서 도요타는 그 부문에 더 많은 노력을 기울여 오늘날 매년 4,000채가 넘는 주택을 일본에 짓고 있다.

도요다 가문은 교육뿐 아니라 결혼 문제에도 세심한 주의를 기울인다. 예를 들어 도요다 쇼이치로 박사의 아내 도요다 히로코 부인은 미쓰이*Mitsui* 가문 출신인데, 미쓰이는 글로벌 산업계에서도 유명한 집안으로 역사가 1600년대로 거슬러 올라가는 일본의 전통 있는 재벌 가문이다.

도요다 히로코 부인 역시 도요다 집안 사람답게 겸손하다. 어느 날 짐 프레스가 도쿄에서 열린 회의를 마친 뒤 기차를 탔다가 도요다 부인을 만났다고 한다. 그들은 둘 다 나고야 역에서 내렸다. 80대의 나이였던 도요다 부인은 러시아워의 인파 속에서 자기 가방을 직접 들고 혼자서 걸어갔다. 그 모습을 보던 짐 프레스가 들어주겠다고 말하자, 부인은 정중히 사양했다. 어깨를 으쓱하는 폼이 마치 이렇게 말하는 듯했다. "왜요?"

인간을 존중하는 기업문화에서는
남을 탓하지 않는다

업계 분석가들에 따르면 도요타는 경쟁사들보다 R&D 분야에 더 많은 투자를 하는데, 미래를 위해 하루 2천만 달러 이상을 쏟아 붓고 있다고 한다. 하지만 이에 비하면 내일을 위한 가장 중요한 투자 중 하나, 즉 기업문화에 대한 투자에는 거의 비용이 들지 않는 셈이다.

불과 몇 십 년 전만 해도 도요타는 적당한 규모의 일본 국내 기업이었다. 하지만 오늘날 도요타는 세계 전역의 자회사 종업원을 포함해 거의 30만 명 가까운 직원들로 운영되는 초일류 대기업이다. 이렇게 급속히 성장하다 보니 회사의 원래 문화, 특히 독특한 상호 존중 기풍을 유지하는 일이 더없이 중요한 일이 됐다. 이를 위해 도요타는 2001년 일본에 글로벌 교육센터인 '도요타 연구소'를 설립하고 세계 전역에서 핵심 사원들을 불러들여 그들에게 도요타 고유의 기업문화를 심어주고 있다. 또 도요타는 '도요타 글로벌 생산센터'도 설립해 여러 대륙에서 TPS(Toyota Production System)를 가르친다.

도요타 연구소를 비롯한 이런 교육 기관들은 도요타의 미래에 매우 중요하기 때문에 와타나베 가쓰아키 사장이 직접 감독하고 있다. 그래서 와타나베 사장은 이른바 '도요타 문화 마을'의 시장(市長)으로 통한다. 또 기노시타 미쓰오 *Kinoshita Mitsuo* 부사장은 '보좌관' 역을 맡아 도요타의 독특한 기풍을 미래의 사원들에 전달하려 한다. 그러나 도요타 문화를 전파하는 실질적 책임자는 '부보좌관' 고니시 고키Konishi Koki 부장이다. 달변가인 고니시 부장은 도요타의 특성을 설명할 때 일본 기업 풍토에서는 보기 드문 열정을 토해낸다.

고니시 부장의 주요 임무는 도요타의 경영이념을 사원들이 잘 이해하고 따를 수 있도록 만드는 것이다. 고니시 강연의 핵심은 바로 도요타만의 독특한 정신과 마음자세에 있다. 만일 사원들이 '인간 존중'으로 시작하는 도요타 철학에 확신을 갖지 못하고 소홀히 한다면, 도요타 역시 세계 곳곳의 수많은 기업들에 독버섯 같이 자라는 '비난의 문화'에 빠져들지 모른다.

도요타 문화 보존을 위한 고니시 고키의 제안

- 과거를 잊지 마라. – "무언가 시작할 때는 항상 과거를 봐야 한다. 미래를 향해 뛰기 전에 반드시 우리가 뭘 했는지를 돌아봐야 한다."
- 글로벌 시야로 바라보라. – "호주에서 무슨 일이 일어났지? 미국에서는? 그 일들이 합해져서 어떻게 될까?"
- 윤리를 바탕으로 행동하라. – "우리는 기업인일 뿐 아니라 인간의 입장에서 세계와 우리 행동을 살펴봐야 한다. 그 결과는 무엇일까?"

비난이 만연한 업무 풍토에서는 비난을 피하려는 변명과 발뺌 때문에 일을 배우려는 열의와 적극성이 생겨나지 못한다. 도요타 시스템에서는 종업원들이 이런 말을 듣는 경우가 거의 없다. "이런 식으로 하시오!" 도요타 문화에서는 직원들이 고객뿐 아니라 자신에게도 이로운 해결책과 개선안을 스스로 찾아내도록 돼 있다. 고니시 부장은 확신한다. 기업은 운영절차만 가지고는 번영할 수 없으며, 직원들이 올바른 기업 철학을 바탕으로 뛰기 시작할 때 비로소 성공한다는 것을 말이다.

더하기보다 빼기가 중요하다

모든 것을 각자의 자리에 두어라.
그리하여 그 자리에 가면 모든 것을 알게 하라.

사무엘 스마일스, 《Self-Help》

인생처럼 비즈니스에서도 '빼기'는 거의 항상 '더하기'만큼 효과적이다. 심지어 어떤 경우에는 빼기가 한층 더 효과적으로 보인다. 최종 목적지에 도착하려고 죽도록 걷고 있는 도보 여행자를 생각해보자. 아직도 몇 킬로미터나 남았는데 해는 저물고 있다. 제때 도착하려면 속도를 엄청나게 높여야 한다. 그는 발걸음을 재촉하지만 아직도 충분히 빠르지 않다. 그의 배낭은 더이상 필요 없는 물건들과 묵직한 음식으로 가득하다. 그는 걸음을 멈추고 배낭을 비운다. 그러고 나서 훨씬 가벼워진 상태로 다시 걷는다. 그 결과 속도가 빨라지면서 그는 어렵지 않게 제시간에 도착한다.

진보는 앞으로 나갈 때만 이뤄지는 것이 아니라 앞길의 장애물을 치울 때에도 이루어진다. 세계 정상급 수영선수는 부지런히 수영법을 연마하지만 큰 대회가 다가오면 몸에 난 털을 깎는다. 프로축구 선수는 체력을 기르기도 하지만 새 시즌을 앞두면 몸무게를 줄인다. 목수는 성능이 탁월한 새 톱을 사기도 하지만 못 박을 때의 타격 횟수를 줄이는 법도 연구한다.

도요타의 직원들은 날마다 도보 여행자, 수영선수, 축구선수, 목수가 되도록 교육받는다. '무다muda'는 낭비를 뜻하는 일본어로 제거하기와 관련한 도요타 성공의 핵심요소이다. 많은 기업들이 업무에 새로운 단계나 해법을 추가하는 데 주력하는 것과 달리 도요타는 모든 업무과정에서 낭비를 없애는 데 집중한다. 조립라인 현장에서 팀원들이 행하는 작업단계를 줄이는 것부터 과도한 재고량 줄이기, 부품 발송 시 쓸데없는 포장 재료 없애기….

도요다 기이치로는 아버지 도요다 사키치로부터 낭비는 사람과 기계 모두에게 장애물이라는 사실을 배웠다. 그래서 그가 창안한 적시생산방식(Just-in-time, JIT)은 특히 다음과 같은 자신의 확신을 구체화한 것이었다. "제품을 생산하기 위한 이상적인 조건은 기계, 시설, 사람이 협력하여 아무런 낭비 없이 새로운 가치를 창출할 때 형성된다."

도요타의 핵심 원칙 대부분이 그렇듯이, 낭비제거 원칙도 처음에는 작업 현장에서 생겨났다가 차츰 회사의 모든 부서가 실행해야 할 주요 철학으로 발전하였다. 짐 프레스와 잠시만 대화해보라. 아마 '낭비'라는 용어를 수없이 듣게 될 것이다. 도요타의 생산직 근로자들에게 낭비제거는 작업장에 출근하는 일 다음으로 가장 중요한 일이다.

도요타의 최종 결론은 다음과 같다. "만일 어떤 공정이나 활동이 가치를 창출하지 못한다면, 없애버려라."

작은 차이가 큰 차이를 낳는다

도요타 시에 자리 잡은 모토마치 Motomachi 조립공장은 1959 년부터 자동차를 생산하고 있다. 당시 이 공장은 아시아 최초의 승용차 전용 생산시설로 처음 문을 열었다. 도요타 시 도심 구역에 위치한 12곳의 도요타 공장들 중에서 모토마치 조립공장은 세계 최고 수준의 자동차 생산시설로 손꼽힌다. 모토마치 공장은 크라운 Crown과 에스티마 Estima 같이 일본 내수용 승용차를 생산한다. 그리고 그곳에서 4,800명의 일본인 근로자들이 하나의 조립라인에서 하루에 650대의 차량을 생산해낸다.

모토마치 공장은 고객들의 주문을 받아 제작하는 차량들을 각기 다른 여덟 종까지 다양하게 생산해낸다. 이렇게 매우 유연적인 제작설비를 갖춘 이 공장은 도요타의 '풀-방식 pull-based' 생산 시스템의 결정판이라 할 수 있다. 외국인의 공장 견학이 있던 어느 날, 부공장장은 한 방문객에게 다른 회사의 공장에서 이와 같은 생산설비를 본 적이 있는지 물었다. 방문객이 그렇다고 대답하자, 부공장장은 빙그레 웃으며 통역가를 통해 이렇게 말했다. "설비는 같겠지요. 하지만 우리는 다르게 활용합니다." 여기서 '다르게'라는 말은 '최대한 효율적으로'라는 뜻이다.

하나의 예로 수년 동안 도요타의 작업팀들은 린 생산방식에 따라 조립라인에서 내려오는 차량 수에 맞춰 소량의 부품들만 쌓아놓고 작업해야 했다. 회사는 저(低)재고 운영철학에 따랐기 때문에 사실 쌓인 부품 수는 얼마 되지 않았다. 그럼에도 관리자와 팀원들은 그 시스템을 훨씬 더 개선하려 했다. 2007년, 그들은 한 작업자가 이동 트롤리에 차량 한 대의 부품을 전부 실은 다음 그것들을 움직이는 조립라인에 전달하는 시스템을 고안해냈다. 이러자 차량 여러 대가 한꺼번에 제작될 때 발생하는 소모적인 혼선이 사라지고 조립공정이 한결 체계화됐다. 이러한 낭비제거는 개인 차원에서는 하찮게 보일지 모른다. 하지만 매년 세계 곳곳에서 수십만 대의 차량이 생산되는 대규모 시스템에서는 엄청난 차이를 불러올 수 있다.

그러나 생산공정 그 자체는 그리 특이한 광경이 아닐지 모른다. 도요타 모토마치 공장의 방문객들이 보는 매우 깔끔한 자동화 설비는 미국 조지타운 공장에서 보는 것과 똑같다. 오히려 미시간 주에 있는 포드의 루지 트럭 공장이나 미시시피에 있는 닛산 공장과 같은 최첨단의 조립공장들은 생산공정에 관한 한 21세기의 걸작품들이다. 그 설비들은 유연성과 큰 규모를 동시에 갖추고 수십만 대의 고품질 자동차를 생산해낸다. 아마 기술적으로는 모든 것이 경쟁사들과 동일해 보일 것이다. 하지만 공장이 운영되는 모습은 전혀 다르다. 그 모든 차이는 지속적 개선을 가능케 하는 도요타의 낭비제거에서 비롯된다.

일본 밖의 도요타 최대 생산공장은 미국 켄터키 주의 조지타운 공장인데, 이 시설의 규모는 축구장 150개 크기와 맞먹는다. 전 GM 간부였던 스티브 안젤로*Steve St. Angelo*가 책임자로 있는 이 공장의 목표는 제품의 생산, 품질, 효율을 일본 내 도요타 공장의 수준까지 끌어올리는 것이다. 어떤 부분은 아직 갈 길이 멀다. 하지만 캠리와 아발론*Avalon* 세단, 투-도어형 캠리 솔라라, 캠리 하이브리드 등을 생산하는 조지타운 공장은 이미 원자재 부문에서 거의 '낭비제로'의 상태로 운영되고 있다.

밤낮 없이 대략 7,000명의 작업자들이 드나드는 조립라인 현장을 바라보면 한바탕 작업이 끝날 때마다 약간의 정리정돈이 필요할 것이라고 생각할 수 있다. 그러나 생산설비를 한바퀴 둘러보면 그 공장이 다른 자동차 조립공장은 말할 것도 없고 병원이나 가정집보다도 더 청결하고 질서정연함을 알게 된다. 콘크리트 바닥에는 얼룩 하나 없고, 쓰레기는 보이지 않으며, 부품 상자들을 제외하고 유일하게 놓여 있는 것은 휴식 시간에 즐기려고 팀원들이 사다 놓은 축구게임 테이블뿐이다.

조지타운 공장의 이 같은 청결함은 다른 도요타 시설들과 마찬가지로 이 기업의 유명한 낭비제거 원칙이 낳은 당연한 결과이다. 정신을 산만하게 하는 무질서는 도요타 시스템에서 용납되지 않는다. 여기에 도요타의 환경에 대한 책임의식이 더해져서 거의 무결점 공장이 탄생하게 된 것이다.

이러한 질서는 매 시간 열심히 청소한다고 해서 이루어지는 것이 아니다. 꾸준히 낭비 요소를 제거하는 과정에서 얻어지는 것이다. 도요타 조지타운 공장에서 사용하는 부품의 90퍼센트 이상이 재사용 포장 용기에 담겨 들어온다. 부품이 사용되면 빈 포장 용기는 쌓아뒀다가 다음 트럭이 올 때 반환하여 재사용한다. 만일 부속품이나 특수 주문된 품목들이 재래식 골판지나 비닐로 포장돼 들어오면, 곧바로 재활용 과정으로 들어간다. 모든 것은 분리돼서 적당한 통에 담기며, 쓰레기는 전혀 남지 않는다. 작업자들은 포장지를 재활용, 재사용, 분쇄용으로 분류하여 각각의 분리함에 넣는다. 포장지를 분쇄해 만든 비료는 현지 공원이나 온실로 보내지는데, 그것을 이용해 식품저장소의 야채도 생산하고 할로윈 때 쓸 호박도 키운다.

이러한 자원보존 조치에 대해 평소 과시하는 일이 드문 간부들조차 자랑스러워한다. 짐 프레스는 이렇게 공언한다. "도요타는 자사가 거둔 '환경에 관한' 성과에 자부심을 느낍니다. 더 중요한 것은, 우리가 세계 최고의 친환경 기업이 되려 도전한다는 것입니다."

낭비 요소를 없애야 공장 청결이 이루어진다. 조지타운 공장의 재활용품은 45,000개의 전구를 포함해서 연간 10만 톤이 넘는다. 그리고 이 공장은 여러 해 동안 쓰레기 '제로 매립' 우수 시설이었다. 사실 도요타의 '모든' 생산공장이 제로 매립시설이다.

그러면 포드의 20억 달러짜리 루지Rouge 공장과 비교해보자. 미시간 주에 세워진 이 공장은 혁신적인 친환경 운영을 표방한 시설이다. 세계 최대의 '리빙 루프(living roof, 각종 생물이 살도록 꾸민 친환경 지붕-옮긴이)'에 태양전지와 연료전지 같은 재생에너지원으로 전력을 공급하는 루지 공장은 포드 자동차 '우수 공장'의 결정판이다. 루지 공장 방문객들은 그 창의성에 놀라고 포드가 기울인 열정과 거대한 투자에 입을 다물지 못한다. 그런데 아이러니하게도 루지 공장은 제로 매립시설이 아니다. 몇 년간 미국 자동차 메이커들은 생산시설에서 '총괄적 폐기물 관리'를 시행해 제로 매립을 달성하려 노력해왔다. 그러나 포드의 온타리오 시 세인트 토마스*St. Thomas* 조립공장 같은 최고 시설조차도 그저 매립장으로 보내는 쓰레기 양을 절반으로 줄였을 뿐이었다.

한편 2006년에 GM의 공장 두 곳이 제로 매립 상태에 도달했다. 글로벌 환경의 시각으로 보면 획기적 성과가 아닐 수 없었지만 그 두 시설은 대형 조립공장이 아닌 소규모 엔진 공장들이었다.

통계상으로 볼 때, 제로 매립시설인 곳과 아닌 곳의 자원보호 차이는 그리 크지 않을지도 모른다. 하지만 소비자들의 생각은 다르다. 자동차 수요자들은 포드의 멋진 공약보다는 최근 몇 년간 이루어진 도요타의 행동에 훨씬 더 큰 공감을 표시했다. 그 결과는 꼭 이런 격언을 뒷받침하는 듯하다. '기업을 올바르게 운영하면, 결국은 소비자가 알아주기 마련이다.'

가장 큰 낭비는 인간의 낭비다

낭비제거는 기업들이 직면한 가장 골치 아픈 문제 중 하나일 것이다. 그 기업 운영의 속성상 '더하기'는 '빼기'보다 훨씬 편리하다. 왜냐하면 '더하기'는 사원들이 수용하고 협조하는 데 큰 제약이 없기 때문이다. 그러나 낭비 요인 제거에는 현재 방식이 최고가 아니라는 사실을 받아들일 수 있는 팀원들의 적극적 협조가 필요하다. 인간은 본질적으로 변화를 싫어한다. 공정이나 업무를 더 효율적으로 만드는 변화도 마찬가지다. 그렇기 때문에 겸손이 도요타 기업문화에서 그토록 중요한 요소가 되는 것이다. 자기 방식이 줄곧 옳았다고 확신하는 팀원들은 카이젠(Kaizen, 지속적 공정 개선을 통한 원가절감을 뜻함)에 정면으로 저항하며 지속적 개선을 방해한다. 변화와 수정에 대한 그런 저항에 대응하기 위해 도요타가 주저 없이 활용하는 자료가 있다. 바로 작업 중의 낭비 장면을 촬영한 비디오테이프가 그것이다.

한 예로 조립라인의 용접공을 생각해보자. 그가 공장에서 가장 우수한 용접공이라 가정할 때, 만일 팀장이나 동료 작업자가 용접기법을 개선해야 한다고 말한다면 그 말을 순순히 받아들일까? 오히려 그는 "이 공장에서 나보다 나은 사람이 누구야?"라며 반발할 것이다. 그러나 만일 공장장이 팀원들을 소집해 품질관리를 브리핑하면서, 불필요한 동작들을 찍은 비디오를 보여주고 작업 능률을 훨씬 높일 수 있음을 입증한다면 어떻게 될까? 아마 용접공은 새 방식에 동의하지 않을 수 없을 것이다.

여러 해 동안 조지타운 공장에서 품질관리를 담당한 어느 직원은 비디오테이프가 낭비와의 전쟁에서 가장 강력한 무기였다고 말했다. 그녀는 당시 분위기를 이렇게 전한다. "그래요. 어떤 작업자들은 증거를 들이대는 비판에 기분 나빠했어요. 또 조립라인에서 직원들을 촬영한다는 것이 회사 관계자들이 공공연히 드러낼 만한 일은 아니었지요." 하지만 그녀는 사실에 근거한 그런 평가가 조지타운 공장이 도요타의 일본 공장들을 그렇게 빨리 따라잡을 수 있었던 주요 요인이라고 말했다. 눈앞의 사실은 속일 수 없으니까 말이다. 그러니 낭비를 없애고 싶다면 문제를 적절히 드러내라. 공장이 일본, 미국, 유럽, 혹은 세계 어디에 있든 간에 낭비제거를 통한 지속적 개선은 단지 마음자세의 문제이다. 직원들이 겸손한 자세로 비판을 수용하고 기꺼이 변화하느냐에 달린 것이다.

이런 낭비제거 방식은 아주 간단해 보이지만 대다수 기업들에게는 전혀 그렇지 않다. 예를 들어, 많은 미국인들은 전미자동차노조(UAW)가 작업장에서 지속되는 낭비 상황을 은폐한다고 보고 있다. 말하자면 UAW가 도요타를 세계 정상으로 올라서게 한 일등 공신인 셈이다.

20년 이상 GM에서 생산직 근로자로 일한 어느 직원은 노동조합이 종업원들을 '게으르고' '무능하게' 만든다고 말한다. 노동조합이 직장에 늦게 나오거나 직무 수행에 서투른 노조원들을 보호해주기 때문이다. 미시간 주 플린트에 있는 GM 공장에서는 비디오 감시란 상상도 못할 일이다. 거기서는 경영진이 직원들의 업무 평가조차 못 하게 돼 있다. 노사협약에 의해 종업원들은 다른 UAW 노조원들의 내부 관리를 받도록 되어 있는 것이다. 이처럼 노조가 있는 작업장에서는 회사의 직원들에 대한 직접 통제가 불가능하므로, 사실상 경영진은 조립라인에서 낭비 요인을 줄일 방법이 없다. 반면에 도요타는 쓸데없는 낭비를 줄여 더 가볍고 빠르게 질주하면서 해마다 경쟁력 격차를 벌여나가고 있다.

도요타 생산방식(TPS)을 연구한 사람들에게 친숙한 내용이 하나 있는데, 그것이 바로 그 유명한 TPS의 '일곱 가지 낭비 유형'이다. 오노 다이치는 TPS를 간단하게 설명하고 사람들이 이해하기 쉽도록 낭비를 일곱 가지 유형으로 분류했다. 따라서 이 일곱 가지 낭비 유형이 정식으로 TPS에 포함되는 것은 아니다. 그렇지만 도요타 시스템이 다소 폭넓게 정의된 채 나머지 세부사항은 팀원들의 창의성에 맡겨져 있기 때문에, TPS 교육자는 팀원들에게 자주 상세한 설명을 해주어야 한다. 따라서 이 일곱 가지 낭비 유형이 계속 TPS의 일부로 여겨지면서, 많은 이들에게 생산공정의 TPS를 이해시키는 길잡이가 되고 있다.

오노 다이치가 TPS에서 찾아낸 일곱 가지 낭비 유형과 그 해결 방안

■ 과잉생산 낭비 - 제품이나 부품의 생산 속도를 낮춰서 꼭 필요하거나 고객이 요구하는 것만 생산하라.

- 대기 낭비 – 어떤 대기 시간도 없어서 시간을 더 생산적으로 활용하라.
- 운반 낭비 – 부품이나 자재를 불필요하게 다른 장소로 이동시키지 말라.
- 가공 낭비 – 고객을 이롭게 하지 않는 작업은 모두 중지하라.
- 재고 낭비 – '하나 사서 하나 판다'는 개념을 유지하라. 고객이 요구하는 것만 보유하라.
- 동작 낭비 – 회사나 고객에게 가치를 창출하지 않는 장비와 사람의 모든 동작을 제거하라.
- 불량 수정의 낭비 – 불량품은 다음 단계로 가기 전에 근원에서 차단하라.

낭비를 이런 특정 유형으로 분류하는 데는 약간의 문제가 있다. 작업자들이 이 기본지침에만 의지해 다른 낭비 요인들을 보지 못하면 결코 그것들에 대처할 수 없기 때문이다. 도요타 문화는 그런 정신적 장애물을 뛰어넘고자 한다. 전 도요타 중역 데니스 쿠네오의 말처럼, 도요타의 기반은 '하드웨어가 아니라 소프트웨어'이다. 도요타 문화의 의도는 "따라와. 안 그러면…" 따위의 엄격한 지침을 내리는 것이 아니라, 문제를 스스로 인식하고 해결하도록 가르치는 것이다. 따라서 도요타 철학은 작업장에서 인간 동작으로 이뤄지는 모든 작업을 체계화하여 '표준 작업'이라 부를 만한 효율적인 프로세스를 창안하는 것이다.

생산현장에 적용되는 TPS는 세 가지 요소로 이루어져 있다.

1) 택트 타임*takt time*–차량 한 대의 구성요소를 생산하는 데
   필요한 시간(takt는 '리듬/박자'를 뜻하는 독일어–옮긴이).
2) 작업 시퀀스–고품질 제품을 가장 효율적으로 제작하는 데 필
   요한 단일 공정의 프로세스.
3) 프로세스 내 표준 재고량–작업자가 중단 없이 작업하기 위해
   필요한 최소 부품 재고량.

사무실에서의 TPS 역시 기본적으로 동일한 요소로 이뤄지지
만 기술적 용어는 줄어든다. 도요타의 목표는 모든 부서와 직급
의 종업원들이 꼭 필요한 것만 가지고 더 나은 것을 만들기 위
해 노력하는 것이다. 그래서 일부 전문가들은 린 생산방식을 다
른 사람에게 교육시킬 때 그 '일곱 가지 낭비 유형'을 중요시 하
지만, 도요타 사내 교육의 경우에는 낭비 요인이 일곱 가지에
국한되는 것이 아니라 사실상 무한하다고 가르친다. 다행히 도
요타의 관점에서 보면 낭비 요인을 찾아내고 제거하는 사원들
의 능력 또한 낭비 요인만큼 무한하다. 도요타 문화에 따르면,
가장 큰 낭비는 인간의 능력을 그냥 썩히는 것이다.

글로벌 인력개발을 담당하는 기노시타 미쓰오 부사장은 이렇
게 말한다. "우리는 인간이 무한한 탐구 능력을 가졌다고 믿습
니다. 그러나 미국과 유럽에서는 기업의 대다수 사원들이 제한
된 직무 설명만을 듣습니다. 그들은 그 이상을 하도록 요구받지

않아요. 물론 우리 역시 직무 설명을 하지만 그것은 안내선일 뿐입니다. 도요타 사원들은 '자기 직무' 범위를 뛰어넘어 창의력을 발휘하라고 배웁니다. 우리는 이를 통해 무한한 가능성을 창조하고자 합니다."

낭비, 낭비, 낭비를 제거하라

2005년 와타나베 가쓰아키가 도요타 자동차 사장으로 임명됐을 때 일부 전문가들은 상당히 놀라워했다. 대다수 고위 간부들과는 달리 그는 영업이나 재무, 또는 생산 부문처럼 자동차 사업에서 주목받는 분야 출신이 아니었기 때문이다. 와타나베의 전임자 조 후지오*Cho Fujio* 사장은 도요타 최초의 미국 조립공장 사장이었고 소탈하고 매력적인 인품으로 세계에 널리 알려진 유명인사였다. 반면 와타나베는 사장으로 선임되었을 당시 일본 밖에서는 거의 소개되지 않은 인물이었고, 다만 예전에 원가 절감 담당 부사장을 지낸 경력이 있을 뿐이었다.

와타나베는 1964년 일본 게이오 대학 경제학부를 졸업한 뒤 도요타에 입사했다. 그는 도요타에 몸담은 40년 넘는 세월의 대부분을 자동차와는 아무 상관없는 부서에서 일했다. 그의 첫 번째 직무는 구내식당을 감독하는 일이었다. 낭비 요인을 찾아내고 제거하는 데 주력하는 도요타에 와타나베는 딱 맞는 인물이었다. 젊은 식당 감독자로서 그는 직원들이 좋아하는 음식을 조사하고, 서빙 상황을 점검했다. 그리고 노트를 가지고 다니며 식재료의 상태나 재고량부터 남는 음식량이나 종업원 관리에 이르기까지 온갖 낭비 사항을 빼곡히 기록했다.

와타나베 사장은 말한다. "식당에서 뭔가 기록하고 있는 저를 보고 사람들은 이상하게 생각했을 겁니다. 사실 낭비가 너무 많았어요. 그래서 저는 확실히 개선할 점이 있다고 봤습니다."

앞서 말했듯이 와타나베는 도요타의 최고위직에 올랐는데, 그것은 그가 낭비 요인을 최소화하고 지속적 개선을 실천에 옮겼기 때문이다. 대학 합창단에서 활동했던 고전음악 애호가인 와타나베 사장은 대체로 온화한 말씨에 조용한 성격이지만 서슴없이 농담도 던지는 재미있는 사람이다. 도요타 최고운영자의 자리에 오른 직후 가진 인터뷰에서 그에게 지금 회사에서 비대한 비곗덩어리가 어디인지, 어디를 잘라내야 할지 묻자 그는 재치 있게 이렇게 말했다. "봐요. 저기 PR 직원 두 명이 있지 않습니까!"

와타나베는 회사의 구매, 기획, 운영 부서를 거쳐 경영 직급으로 승진했고, 1992년에 엄격하게 구성된 도요타 이사회의 임원이 됐다. 와타나베가 도요타에 끼친 가장 큰 영향은 글로벌 기업 역사상 가장 효율적인 비용절감 운동을 벌여 낭비 요인을 과감히 제거했다는 점이다. 'CCC21(Construction of Cost Competitiveness for the 21st Century, 21세기 가격경쟁력 전략)'로 명명된 그 프로그램은 도요타가 닛산 같은 경쟁사들에 밀리지 않기 위해 2000년에 시작한 원가절감 운동이었다. 당시 닛산은 프랑스의 르노*Renault* 자동차와 제휴관계를 맺어 공동구매와 벤치마킹을 통한 비용절감을 공약하였고, 다임러크라이슬러*Daimler-Chrysler* 역시 같은 공약을 발표한 상황이었다.

와타나베 사장이 주도한 CCC21 운동은 회사 내부와 부품업체들을 겨냥한 다각적 노력을 통하여 5년 만에 100억 달러 이상의 원가절감 성과를 올렸다. 그것은 닛산의 카를로스 곤 회장이 1999년에 시작한 '닛산 재건계획(Nissan Revival plan, NRP)'의 성과보다도 더 뛰어난 것이었다. 놀랍게도 거의 대부분의 업계 분석가들이 도요타가 품질을 높이면서도 비용을 획기적으로 줄였다는 데 동의한다. 이러한 일거양득의 성과는 부품업체들에게 "어떡하든 당장 그렇게 해!"하며 강압적으로 요구한 것이 아니라 낭비제거를 통한 원가절감 방법을 그들 스스로 찾도록 적절히 도와준 결과였다. 이를 통해 도요타는 자재를 아끼거나 품질을 떨어뜨리지 않으면서 주로 공정 개선을 통하여 원가절감에 성공할 수 있었다.

사내에서 '미스터 카이젠'이라는 별명을 얻게 된 와타나베 사장을 두고 어느 유력 경제 잡지는 이렇게 평했다. "그는 아무도 새는지 조차 모르는 비용을 찾아내고 눈에 거의 보이지도 않는 군살을 도려내는 귀신이다." 와타나베 사장은 남들이 보려고도 하지 않는 곳에서 문제를 찾아낸다. 그중 어떤 것은 순전히 논리적으로 접근함으로써 발견한 것이다. 만일 모든 도요타 차량이 동일한 부품을 사용한다면 원가가 떨어질 것이라는 식이다. 하지만 어떤 접근은 훨씬 더 깊숙이 이루어진다. 2005년

〈비즈니스 위크〉의 보도에 따르면, 와타나베 사장의 지시로 도요타의 어느 CCC21 팀이 하청업체가 만든 경적을 분해한 일이 있었다. 그리고 28개 부품 중에 여섯 개를 제거할 방법을 찾아내 40퍼센트의 원가절감 효과를 가져왔다고 한다. 한편 차문에 사용되는 실내 '어시스트 그립(차량 동승자가 붙잡도록 만든 보조 손잡이-옮긴이)'이 35종이나 됐는데 그것을 3종으로 줄임으로써 상당한 절약 효과를 거두기도 했다.

이러한 CCC 운동에 의한 개선 성과들은 도요타가 2006년에 역대 최고의 당기순이익인 약 170억 달러를 올리게 된 한 요인이 되었다. 또 경쟁사들의 이윤과 시가총액이 급격히 떨어지는 와중에도 도요타의 시가총액은 2천억 달러를 훨씬 넘었던 것도 이러한 개선 성과들 덕이었다. 이제 와타나베 사장은 도요타에서 제2단계 대규모 낭비제거 계획을 실현하려고 한다. '가치 혁신(Value Innovation)'이라 명명된 이 운동은 하청업체와의 협력으로 개별 부품의 원가를 단순히 줄이는 데 그치지 않고 아예 제품이 개발되는 첫 단계에서부터 낭비를 제거하는 것을 말한다. 와타나베 사장은 이렇게 믿는다. 만일 도요타가 자동차 디자인과 설계과정을 개선하고 관련 부품들을 총체적 시스템으로 다룬다면 더 적은 수의 부품들이 필요하게 될 것이다. 그렇게 되면 더 짧은 기간에 자동차가 생산될 것이고, 결국 소비자들은 낮은 가격으로 고품질을 누리게 될 것이라고 말이다.

문제를 드러내면 해결책이 보인다

우리가 만드는 세계 최고의 품질이 우리 생명줄이다.

와타나베 가쓰아키, 도요타 자동차 사장

생산공정이건 기업경영이건 간에 원인을 근원부터 적절하고 철저하게 찾아내지 못하면 결함은 제거될 수 없다. 여러분 모두가 원하는 품질을 의논하고 그것을 기업 사명선언문에 핵심 운동으로 집어넣어라. 그리고 사무실 곳곳에 포스터를 붙이고 그 운동이 여러분의 최우선 과제라고 고객과 주주들에게 발표하라. 하지만 생산이나 경영과정의 결함을 점검하지 않고 그대로 둔다면 이런 노력은 헛수고일 뿐이다.

이렇게 구호만 외치고 실천은 하지 않는 일이 날마다 업계 전반에서 일어난다. 기업의 '품질 클레임' 문제는 회사에 매우 중요한 일이지만 어쩐 일인지 외부 발표와 실제 행동 사이에는 차이가 있다. 이런 경우 흔히 제품과 서비스에 대해 그럴싸한 말만 잔뜩 늘어놓고 결국은 경쟁사들과 다름없는 그저 그런 품질이 되는 것으로 끝난다. 한 가지 사례를 보자. 1970년대에 '품질이 최우선이다'는 슬로건을 내세운 포드사는 품질 선전 플래카드를 말 그대로 공장 곳곳에 도배하다시피 내걸었다. 그러자 2006년에 차량 리콜 대수가 크게 감소했고 수많은 언론들의 찬사를 듣게 되었다. 하지만 미국에서 리콜된 포드의 전체 차량 대수는 여전히 170만 대를 웃돌았고 이는 GM과 엇비슷한 수준이었다. 그런데 포드는 600만 대를 넘던 전년의 수치에 비해 대단히 개선된 결과라며 좋아했던 것이다.

한편 도요타는 당시 포드와 대충 엇비슷한 규모의 회사였는데, 2006년에 리콜한 차량 수는 포드의 절반도 안 됐다. 그래도 와타나베 사장은 도요타 차량의 불량 상태에 크게 상심하여 공개적으로 소비자에게 머리 숙여 사죄했다. 지난 20년간 대다수 소비자 품질 평가에서 경쟁사들을 앞질렀고 품질을 다른 기업과의 핵심 차별점으로 삼은 기업으로서, 도요타는 제품 결함 수준이 어느 정도인지 간에 그냥 지나칠 수 없었다. 비록 불량 수치가 경쟁사들보다 훨씬 낮은 수준이었다 해도 말이다.

바로 그렇기 때문에 도요타 문화에서는 공장과 사무실에서 제품 불량의 근본 원인을 찾아내어 제품의 품질을 높이려고 전력을 기울인다. 이렇게 강박관념에 가까운 도요타의 문제해결 노력은 가시적 결과로 확인할 수 있다. 미국의 권위 있는 시장조사 기관 〈J.D. Power and Associates〉의 제조업 분야 품질조사에 따르면 도요타는 수년 동안 업계 선두를 달려왔다. 다른 조사

결과들은 경쟁사들과 다소 엇비슷하지만, 1980년대 말 이후 도요타의 수익과 성장 지속성 같은 부문들은 상당히 돋보였다. 반면에 이 기간 동안 경쟁사들의 실적은 심하게 오르내렸다.

공장 현장이든 사무실 안에서든 도요타 사원들은 입사 때부터 품질 확보를 위해 다음과 같은 세 가지 핵심 조치를 취하도록 교육받는다. 이는 회사의 현재 위치를 유지하면서 미래 기회를 확보하기 위한 기본 조치이다.

도요타의 품질 확보 조치

1. 문제를 찾아내면 아무리 사소한 것이라도 즉시 보고한다.
2. 근본 원인을 찾기 위해 최소 다섯 번 이상 그 이유를 묻는다.
3. 문제의 발생지로 다가가 직접 확인한다.

문제를 발견하면 환영 받는다

문제를 해결하려면 먼저 문제를 발견해야 한다. 도요타 생산방식(TPS)은 시각적 신호 체계를 바탕으로 이루어져 있어 팀원들이 자신들의 요구사항이나 발견한 문제점 등을 서로에게 알리도록 한다. 간단하고 명확한 의사전달은 TPS의 핵심이다. 언젠가 짐 프레스가 이렇게 소리쳤다. "문제가 있으면 기차를 멈쳐. 1센티미터도 더 가게 두지 말고." 도요타가 품질에 접근하는 자세를 함축하는 말이다.

미국이나 일본 혹은 세계 어느 곳의 도요타 회사건 간에 작업자와 조립라인, 각 부서와 다른 부서를 연결하는 효과적 도구가 '안돈 코드andon cord'이다. 원래 '표시등'을 뜻하는 일본어에서 온 '안돈'은 기계나 조립라인에 연결돼 작업 상황을 알려주는 전등을 말한다. 안돈 코드는 안돈에 연결된 줄을 말하는데, 이것은 조립라인의 양쪽을 따라 죽 이어져 안돈 게시판의 표시등과 연결돼 있다. 작업 중 어떤 팀원이 늘어진 코드를 잡아당기면, 즉시 표시등이 켜지면서 전체 조립라인이 자동으로 멈춰 선다. 그러면 작업과정의 통일성이 유지되면서 그 문제가 처리될 수 있다. 이를 통해 작업자들은 계속해서 어떤 메시지를 배우게 되는데, 그것은 설사 작업과정을 중단시키더라도 바로 문제를 찾아내고 지적하는 행동이 바람직하다는 것이다.

켄터키 조지타운 공장을 비롯한 많은 도요타 공장들에서 안전과 품질 문제로 하루 5,000번에 가깝게 안돈 코드가 당겨진다. 생각해보면 세계 곳곳에 있는 도요타의 수많은 공장들에서 몇 초마다 한 번씩 누군가는 안돈 코드를 당기고 있는 셈이다. 분명 조립라인을 멈추는 것은 단기적으로 비용을 높이고, 무엇보다 중요한 제품의 생산 속도를 떨어뜨리는 일이다. 다른 회사들에서는 그런 조치를 취하면 상급자의 경고가 날아온다. "그대로 두는 게 나아." 하지만 도요타에서는 정반대이다. 어떤 간부의 말에 따르면 도요타에서 직원들이 곤경에 빠지는 경우는 문제를 발견하거나 미심쩍은데도 안돈 코드를 당기지 않았을 때이다. 이처럼 안돈 코드는 도요타 시스템에서 매우 중요한 도구이다. 도요타 시스템에서 안돈 코드가 뜻하는 바는 코드를 적절히 당기는 것이 훌륭한 종업원의 기본 자질 중 하나라는 것이다.

개리 콘비스가 보는 도요타 사원의 필수 의무

1. 매일 회사에 나와라.
2. 문제가 있으면 코드를 당겨라.

품질 확보를 위해 조립라인에서 안돈 코드를 당김으로써 도요타는 소비자들에게 매우 깊은 신뢰감을 주었다. 하지만 단지 그것만으로 도요타가 일본의 견실한 기업에서 글로벌 거인으로 성장한 것은 아니다. 도요타의 모든 핵심 원리들이 그렇듯이, 조립라인의 린 생산방식에서 시작된 원칙이 점차 회사 전체의 기업문화로 발전하여 차츰 모든 부서와 직급으로 스며들게 되었다. 그래서 회사의 경영 부서에서도 '코드 당기기'가 생산 현장의 경우와 똑같은 의미를 지닌다. 즉 무슨 문제든 일단 발생하면 즉시 자기 팀에게 알려야 한다.

당연히 인간은 완벽하지 않다. 기업도 마찬가지다. 그래서 '코드 당기기' 원칙을 비롯한 수많은 강점을 지닌 도요타도 예외가 아니다. 2005년에 도요타는 역대 최고의 리콜 건수를 기록했다. 게다가 그 소식이 2006년에 언론의 헤드라인을 장식했을 때, 공교롭게도 그때 미국 도요타의 최고위 간부가 관련된 성희롱 고소 사건이 터졌다. 사건의 피해자는 회사에 문제를 제기했지만 아무 조치도 없었다고 주장했다. 한편 같은 해에 일본 당국이 몇 명의 도요타 직원들에 대한 범죄 수사에 착수했는데, 혐의는 일부 차량에 장착된 조향장치가 불량품인지 알고도 그 사실을 은폐했다는 것이었다. 그 결과 도요타는 일본 정부로부터 정식 징계조치를 당했다.

이 각각의 사건에 도요타는 적극적으로 대응했다. 제품 결함에 대해서는 책임을 공개적으로 인정하고 리콜을 실시하여 여러 개선 조치들을 취했다. 그리고 성희롱 사건에 대해서는 직원들이 사내 비행에 관한 문제를 제기할 경우 즉각 철저히 조사하도록 하는 처리 규정을 신설했다. 기업 평판에 관한 이 같은 조치들은 도요타가 최고를 지향한다는 점을 명백히 보여준다. 하지만 그런 목표에 대해 열망을 갖는 것은 첫 단계에 불과하다. 두 번째 단계는 목표에 도달하려는 노력인데, 거기에는 '코드 당기기' 같은 절차와 과정이 필요하다.

한편 포드가 이런 책임의식을 가졌더라면 결과는 달라졌을 것이다. 포드는 지난 7~8년에 걸쳐 세계 최고의 자동차회사이자 가장 존경받는 브랜드라는 이미지를 상실했다. 전임 CEO 빌 포드(Bill Ford Jr., 창업주 헨리 포드의 증손자-옮긴이) 회장이 이끌 당시의 사정을 잘 아는 사람들은 창업 100주년이던 2003년 무렵 포드 자동차가 상당한 발전을 이루고 있었다고 말한다. 재정이 안정되고 비전이 명확해져 회사 운영이 철저한 관리 감독 아래 투명하게 이뤄지는 듯했다. 신형 F-150 픽업트럭 같은 신제품이 나오고, 진취적인 리더십이 등장하면서 앞날이 창창해 보였던 것이다. 하지만 2006년 많은 업계 전문가들은 갑자기 당혹감에 빠진다. 빌 포드 회장이 보좌진에게 회사 상황에 대한 솔직한 보고를 요청했다고 공개했기 때문이다. 디트로이트에서 '올해의 자동차산업 경영인 상'을 수상하기도 했던 빌 포드 회장이 진실을 몰라 아무 일도 할 수 없다고 말한 것이다. 그는 자신이 회사를 위해 올바른 결정을 내릴 수 있도록 보좌진에게 정직한 보고를 요구했다.

창업주와 같은 이름의 CEO 회장을 간부들이 속여왔다는 사실이 믿기지는 않지만, 분명 그런 일이 일어났다. 의도적인 은폐는 보잉사를 떠나 포드의 CEO가 된 신임 앨런 멀럴리 회장이 들어선 뒤에도 계속되었다. 보도된 바에 의하면 멀럴리 회장이 취임한 뒤 처음 몇 주간 열린 회의에서 각 부서장들이 그에게 영업 실적과 향후 전망에 대해 보고했는데, 그 내용이 점점 악화되던 포드의 경영 상태와 전혀 달랐다고 한다.

"왜 이 보고 내용들과 현재 회사 상황이 딴판인 겁니까?" 멀럴리 회장은 다그쳤고 부서장은 이렇게 말했다. "저희도 다 알지는 못합니다."

멀럴리 회장은 즉시 포드의 영업 보고 체계를 변경해 실시간으로 실제 자료를 올리도록 만들었다. 회장이 그렇게 해야 했다는 사실 자체가 포드와 도요타 간의 문제 접근법, 기업문화 그리고 경영 실적에 대한 차이를 극명하게 보여준다. 이 같이 폐쇄적인 기업 풍토야 말로 최근 몇 년간 도요타가 정상을 향해 질주하는 동안 포드는 고전을 면치 못했던 이유 중 하나이다.

이에 반해 도요타 경영진에서는 진실을 공개해야 한다는 분위기가 팽배하다. 회사의 운영 상황을 서로에게 알리는 일에 대해 어떻게 생각하는지 도요타 간부들에게 물어보라. 곧바로 나쁜 사실을 숨기는 건 있을 수 없다는 대답이 나올 것이다. 개리 콘비스의 말에 의하면, 도요타의 중역들은 비록 서로 맞는 경영 스타일을 지녔더라도 진실을 알아내기 위해서 끊임없이 서로를 자극한다고 한다.

빙그레 웃으며 콘비스는 말한다. "항상 흥미롭습니다. 하지만 늘 편한 건 아니죠."

도요타에서는 모든 직원이 사실에 근거하여 결정해야 할 의무가 있다. 물론 간부도 예외일 수 없다. 만일 직원들이 확인되지 않은 소문이나 일의 일부분을 바탕으로 어떤 행동을 취하려 할 경우 회사는 그들에게 더 철저히 조사할 것을 요구한다. 여기에는 경영이란 완전히 공개되거나 파악되기 어렵다는 생각이 들어 있다. 공개 없는 경영이란 있을 수 없으며 있더라도 지속되기 어려운 법이다. 그래서 도요타는 품질을 확보할 때 생기는 문제들의 근본원인을 철저히 조사하고 파악하기 위해 회사 전체가 공유하는 일련의 원칙들을 갖고 있다.

최소 다섯 번 이상 그 이유를 물어라

질문은 진실로 통하는 문이다. 질문이란 생각하는 자의 무기이며, 실체를 덮어 경쟁자를 이롭게 하는 헛된 껍데기를 벗겨내는 강력한 도구이다. 도요타에서는 TPS의 초기 시절부터 수십 년 동안 문제를 조사하는 방법으로 '질문하기'를 강조해왔다. 오노 다이치는 입버릇처럼 말한다. 회사에서 엔지니어들이 제품을 개발할 때 사용하는 '질문하기' 기법을 통해 문제의 근본 원인에 도달해야 한다고 말이다. 그것은 더 깊숙한 진실에 다가가기 위한 것으로, 도요타에서는 이를 '5Why 질문법(Five Whys)'이라고 부른다.

'5Why 질문법'은 단순하지만 생산과정의 문제점을 찾아내는 데 아주 효과적인 수단이다. 팀원들이 하나씩 질문을 던지다 보면 눈에 보이는 현상 아래로 들어가 꼬리를 물고 이어지는 인과관계를 캐내고 결국은 문제의 뿌리에 다다르게 된다.

지금은 퇴임한 미노우라 데루유키Minoura Teruyuki는 도요타자동차 북미생산기지 사장이자 CEO였다. 그는 직원들과 대화를 나누거나 공개적으로 강연할 때 오노 다이치에게 배운 TPS의 기법과 가치에 관해 이야기했다. 미노우라 사장이 말하길, 한번은 오노 다이치가 생산설비가 가득 들어찬 공장 바닥 한가운데 동그라미를 그리고는 자기 보고 그 안에 들어가 몇 시간 동안 서 있으라 했다고 한다. 그래서 그는 그 안에 들어가 주위에서 부산하게 돌아가는 작업 활동을 지켜보았다. 그러자 전에는 그다지 눈에 띄지 않았던 일들이 이상하게 여겨지면서 의문이 생기기 시작했다. 왜 저 작업자는 네 걸음만 걸으면 될 것을 여덟 걸음이나 걸을까? 왜 부품들은 작업자가 원하기도 전에 도착하는 것일까?

그렇게 미노우라는 무언가 깨달을 수 있었다. 이 일화는 질문을 통한 사실 발견이 얼마나 중요한지를 보여주는 사례로 TPS 이야기의 전설이 되었다. 그러나 한두 번의 질문으로는 부족하다. 적어도 다섯 단계를 거쳐 질문을 반복해야 대개 문제의 진짜 뿌리가 드러나기 때문이다. 그래서 'Five Whys'라는 명칭이 붙은 것이다. 도요타의 '5why 질문법'은 1970년대에 세계 곳곳에서 온 제조업 경영자와 전문가들이 도요타 생산방식을 연구하기 시작하면서 유명해졌다. 이 질문법은 널리 퍼져서 '식스 시그마(Six Sigma, 모토롤라가 개발한 불량 제거 시스템)' 같은 우수한 경영기법으로 발전하였고, 가족 회사나 중소기업의 인력관리 같은 분야에서도 날마다 활용되고 있다. 이 방법의 핵심은 질문자가 단순하게 '왜'라고 자꾸만 묻는 데 있다. 그리고 그렇게 자꾸 묻다 보면 별안간 근본 원인이 나타나게 되는 것이다.

5Why 질문법의 적용 사례 – 공장

1. 왜 저 기계가 갑자기 멈췄지? 퓨즈가 나갔으니까.
2. 왜 퓨즈가 나갔지? 퓨즈 크기가 맞지 않아서.

112

3. 왜 퓨즈 박스에 틀린 퓨즈가 들어갔지? 어느 엔지니어가 거기 넣었으니까.

4. 왜 그가 그랬지? 자재부에서 누군가 틀린 퓨즈를 줬으니까.

5. 왜? 퓨즈 부품 상자에 라벨이 잘못 붙어 있었으니까.

1. 왜 3/4분기 매출액이 목표달성에 실패했지? 신제품의 판매가 저조했으니까.

2. 왜 신제품 판매가 저조하지? 경쟁사 제품이 더 잘 팔려서.

3. 왜 경쟁사 제품이 잘 팔렸지? 우리 제품보다 소비자 욕구를 잘 반영했으니까.

4. 왜 우리는 소비자 욕구를 반영하지 못했지? 시장조사를 철저히 하지 않았으니까.

5. 왜 시장조사를 철저히 하지 않았지? 제품 기획안을 쓸 때 주관적 추측에 의존했으니까.

직접 확인하기 전까지 안다고 말하지 마라

문제를 알려면 문제를 보아야 한다. 최고가 되려는 사람에게 막연한 소문은 아무 가치도 없다.

일단 문제나 근본 원인을 찾아내면 책임자는 문제 발생지로 가서 직접 확인해야 한다. 그래야 문제를 신속하고 효과적으로 해결할 수 있다. 그러지 않으면 잘못 판단하거나 실수를 저질러 생산라인에 더 심각한 손해를 끼칠 수 있다. 뛰어난 품질은 오랫동안 경쟁사를 이겨온 도요타의 강점이었다. 그렇기에 당장의 제품 결함에 제대로 대응하지 않기 쉬운데, 그렇게 결함을 신속히 시정하지 않을 경우 브랜드 파워가 훼손된다.

도요타의 가장 유명한 원칙 중 하나가 '겐치 겐부츠(現地現物)'이다. 이 원칙은 반드시 현장에 가서 실제로 확인해야 한다는 뜻으로, 문제가 사소할 때 재빨리 대응하라는 의미이다. 작은 문제를 방치하면 심각한 결과가 생길 수 있기 때문이다. 물론 처음부터 심각하고 중대한 문제는 말할 것도 없다. 가서 직접 확인하는 일은 말단에서 고위 임원에까지 도요타 직원이라면 필수적으로 지켜야 할 사항이다.

보통 생산현장에서의 겐치 겐부츠는 조립라인에 가서 직접 확인하는 것을 뜻한다. 오랜 세월 동안 개리 콘비스는 그런 확인을 수없이 해왔는데, 2층의 자기 사무실에서 작업상황을 바라보다가 조립라인으로 내려가 문제를 직접 확인하곤 했다. 그에게 '가서 확인하기' 원칙에 관해 말해달라고 하자, 경험담이 끝없이 쏟아졌다. 그중에서도 그는 완제품 성능검사를 할 때의 소음 사건을 들려주었다.

그 일은 공장에서 생산한 세단의 전면 내장 패널 아래에서 이상한 소음이 나면서 시작됐다. 차량에서 소음이 들린다는 보고를 받고 콘비스 부사장은 곧장 조립라인으로 내려가 문제 발생지로 추정되는 조립 작업대 앞에 멈춰 섰다. 그는 조립라인에서 제작 중이던 미완성 차량의 아래로 들어가 15분 정도 살펴보다가 작은 나사 하나가 단단히 조여지지 않은 것을 발견했다. 그래서 와셔(볼트로 조일 때 너트 밑에 끼우는 둥근 금속판-옮긴이)가 달그락거리면서 소음이 났던 것이다. 그 나사는 컴컴한 구석에 있던 여섯 개 나사 중 하나였는데, 작업자들이 미처 보지 못해서 제대로 조여지지 않은 것이었다. 문제점을 발견하자 콘비스 부사장은 직접 전 조립공정을 반시간 동안 중단시켰다. 그것은 회사의 생산공정에 수십만 달러의 비용을 부담시키는 행동이었지만 어떤 경우든 품질이 최우선이라는 메시지를 알리기 위함이었다. 또 그가 조립라인을 찾아가서 몸소 차량 밑으로 들어가 문제를 찾아냄으로써 직접 확인을 통한 문제해결의 위력을 보여주려는 것이기도 했다.

이런 '가서 확인하기' 기법은 도요타 운영의 다른 분야에 활용되기도 하는데, 특히 새로운 기술이나 트렌드와 관련된 분야에 자주 적용된다. 이 기법은 20세기 중반, 창업 2세대인 도요다 기이치로가 미국으로 건너갔던 때부터 시작되었다. 기이치로는 포드사가 어떻게 자동차를 다른 회사보다 더 능률적으로 생산하는지 미국에 '가서 직접 확인'했다.

오늘날 도요타는 아직도 미래를 위한 새로운 방침이나 진로를 궁리할 때 '문제의 근원으로 가기' 방식을 이용한다. 이것이 도요타가 하이브리드 기술을 먼저 배운 뒤에 국내에서 생산공정의 특허를 따낸 방법이다. 또 도요타는 이 방식으로 수년간의 연구 끝에 신형 풀사이즈(미드사이즈 위의 중대형 급을 말함-옮긴이) 트럭 툰드라*Tundra*를 개발했다. 장기 구상을 세우고 철저한 조사를 실시한 다음 내부에서 실행함으로써 도요타는 경쟁 요소와 시장 리스크를 줄인다.

콘비스는 말한다. "우리는 지배하길 원합니다. 만일 정말 중요한 과제라면, 우리는 어린아이처럼 시작해서 벤치마킹하고, 가서 보고 배운 다음 직접 시도해볼 겁니다. 어쩌면 몇 세대가 걸릴지도 모르지요. 하지만 우리는 그렇게 하고 또 개선하여 우리 자신의 운명을 지배할 겁니다."

새로운 표준이 새로운 시장을 만든다

'도요타'는 말했다. "우리는 최고가 될 거야."
그리고 도요타는 캠리 같은 차를 만들어냈다.

딕 랜드그라프, 1996년 토러스 프로젝트를 책임진 전(前) 포드 부사장

고객은 항상 즐거운 깜짝쇼를 원한다. 그래서 소비자에게 기대 이상의 것을 주는 것이야말로 기업이 할 수 있는 최고의 광고다. 경쟁사들이 비싼 돈을 들여 자기 차들이 얼마나 대단한지 소비자들에게 '말해놓고'는 그들이 차를 구입한 후 갖게 될 실망감에 전전긍긍하는 동안, 도요타는 실제로 더 대단한 것을 '선사함'으로써 소비자를 하나하나 사로잡는다.

도요타는 구매자가 자동차 대리점에서 새로 산 차를 몰고 나온 뒤에도 오래도록 미소를 짓게 만든다. 같은 가격대로 나온 다른 회사의 어떤 차종에서도 얻을 수 없는 확실한 만족을 구매자에게 주기 때문이다. 도요타는 사업계의 이 오랜 격언을 지켜왔다. '고객에게 약속은 적게 하고, 물건은 많이 주어라.' 도요

타는 자사 차량의 품질을 고도로 끌어올려 나중에 구매자가 아무런 선전 없이도 차를 쉽게 되팔 수 있도록 해서 수많은 소비자들의 마음을 사로잡았다. 짐 프레스는 말한다. "제품의 품질과 가치가 경쟁사보다 월등히 우수할 때는 사람들에게 선전할 필요가 없습니다. 그들이 그 차이를 직접 보니까요." 도요타가 고객에게 얼마나 '많이 주려' 애쓰는지 보여주는 최고의 사례로 고급 승용차 렉서스Lexus를 들 수 있다. 이 차는 세계 최고급 브랜드로 널리 인정받는 도요타의 야심작이다.

1980년대 내내 일본 도요타의 엔지니어와 디자이너들은 전혀 새로운 개념의 '럭셔리-카(luxury-car, 최고급 승용차를 뜻하는 자동차 용어-옮긴이)'의 표준을 다시 세우려는 야심찬 프로젝트에 매달렸다. 당시에 도요타의 미국영업 총괄 책임자이던 도고 유키야스Togo Yukiyasu는 도요타의 이미지가 값싸고 실용적인 소형차회사로 굳어져서는 안 된다며 동료 간부들도 구매할 만한 고급차를 만들자고 본사에 요청했다. 주로 고위 간부들은 메르세데스-벤츠, 아우디, BMW 등을 몰고 다녔기 때문이다. 당시 나와 있던 도요타 코롤라는 소형 차종으로는 훌륭한 차였지만 상류층에 어울리는 차는 아니었다.

새로운 럭셔리-카는 맵시 있는 외관, 정교한 기능, 신뢰성을 두루 갖춰 부유층의 새로운 가치 모델이 되어야 했다. 그 차는 경쟁 차종의 품질을 월등히 능가하여 비싼 만큼의 가치를 지닌 고가형 승용차여야 했다. 처음부터 도요타의 구상은 풀사이즈 LS400(렉서스의 여러 모델 중 하나-옮긴이) 세단, 즉 널찍하고 엔진의 출력 또한 우수하며 운전하기 편한 차를 제작하여 도요타 차종 중 최고 모델로 내놓는 것이었다.

당시의 회장 도요다 에이지는 렉서스 개발을 진두지휘했다. 1983년 그는 개발팀에게 간단한 화두를 던졌다. "우리가 고급 승용차를 만들어 세계 최고에 도전할 수 있을까?" 암호명 F1으로 명명된 이 프로젝트의 목적은 늘어나는 도요타 수요층에게 또 다른 선택권을 주는 것이었다. 즉 고객들이 기능과 실용성을 중시한 기존의 도요타 차종들에 싫증났을 때 고를 만한 고급차를 내놓는 것이었다. 당시 혼다는 아큐라*Acura* 브랜드를 출시하기 3년 전이었고, 닛산은 나중에 인피니티*Infiniti*라는 명칭으로 나오는 고급차종을 구상하던 단계였다. 도요타의 목표는 가장 값비싼 최고급 승용차를 만드는 것이었다. 회사 간부들의 관심은 새 브랜드를 구상하거나, 단순히 근사한 신제품을 개발하는 데 있지 않았다. 목표는 명확했다.

'세계 최고의 럭셔리-카를 개발하라!'

메르세데스-벤츠와 BMW, 아우디를 뛰어 넘어라!

수석 엔지니어 스즈키 이치로*Suzuki Ichiro*는 메르세데스 190E, BMW 528e, 아우디 5000 같은 고급형 경쟁 차종들을 철저히 연구했다. 도요타는 스즈키의 지휘 아래 세상에 하나뿐인 승용차 개발을 위한 프로그램에 착수했다. 나중에 포드는 고급 차종을 확보하기 위해 수십억 달러를 들여 볼보*Volvo*와 재규어 *Jaguar*를 인수했지만, 도요타는 치밀한 자체개발을 통해 최상의 제품 라인업을 구성했다. 이런 접근방식 덕분에 도요타는 막강한 시장지배력을 확보하면서 소비자들이 매혹될 수밖에 없는 고도의 표준을 세우게 됐다. 일단 소비자들이 도요타의 근사한 신형승용차를 시승해보면, 예전에 탔던 다른 차들은 거들떠보지도 않을 정도로 말이다.

스즈키는 말한다. "승용차는 그냥 서 있는 물건이 아니잖아요. 타고 돌아다니는 물건이지요. 그래서 자동차의 가장 기본적 기능인 드라이빙 성능에서 메르세데스-벤츠를 능가하는 차를 만들고 싶었습니다."

도요타 조사팀은 1985년 봄, 미국을 방문하여 상류층 라이프 스타일을 경험하며 미국 럭셔리-카 구매자들의 성향을 연구했다. 캘리포니아의 휴양지 '라구나 비치'의 임대 저택에서 생활하면서 조사팀은 많은 한 가지 결론을 얻었는데 그것은 럭셔리-카 시장의 고급 승용차들이 많은 약점을 지녔다는 것이었다. 예컨대, 메르세데스-벤츠는 실내가 비좁고 스타일이 구식이었으며, 아우디는 품질에 대한 평판이 좋지 않았다. 그리고 BMW는 맵시 있고 스포티했지만 너무 많이 팔려나가 고급차라기보다는 대중 승용차 같은 느낌이었다. 도요타는 품질, 스타일, 서비스 면에서 최고 요소들만 결집시켜 도요다 에이지 회장이 제시한 애초 목표를 훨씬 능가하는 걸작을 만들고자 했다.

도요타는 막대한 자금을 투입했다. 5년의 개발기간 동안 도요타는 개발비로 10억 달러를 투자하고 디자이너 60여 명, 엔지니어 24개 팀에 1,400명, 현장기술자 2,300명, 그리고 작업보조원 220명을 동원하여 450개 이상의 시제품을 개발했다. 이 결과로 태어난 모델이 1989년에 등장한 LS400이었다. 독보적 품격을 지닌 이 기막힌 승용차는 도요타의 어떤 차량에도 없는 독특한 장점들을 갖추고 있었다. 널찍한 실내 공간, 세련된 패널, 강력한 V8 엔진이 장착된 이 4륜구동 승용차는 럭셔리-카 시장의 모든 경쟁자들을 단번에 물리쳤다. LS400은 1989년 디트로이트에서 열린 미국 국제 모터쇼에 전시되어, 도요타 간부들이 카메라 플래시 세례 속에서 흐뭇하게 미소 짓는 가운데 찬란하게 데뷔했다.

도요타는 막대한 투자를 통해 미래를 건 과감한 승부수를 던졌고, 결국 모든 표준을 갈아치우는 걸출한 제품을 개발하여 빛나는 승리를 거두었다. 하지만 그것이 전부가 아니었다. 초창기 도요타의 가장 뛰어난 미국 간부 중 하나였던 로버트 맥커리 Robert B. McCurry의 강력한 요청에 따라 한층 더 과감한 조치를 단행하게 된다.

맥커리는 2차 세계대전 참전 용사였고, 1940년대 말 미시간 주에서 활약한 뛰어난 풋볼 선수였다. 그는 리 아이아코카(Lee Iacocca, 1978년 취임한 전(前) 크라이슬러 사장-옮긴이)가 크라이슬러로 들어오기 훨씬 전부터 다소 요란하지만 능력 있는 영업사원으로 활약하고 있었다. 1950년에 지사 영업팀장으로 크라이슬러에 입사한 맥커리는 1960년 무렵 영업부장이 되었다. 맥커리는 1975년 미식축구 슈퍼볼 경기의 하프타임 때 방송인 '조 가라졸라(Joe Garagiola,전직 야구선수 출신인 유명 스포츠 방송캐스터-옮긴이)'를 등장시켜 "차를 사고, 현금을 받으세요"라고 선전하는 유명한 광고를 내보내 자동차업계에 처음으로 리베이트rebate 제도를 도입한 선구자였다. 풋볼 선수다운 당당한 체격에 호탕한 성격의 맥커리는 고객과 판매 사원들에게 적절한 관심과 지원이 필요하다는 것을 이해한 사람이었다. 그는 1978년에 캘리포니아 남부에서 조용히 살기 위해 크라이슬러를 그만두면서, 친구와 가족들에게 자동차업계와는 영원히 작별이라고 선언했다. 그러나 1982년 도요타가 그에게 로스엔젤레스 영업부의 본부장 자리를 제안했을 때, 맥커리는 그 절호의 기회를 거부할 수가 없었다. 도요타가 미국영업을 확대해감에 따라, 미국에서의 그의 역할과 일본의 도요다 가문을 비롯한 일본인 중역들에 대한 그의 영향력도 더욱 커져갔다.

당시 소수의 핵심 미국인 직원 중 하나였던 맥커리는 오늘날 짐 프레스처럼 일본인 직원들과 함께 일하는 방식을 알고 있었다. 맥커리는 그들에게 겸손하게 다가갔지만 중요하다고 느끼는 문제에는 서슴없이 자기 의견을 내놓았다. 몇 년에 걸쳐 맥커리는 도요타의 미국 시장 확대에 필요하다고 생각한 여러 획기적 변화를 이끌었다. 예컨대, 그는 도요타 북미 딜러망을 도요타에 충직한 협력체로 변모시키는 성과를 올렸다. 맥커리는 도요타 중역들을 설득해 미국 딜러들의 대우를 크게 개선하도록 만들었고, 이를 통해 딜러들이 차량 주문량을 늘리고 열심히 뛰도록 유도했다. 그는 또 도요타 최초의 미국형 풀사이즈 트럭을 만들자고 주장해 1993년에 승인을 얻었고 몇몇 딜러들에게 더 많은 지원을 해달라고 요구해 그 역시 이루어냈다.

1986년에 도요타는 미국에서 한 해에 자동차 10만대 이상을 판매한 최초의 외국계 회사가 되었다. 최초 미국 조립공장 건설을 구상하면서 급속히 성장하는 미국 시장 공략에 주력하던 도요타는 맥커리의 시장분석에 큰 도움을 받았다. 맥커리는 도요타의 기존 차종들 속에 단순히 LS400을 추가해 판매하려던 애초 계획에 반대했다. 그렇게 하면 구매자가 혼란을 일으켜 회사의 영업력이 약화되고, 결국에는 그 탁월한 차의 시장성을 위축시킬 거라고 주장한 것이다. 그는 고급 승용차는 자체 브랜드를 보유하여 전문 딜러를 통해 차별화된 서비스로 판매해야 충분한 호응을 얻을 수 있다고도 했다. 도고 사장은 맥커리의 제안을 받아들여 그 안을 도요타 간부회의에 올렸고, 결국 도요타는 그 고급차에 별도의 브랜드를 달았다. 그 결정은 도요타가 글로벌 자동차 산업의 선두주자로 떠오르는 길목에서 탁월한 선택이 되었다.

그리하여 1989년 두 가지 모델의 도요타 럭셔리-카가 '렉서스Lexus'라는 브랜드로 미국에서 출시되었다. 그 후 2년도 안돼 이 도요타의 새로운 브랜드는 7만 대 이상이 팔리면서 수입차 최고 판매고를 기록했다. 오늘날 렉서스는 미국 최고의 고급차 브랜드가 되어 매년 30만 대 이상씩 팔리고 있고, 판매량 규모로 세계 네 번째 차종이 되었다. 렉서스는 또한 시장분석 기관

〈J.D. Power and Associates〉의 조사 결과, 품질과 소비자만
족도에서 세계 최고 브랜드라는 영예로운 평가를 받았다. 그리
고 2007년에 렉서스는 포시즌 호텔, 캐딜락, 스타벅스와 함께
〈비즈니스 위크〉가 선정한 '고객 서비스 엘리트' 10대 브랜드
에 들어갔다. 렉서스 인기의 이런 수직 상승은 참으로 대단한
것이다.

렉서스는 어떻게 BMW, 메르세데스-벤츠, 재규어 같은 선발 경쟁차를 앞질렀나?

1. 안정성과 제어력이 뛰어나면서도 놀랍도록 편안한 승차감
2. 우아한 내·외장 스타일과 고도로 기능적인 운전 장치
3. 뛰어난 연비를 자랑하는 강력하고 부드러운 엔진

반면 포드는 1989년에 고급차 브랜드 재규어를 인수해 온갖
노력을 기울였지만 그 브랜드는 결국 밑으로 가라앉아버렸다.
한 예로 몇 년 전 포드는 재규어 자동차를 포드의 플랫폼(자동차
의 기본 골격으로, 차체의 플로어패널(밑바닥)과 거기 장착하는 섀시
장치들을 말함-옮긴이)으로 제작하면서, 그것을 인기 브랜드로
만들려고 상당한 공을 들였다. 물론 소비자들은 이를 외면했고
그 이후 포드는 재규어의 명성을 되찾기 위해 발버둥치고 있다.
1989년에 포드가 재규어를 인수한 것은 미래를 위한 막대한

투자였다. 포드는 럭셔리 브랜드를 보유하기 위해 수억 달러를 쏟아 부었지만 그 도박은 거의 성과가 없었다. 영국 브랜드인 재규어 승용차는 그 독특한 스타일로 상류층 고객들을 끌어당기기는 했지만 평범한 품질과 열악한 서비스로 악평도 얻고 있던 것이다. 자기만의 독특한 고급형 제품을 직접 개발하지 않고 자회사와 전혀 다른 기업문화를 지닌 타 회사를 인수한 포드의 선택은 시너지효과보다는 혼란만 불러왔다. 시간이 갈수록 재규어는 포드의 전체 기업이미지를 추락시키는 골칫덩이가 될 것이다.

한편 렉서스의 성공은 높은 목표를 정하고 새로운 표준을 세우는 도요타의 경영능력을 여실히 보여주었지만 그것을 이루는 과정에서 상당한 문제점과 장애물이 생겨난 것도 사실이다. 배우고 성장하는 능력에 자부심을 느끼는 도요타로서는 아주 귀중한 경험을 한 셈이었다. 세계 최고의 자동차를 만들겠다는 야심에는 값비싼 대가가 따랐다. 최고의 목표에 도달하고자 엔지니어와 설계자들이 비용을 아끼지 않으면서 예산이 끝도 없이 들어갔던 것이다. 또한 도요타 간부들은 앞으로 그런 거대한 개발사업을 진행할 때는 더 치밀한 기획이 필요하다는 교훈을 얻을 수 있었다. 왜냐하면 렉서스 개발과정에서 업무협조가 잘 이뤄지지 않아 발생한 낭비가 엄청났기 때문이다.

그러나 렉서스 출시 직후 도요타는 또 다시 재빨리 적응하고 있다. 개발과정들을 능률화하여 값비싼 중복 업무와 쓸데없이 낭비되는 비용을 없앰으로써 계속 개선해가고 있는 것이다.

짐 프레스는 말한다. "일본을 위해 그토록 훌륭한 제품을 만들던 DNA가 미국을 위한 제품을 만들기는 처음이었습니다."
프레스 사장은 수십 년간 로버트 맥커리와 긴밀히 협력하며, 맥커리의 의견을 따라 딜러들을 지원하고 제품과 브랜드 개발에서 그의 적극적 역할을 도와왔다.

고객에게 기대치 이상을 선사하라

구매자는 적은 돈을 내고 많은 혜택을 얻을 때 항상 행복감을 느낀다. 업계 분석가들의 말에 따르면, 도요타 차량은 동급의 다른 차종에 비해 소비자에게 한 대당 평균 2,500달러의 가치를 더 선사한다고 한다. 바로 그런 이유로 어느 닛산 중역이 2003년 도요타의 원가절감 발표를 들었을 때 이런 반응을 보였던 것이다. 도요타는 '지나치게 제품에 공을 들이기 때문에' 비용을 대폭 삭감하여 경쟁사 수준으로 줄여도 품질은 결코 떨어지지 않을 것이라고 말이다. 그리고 이것이 도요타가 수년 동안 업계 정상으로 도약하는 동안 GM, 포드, 크라이슬러가 국내 시장이 무너지는 것을 멀뚱히 구경해야 했던 이유이다.

자사 제품들을 동급 최고의 위치에 올려놓음으로써 도요타는 고객들과 굳은 신뢰 관계를 형성한다. 그것은 대다수 고객들을 자꾸만 도요타로 돌아오게 하는 무언의 약속이다. 도요타 차량 구매자들은 어느 순간 자기들이 산 차가 구매가 이상의 가치를 지녔음을 깨닫는다. 즉 되팔 때의 가격이 상당히 높고, 유지비가 저렴하기 때문이다. 사놓고 후회하기는커녕 사용할수록 좋다는 구매자들의 입소문에 도요타의 브랜드 가치는 자꾸만 상승한다. 고객에게 기대치 이상을 선사하라. 그러면 그들은 더 많은 것을 얻으러 자꾸만 돌아올 것이다!

새 스타일의 1992년형 캠리 세단은 일본 자동차 메이커가 어떻게 고객의 신뢰를 얻는지 보여주는 좋은 사례이다. 이 예는 특정 제품의 질이나 서비스를 향상하는 데 높은 목표를 설정하는 것이 어떻게 회사의 전체 이미지와 경쟁력을 개선하여 확고한 고객 기반을 형성시키는지 보여주는 하나의 교과서이다. 도요타는 1990년대 초 경쟁 차종을 압도하는 개량형 모델을 만들려고 노력한 끝에, 캠리를 미국의 만년 베스트셀러 승용차로 만들었다.

미국 영업 초창기 시절, 도요타는 코롤라 같이 튼튼하고 저렴한 소형차 모델로 괜찮은 성과를 올렸다. 낮은 유지비와 높은 연비 그리고 적정한 가격으로 소문난 도요타 자동차가 합리적이고 실용적인 차로 널리 알려진 것이다. 도요타 브랜드는 가치와 정성을 뜻했다. 한편 1978년과 80년의 오일쇼크로 인해 소비자들이 연비가 우수한 소형차로 대거 몰려가는 현상을 지켜보면서 미국 자동차 메이커들은 도요타의 코롤라와 혼다의 어코드*Accord*에 대항할 승용차를 연구하기 시작했다.

포드는 토러스*Taurus*를 내놓았다. 중형 세단 토러스는 외국차와 경쟁하는 미국의 자존심으로 주목 받았다. 토러스는 부드러운 곡선의 미래형 스타일을 지녀 '젤리빈(젤리를 콩 모양으로 만든 과자-옮긴이)' 또는 '날렵한 감자' 같은 별명이 붙었다. 빨강, 파랑, 흰색의 색조가 감도는 토러스는 1985년 출시 직후 미국에서 베스트셀러-카가 되었다. 이 차가 포드의 구세주였다. 1980년 대 초 포드는 거의 파산 직전에서 비틀거리고 있었기 때문이다.

구세주를 애타게 찾던 당시의 포드 CEO 필립 콜드웰*Philip Caldwell* 회장은 제품기획팀에게 혁신적인 신형 자동차를 제작 하라고 지시했다. 그래서 탄생한 토러스는 딱히 기술이나 품질 면에서 표준을 높인 차는 아니었지만 그 개성적인 스타일이 위 력을 발휘했다. 1992년에 토러스가 40만 대 이상이 팔리면서 혼다의 어코드를 밀어내고 마침내 미국 베스트셀러-카가 되었 던 것이다. 이를 두고 당시 수많은 업계 분석가들은 미국 제품 도 경쟁력이 있을 뿐 아니라 외제차를 능가할 수 있다며 호들갑 을 떨었다. 토러스는 포드가 "봐라. '우리도 할 수 있다"라고 과 시하는 상징물이 되었다.

생각의 경계에 울타리를 치지 마라

훨씬 앞서 달리는 경쟁자를 추월하거나 압도하기는 고사하고 따라잡는 것도 결코 쉽지 않다. 그러나 2쿼터에서 앞서가는 풋 볼 팀이 항상 이기는 것은 아니듯이, 포드의 토러스는 도요타의 다방면에 걸친 강력한 대응 앞에 결국 무너지고 말았다.

일본에서 제작된 1세대 캠리는 1980년대 초 미국에 등장했 다. 캠리는 전륜구동 해치백(뒷문이 위로 열리게 돼 있는 구조-옮긴이) 스타일의 소형 승용차로 급속히 인기를 얻었다. 소박하고 단순한 형태의 캠리는 도요타의 다른 차종이 갖는 장점인 적정한 가격, 효율적인 성능, 낮은 유지비로 고객을 끌어당겼다. 1988년 도요타가 켄터키 조지타운 공장을 가동했을 때 2세대 캠리가 첫선을 보였다. 해치백 스타일이 왜건형(지붕을 뒤쪽까지 늘려 뒷좌석 뒤에 화물칸을 설치한 승용차-옮긴이)으로 바뀌면서 미국에서 생산된 2세대 캠리는 이례적으로 충직한 소비자 층을 만들어냈다. 하지만 포드의 토러스는 여전히 승용차 시장의 선두주자였고, 2세대 캠리는 미국에서 생산되고 팔리지만 디자인이 일본풍이라는 핸디캡을 안고 있었다. 따라서 2세대 캠리는 좋은 차였지만 미국 시장을 선도하기에는 부족함이 있었다. 도요타는 곧 글로벌 자동차업계의 판도를 획기적으로 뒤바꿀 새로운 프로젝트에 착수했다.

1989년 로버트 맥커리와 짐 프레스는 포드 토러스의 맞수로 1990년대 초에 출시될 예정이던 새로운 3세대 캠리가 마땅치 않았다. 그 모델은 여전히 일본식 스타일이었고, 지금까지의 시장을 유지하는 데는 효과가 있겠지만 우수한 품질과 디자인을 내세운 도요타 차의 강점을 내세우기에는 부족한 느낌이었다. 3세대 캠리 역시 이전 모델처럼 신뢰성과 실용성이 뛰어났지만, 대체로 단조롭고 미국 시장에 필요한 세련미가 부족했던 것이다. 맥커리와 프레스는 도요타 일본 본사의 간부와 경영자들을 설득해서 캠리의 원래 차종을 유지하면서도 그것에 새로 부가할 가치가 없는지 검토하도록 했다.

도요타의 엔지니어와 디자이너들은 렉서스 플랫폼의 기본 설계를 바탕으로, 몇 년 전 대단한 효과를 보았던 널찍한 공간과 다양한 기능을 캠리에 도입하였다. 그들은 아낌없이 자금을 투입하여 렉서스를 개발할 때와 거의 비슷한 방식으로 신형 캠리 개발에 몰두했다. 도요타는 1980년대 말에 이미 상당한 수익을 내고 있었지만, 그렇다고 회사 금고가 돈으로 넘쳐나는 것은 아니었다. 하지만 미국 영업팀으로부터 경쟁사가 따라오기 어렵게 신형 캠리의 표준을 한껏 높여달라는 요청을 받자 그들의 연구에 가속도가 붙었다. 그 결과 토러스나 어코드 같은 경쟁 차종보다 고객에게 훨씬 더 큰 가치를 선사할 천재적인 작품이 탄생하게 된 것이다.

1992년형 캠리는 더욱 널찍한 공간, 뛰어난 성능과 더불어 세련된 외관을 갖췄을 뿐 아니라 수많은 기능이 추가돼 있었다. 가령 설치가 의무화되기 전인데도 조수석에 에어백이 장착되었고 알루미늄 블록엔진이 탑재되었다. 소비자들에게 보이지도 않는 장치인데도 한 대당 50달러나 더 비싼 엔진을 달아놓은 것이다. 포드 엔지니어들은 왜 캠리 설계자들이 겉으로는 보이지도 않는 비싼 블록엔진을 장착했는지 알아내려고 그 차를 면밀히 연구했다. 그리고 나서 얻은 결론은 이것이었다. 도요타는 그 차를 '최고'로 만들려고 했던 것이다.

더 세련된 디자인의, 어쩌면 '지나치게 공들인' 캠리가 판매장에 전시되자 고객들은 탄성을 질렀고 포드 같은 경쟁사들은 충격을 넘어 경악했다. 당시 그 신형 캠리는 단연코 사상 최고의 중형 세단이었다. 그러나 캠리 개발 프로젝트는 렉서스 출시 비용과 더불어 도요타에게 엄청난 부담을 안겼고, 그로 인해 도요타는 신규 제품개발에 더 효과적이고 저렴한 방안을 찾지 않을 수 없었다. 그래도 신형 캠리가 고객들에게 준 만족과 그것에 경쟁사들이 받은 충격은 어마어마한 것이었다.

토러스는 1992년형 캠리가 출시된 후에도 몇 년간 판매 1위 자리를 유지했다. 하지만 그것은 주로 포드가 공장 가동을 지속시키고, 토러스를 억지로 정상에 묶어두기 위해 수익성 이하로 마구 팔아치웠기 때문이다. 토러스가 미국의 베스트셀러 승용차였을지는 몰라도 판매 차량의 무려 60퍼센트는 헤르츠 렌털 *Hertz Rental* 같은 렌터카 회사에 저가로 팔린 것이었다. 포드 내에서도 문제가 있다는 것을 모르지 않았다. 만일 토러스가 최고 수준으로 개량되지 못한다면 포드의 앞날을 장담할 수 없었던 것이다. 그래서 1990년대 초 포드 경영진은 회사 역사상 가장 야심적인 개발계획에 착수했다. 그것이 바로 '토러스 리메이크*Taurus Remake*' 계획이다.

처음에 토러스 재설계 계획의 목적은 당시 정상을 달리던 혼다의 어코드를 누르는 것이었다. 하지만 연구 도중에 포드 엔지니어팀은 도요타의 신형 캠리를 뜯어보게 되었고 자신들이 진짜 이겨야 할 상대가 누구인지 알게 되었다. 포드팀은 고객들이 아직 어코드를 선호하지만 곧 그 선호가 캠리로 돌아설 것임을 알았다. 캠리는 동급 차 중 단연 최강이어서 다른 차종은 캠리와 비교조차 되지 않았던 것이다. 포드 엔지니어들이 캠리를 분해해 샅

살이 살펴보았을 때, 어떤 이들은 그 월등한 품질에 매혹되었고 어떤 이들은 놀라 경악을 금치 못했다. 도요타가 자동차를 그렇게 훌륭하게 만들 수 있다는 사실에 공포심이 일었던 것이다.

딕 랜드그라프*Dick Landgraff*는 당시 포드의 토러스 개량 프로젝트를 책임진 부사장이었다. 그는 1992년형 캠리를 시험 주행해본 뒤 그 프로젝트의 사명선언문을 이렇게 작성했다. '품질과 기능과 스타일 그리고 가치에서 일본차와 경쟁할 자동차를 만들자. 캠리를 이기자.'

이 선언문은 랜드그라프 부사장과 개발팀에게 강박관념이 되다시피 했고 도요타가 캠리 개발 때 그랬듯이 포드 역시 이 프로젝트에 수백만 달러를 쏟아 부었다. 하지만 토러스 프로젝트는 온통 불만과 고민투성이었다. 캠리가 품질표준을 너무 높여 놓아 포드가 도저히 따라잡을 수 없을 것처럼 보였기 때문이다. 2년의 개발과정 동안 랜드그라프와 개발팀원들은 도요타의 걸작 앞에서 그것에 대한 존경과 울분 사이를 오락가락 하고 있는 자신들을 발견했다. 1995년 어느 날 랜드그라프는 이렇게 한탄했다. "도요타를 세운 도요다(창업주), 그 사람은 어디서 갑자기 이 아이디어를 얻었을까?" "땅에서 솟았을까? 하늘에서 떨어졌을까? 일본인들이 잘한다는 공동의견의 결과일까? 아니야, 그건 과장이야. 생각처럼 그렇게 합의를 통해 일하지는 않아. 그럼 그들은 20년간 이걸 궁리했을까? 그들이 어떻게 했는지 도저히 모르겠어. 하여튼 그들은 '우리는 최고가 될 거야' 라고 말했고 결국 이 캠리 같은 차를 만들어낸 것은 사실이야!"

132

포드의 신형 토러스는 1996년에 출시되었다. 그러나 1997년에 캠리는 토러스와 혼다의 어코드를 모두 제치고 미국의 베스트셀러 승용차가 되었고, 그 자리를 2007년까지도 유지하고 있다. 토러스는 혹독한 평가를 받았지만 포드는 그 차를 다시 개량하려는 노력은 거의 하지 않았다. 그냥 서서히 죽어가도록 놔두면서 싼값으로 서둘러 팔아치우려 했을 뿐이다. 마침내 2006년 포드는 토러스 생산을 중단했고 자사의 최고 브랜드 중 하나를 포기하려 했다. 그러나 2007년 포드는 고전하던 '포드 500'의 명칭을 '토러스'로 바꾸겠다고 발표하여 그 브랜드를 되살리기로 결정했다. 하지만 캠리를 추격하다 실패한 포드의 피해는 이미 막심한 상태였다.

도요타에게 1992년형 캠리와 렉서스의 개발은 엄청난 쾌거였다. 탁월한 설계와 생산기술로 미국 시장에서 거듭 성공할 수 있었을 뿐 아니라, 자신들이 업계표준을 전례 없이 최고로 높일 수 있는 능력도 가지고 있음을 입증했기 때문이다. 널찍한 내부 공간, 강력한 엔진 그리고 중형 세단으로는 독보적인 기능을 갖춘 캠리는 도요타가 저렴한 소형차 회사를 넘어 자동차업계의 리더가 될 수 있음을 증명했다. 경쟁사보다 월등한 품질을 지니면서도 가격은 아래 등급 차종과 같은 차량을 개발하여, 도요타는 고객의 예상을 뛰어넘는 획기적인 브랜드를 구축했다. 현재 6세대에 이른 캠리는 오늘날 아직도 미국 최고 판매 차량으로서 미국, 호주, 일본에서 생산되고 있으며 어떤 시장에서는 럭셔리-카로까지 인정받고 있다.

새로운 가치를 더하면 고객은 절로 알아차린다

최고가 되려면 모든 면에서 고객에게 더 많은 것을 주어야 한다. 고객들은 기업이 이윤을 남기는 집단이라는 것을 안다. 그래서 제품의 가격은 그대로인데 거기에 생각지 못한 가치가 추가되면 고객은 그것을 단순히 좋은 제품이 아닌 아주 훌륭한 제품이라 여기게 된다. 모든 개발 프로젝트가 렉서스나 캠리 같은 차를 내놓을 수는 없다. 어떤 제품들은 꽤 괜찮지만, 혁신적이지는 않을 것이다. 그러나 사소한 차이, 보이지 않는 부가 기능이 시장에서 차별화를 이루어 선두주자와 낙오자를 갈라놓는다. 도요타는 개선을 통해 비용절감을 하고 그에 따라 얻은 이익으로 자기 회사의 모든 차종에 기술적 가치를 부가한다. 심지어 고객이 그 차이를 알 수 없는 곳에도 말이다.

일부 분석가들은 최근 몇 년간 닛산이 기업 재건을 위해 기울인 노력이 바로 이런 것이었다고 말한다. 닛산은 엔지니어링 비용을 줄이거나 실내 손잡이를 플라스틱으로 만들면서, 차량에 기발한 디자인과 매력적 기능들을 추가하여 고객의 마음을 끌어당겼다. 그 결과 몇 년간 닛산의 수익이 치솟으면서 닛산은 1990년대 말에 겪었던 파산 직전의 위기에서 되살아났다. 그러나 닛산의 새 디자인에 대한 인기는 점점 사그라지고 성장세는 주춤했다. 닛산의 브랜드 파워 역시 전보다 향상되긴 했지만 여전히 도요타의 근처에도 못 간다.

예컨대, 혼다의 오디세이*Odyssey*와 치열하게 경쟁하는 도요타의 미니밴 시에나*Sienna*에 도요타는 추가로 비용을 들여 이음매 없는 도어를 만들었다. 이에 반해 오디세이의 경우는 차체 부품이 결합된 자리에 희미한 이음선이 보인다. 아마 고객은 눈치 채지 못할지도 모르지만 이 추가된 품질개선, 즉 일종의 '도요타 손질'은 차에 확실히 남아 있다. 이와 비슷한 사례는 다른 차종에서도 수두룩하다.

크로스오버(SUV의 장점에 세단의 성능을 결합시킨 차량 – 옮긴이)인 소형SUV 차종에서 같은 고객층을 놓고 다투는 포드의 에지*Edge*, 닛산의 무라노*Murano*, 도요타의 하이랜더*Highlander*를 살펴보자. 2007년에 데뷔한 포드의 에지를 두고 포드 대변인은 일 년이 넘도록 자랑을 쏟아냈다. 그는 에지가 포드의 미래를 책임질 차량이라고 했고, 대다수 비평가들도 그것이 상당히 우수한 차임을 인정했다. 하지만 그 차의 스타일이 몇 년 전 등장한 닛산의 무라노와 크게 다르지 않다고 말하는 이들도 많았다. 당연히 에지는 아무런 추가 부담 없이 고객들에게 여러 장점을 선사할 수 있었고 무라노보다 인기 있는 차종이 되었다. 하지만 아직도 도요타의 하이랜더를 따져봐야 한다.

하이랜더는 에지나 무라노만큼 맵시 있지 않고 다소 단순해 보이지만 구매자가 같은 가격으로 얼마나 많은 가치와 기능 그리고 추가 옵션을 얻을지를 놓고 본다면 다른 차에 비해 상당한 강점을 지닌다. '자세 제어장치(Stability control)'는 운전자가 원치 않는 방향으로 차량이 미끄러질 때 차체의 균형을 잡아주는 컴퓨터 시스템인데, 도요타 하이랜더에 기본사양으로 장착

돼 있다. 이것은 많은 소비자들이 아직 그 성능을 정확히 이해하지는 못했지만 차에 있으면 좋아할 만한 장치이다.

자세 제어장치는 무라노의 기본 사양이 아니다. 차에 이 장치가 장착되길 원하는 소비자는 따로 750달러를 내야 하고, 그 장치에 필요한 추가 옵션으로 4,400달러를 또 내야 한다. 따라서 무라노 구매자가 이 기능을 추가하려면 5,000달러 이상을 더 지불해야 하는 것이다.

도요타는 자사 차량의 특별한 가치를 따로 선전하지 않는다. 시간이 지나면 고객이 다 알게 된다고 믿기 때문이다. 짐 프레스는 말한다. "우리는 말할 필요가 없습니다. 고객이 직접 보니까요. 그리고 알게 되는 거죠." 입소문을 통한 고객확보는 강력한 효과를 발휘한다. 그 증거로 자동차업계에서 어떻게 도요타가 고객에게 가장 신뢰받는 두 브랜드 '렉서스'와 '도요타'를 갖게 되었는지 보라.

도요타가 타 회사보다 제품에 더 많은 투자를 하여 오랜 세월 꾸준히 경쟁력을 높일 수 있는 이유 중 하나는 판매 차량 한 대당 직원 건강수당 지급 비율이 낮기 때문이다. 도요타는 GM, 포드, 크라이슬러 같은 경쟁사들과는 달리 보조금을 줘야할 퇴직자도 없고 까다로운 수당지급 계약도 없다. 때문에 차 한 대를 팔 때마다 2,500달러에 가까운 이득을 본다. 만일 도요타가 경쟁사들과 달리기 경주를 벌인다면 사실상 50미터 정도는 앞서 출발하는 셈이다. 그렇게 해서 얻은 비교우위를 제품에 재투자하여 고객이 차에 지불한 가격 이상의 가치를 선사함으로써 도요타는 해가 갈수록 선두 자리를 굳히고 있는 것이다.

한편 GM은 매년 노조와 새로운 계약을 체결하기로 합의했다. 노동계약에 의해 회사는 퇴직자에게 종신연금을 지급할 뿐아니라 공장의 생산성 향상으로 직원들의 수를 줄일 때도 그들에게 보상비를 주게 돼 있다. 그래서 GM이 몇 년간 세계 최대자동차 메이커로 군림하는 동안 효율적 운영은 이루어질 수 없었는데, 한 대당 직원수당으로만 거의 2,500달러의 비용을 떠안은 차가 판매장에 전시돼 있었던 것이다. 반면 도요타가 떠안은 부담은 200달러를 약간 넘을 뿐이었다. GM 대변인 톰 코왈레스키는 2006년 PBS-TV와의 인터뷰에서 이렇게 말했다. "우리가 차량 한 대당 이와 같은 비용을 부담하고 있을 때 경쟁사들은 그 금액만큼 자동차 값을 내리거나, 같은 가격일 경우더 많은 기능을 추가할 수 있습니다. 그들은 그 금액에 연간 수백만 대의 숫자를 곱한 자금을 연구개발, 새로운 시설, 판매 대리점 개발, 시장 확대 등에 투자합니다. 우리로서는 정말 엄청난 부담이죠."

도요타가 연구개발을 통해 제품에 엄청난 재투자를 하고 이를 통해 고객에게 더 많은 가치를 선사한다는 사실은 도요타가지출에 인색한 기업이라는 일반적 인식을 무너뜨린다. 사실 도요타는 연구와 조사가 필요하고 그것이 장기적 발전에 유익하다고 판단하면 자금을 아낌없이 투입한다. 예컨대, 2005년까지도요타는 조그맣고 한적한 도요타 시의 본사 사옥을 이용했다. 그곳 본사는 단조롭고 창문도 별로 없는 고작 4층짜리 갈색 건물이었는데 이는 세계 최대 규모의 기업이 사용하는 본관 사옥 치고는 너무 구식이었다.

그 본사 건물이 얼마나 구식인가 하면, 날씨가 사나워지면 창문 틈을 통해 바람이 들어올 정도였다. 에어컨이 변변치 않아 여름에는 더웠고, 난방장치도 부족해 겨울에는 싸늘할 지경이었다. 그런데도 도요타의 최고 경영진은 2005년에 적당한 새 본관이 마련될 때까지 그 건물에서 사무를 봤다. 그에 비해 새로 지은 본관은 도요타 같은 글로벌 위상을 지닌 기업에게 한결 더 어울리는 건물이 되었다. 본사로 이용되는 세 곳 중 하나인 도요타시 본관 사옥은 먼 미래를 내다보고 건립되었는데 고급 자재를 써서 시원하고 널찍하며 현대식 디자인을 자랑한다. 옛날 건물과 비교하여 새 본관은 하나의 원칙을 드러낸다. 도요타가 아낄 때는 아끼지만 만약 새로운 방향을 정하고 제대로 실행하고자 할 때는 비용을 아끼지 않는다는 사실 말이다.

일시적인 트렌드에
기업의 미래를 걸지 마라

위대한 성과는 단번에 이루어질 수 없다.

우리는 인생을 걸어가며 전진하는 데 만족해야 한다.

한 걸음 두 걸음….

사무엘 스마일스, 《Self-Help》

행운의 여신은 좀처럼 기업가에게 도움의 손길을 뻗치지 않는다. 따라서 기업이 정상에 오르려면 세심한 장기 계획과 실행을 통하여 스스로 상황을 유리하게 이끌어야 한다. 단기 목표들은 그저 잘 세워진 원대한 구상을 추진하는 과정에서 밟고 갈 디딤돌일 뿐이다. 만약 경영자와 사원들이 분기수익이나 두둑한 보너스 같은 단기적 성과에 연연하면서 조직의 장기 구상을 외면한다면 이는 회사의 성장을 가로막는 걸림돌이 될 것이다.

회사의 주가상승이나 분기별 실적 또는 연간수익이 자신의 보너스와 연계돼 있는 개별 직원들에게는 단기 목표가 중요해 보일 것이다. 그런 까닭에 업계의 일시적 트렌드나 최근 동향으로 돈을 버는 것은 기업에 장기적 문제를 일으킬 수 있음에도,

기업들은 주가를 띄워놓기 위해 때때로 그런 방식들을 이용한다. 일단 단기 실적이 좋아지면 간부들은 두둑한 보너스를 챙기고서는 회사를 떠난다. 회사의 운영과 문제점 등 모든 부담은 다음 사람에게 넘기고서 말이다. 불행히도 지난 10여 년간 미국 기업 수백 곳에서 이런 일이 벌어졌고, 그런 기업들에서 CEO 교체율은 사상 최고 수준에 달했다.

이 시나리오는 왜 최근 글로벌 자동차업계의 많은 서구 기업들이 '최고위 간부들의 회전문'에 비유됐는지를 정확히 보여준다. 그들은 단기적 성과만을 목표로 한 부실한 전략을 실행했던 것이다. 물론 포드와 GM을 비롯한 여러 기업들이 장기 계획을 논의하고 얼마쯤 실행하기도 했다. 하지만 대개 그들의 경영방식은 근시안적이었다.

예컨대 수많은 전문가들이 GM의 운영방식을 경고했다. 즉 단기 판매 목표에 연연해 제품을 마구 팔아치우는 전례 없는 물량공세는 회사의 브랜드 이미지를 훼손할 뿐 아니라 소비자에게 추가할인을 기대하게 하는 역효과만 낳는다고 조언했던 것이다. 포드 역시 몇 년간 그저 높은 판매 순위를 유지하는 데 급급해 대폭 할인된 제품을 렌터카 업체 등에 팔아넘겼는데, 그런 '플리트 세일fleet sale(저가 대량판매)'이 회사의 미래를 심각하게 위협할 거라는 경고를 전문가들로부터 받아왔다. 서류상으로는 토러스가 NO.1의 자리에 있었기에 겉으로는 좋은 일처럼 보였다. 그러나 사실상 그런 행태는 무엇보다 소중한 기업브랜드의 장기적 가치를 깎아먹는 어리석은 행동이었다. 그런 영업

방식은 오늘만 생각하다 내일을 망치는 바보짓이다.

도요타도 이런 바보 게임에 뛰어들 수 있었다. 포드처럼 도요타도 제품들을 마구 시장에 쏟아냈다면 상당한 단기 수익을 얻었을 것이다. 그러나 도요타는 차근차근 한걸음씩 전진했다. 오늘날 캠리는 NO.1의 자리에 있지만 원래 NO.1이었던 토러스는 이제 존재하지도 않는다.

짐 프레스는 말한다. "우리는 '저가 대량판매로 제품을 밀어내는 일은' 하지 않을 겁니다. 만일 그렇게 한다면 그것은 우리가 고객이 원하는 차를 만들지 못했다는 뜻이 됩니다. '대폭 할인판매'는 제품 가치를 떨어뜨릴 뿐더러 고객을 대하는 올바른 자세가 아닙니다. 모든 고객이 같은 가격을 지불해야 되지 않겠습니까?"

단기적 처방이 아닌 장기 전략을 선호하는 것은 일본 회사들의 확고한 관행이다. 이런 문화적 풍토에 더해서 도요타는 주로 미래에 초점을 맞추는데, 그것은 '인간 존중'을 실현하려면 장기적 안목이 필요하다고 믿기 때문이다. 따라서 도요타는 3년, 5년, 10년, 15년, 그리고 20년 단위로 계획을 세우고 그 기간들에 맞춰 제품개발에서 마케팅에 이르는 모든 문제를 결정한다. 만약 어떤 활동이 미래에 도움이 되지 않는다면, 지금 그것을 왜 하겠는가? 만약 도요타가 몇 년 전 생산방식을 '풀 *Pull* 방식'에서 '푸시 *Push* 방식'으로 바꾸었다면 글로벌 경쟁사들을 앞질러 손쉽게 세계 최대 규모의 회사가 될 수도 있었을 것이다. 하지만 도요타는 자신의 장기 전략을 지켜나갔고 그 전략은 1951년 이후 도요타에게 지속적인 성장과 수익을 가져다주었다.

개리 콘비스는 말한다. "우리의 토대는 안정성입니다. 그리고 우리의 안정성은 장기적 전략에서 나옵니다."

경기 순환에 구애받지 않는
지속적 성공을 거두려면

도요타는 쉽게 달성되어 금방 사라질 성공이 아니라 야심찬 장기 전략에 따라 움직인다. 짐 프레스의 말을 빌자면 '그것이 고객을 대하는 올바른 자세이기' 때문이다. 도요타는 오랜 기간 동안 격심하게 오르내리기를 반복하는 경쟁사들의 경영상태를 꼼꼼히 분석했다. 그리하여 그들과 달리 경기순환에 구애받지 않는 지속적 성공을 거두어 자동차업계에서 결정적 우위를 확보할 수 있었다.

1990년대 중반 도요타의 수익은 그리 대단치 않았다. 도요타는 1993년부터 98년까지 연간 평균 25억 달러의 순이익을 얻었는데, 같은 기간 GM의 순이익은 45억 달러였고 포드는 73억 달러였다. 당연히 GM과 포드의 직원들은 근사하게 살았고 간부들은 수백만 달러의 보너스를 챙겼다.

그 기간 중 자동차 메이커들이 떼돈을 번 이유는 바로 SUV (Sports Utility Vehicle의 약자로, 스포츠 레저용 차량을 말함–옮긴이) 차량 붐이 일었기 때문이다. SUV 붐은 GM과 포드가 함께 일으킨 새로운 소비 현상이었는데, 그것은 익스플로러Explorer에서 시작되어 대형 차종인 익스커션Excursion과 허머Hummer에 의해 지속되었다. 미국 자동차 메이커들은 역사상 가장 큰 수익을 안긴 그 차량들을 설계하고 제작하여 서로 엄청난 홍보전을 벌였다. 소비자들은 열띤 반응을 보였고 GM과 포드의 매출액은 크게 치솟았다.

그러나 미국 자동차 메이커들은 SUV 차량들의 연비가 다른 차에 비해 가장 낮은 수준이라는 것과 20년 전의 오일쇼크로 미국 자동차업체들이 파산 직전까지 갔었다는 사실을 잊고 있었다. 그들은 화석연료에는 한계가 있고 비록 1990년대 중반에는 휘발유 구하기가 그리 어렵지 않지만 언젠가는 다시 귀해질 거라는 사실에는 생각이 미치지 못했다. 무엇보다 그들은 자기들의 결정이 불러올 미래의 결과를 예측하지 못했다. 잘못된 결정 때문에 주주와 직원들이 고난에 시달리고 경영진은 회사를 되살릴 방도를 찾아 발버둥쳐야 하는 미래를 말이다.

도요타 역시 다른 업체들처럼 1990년대의 SUV 트렌드를 좇아 장기 전략보다는 단기 실적에 치중할 수도 있었다. 도요타는 이미 SUV 시장을 이해하고 적당한 위치를 차지하고 있었으며, 1957년에 벌써 SUV의 전단계인 랜드쿠르저Land Cruiser를 제작해 판매한 바 있었다. 하지만 도요타가 SUV 붐이 한창일 때 포러너4Runner와 세쿼이아Sequoia 같은 차량으로 SUV 분야에 뛰어들기는 했어도 그 참여 정도는 적정수준이었고 어디까지나 이미 세워진 전반적인 판매 전략에 따른 것이었다. 간단히 말해 도요타는 일시적인 트렌드에 자신들의 미래를 걸지 않았다.

도요타, GM, 포드의 15년간 실적을 자세히 비교해보면 왜 장기 전략이 단기 전술보다 중요한지 금방 알 수 있다. 1951년 이후 도요타는 전 회계기간 기준으로 한번도 적자를 보이지 않은 채 지속적으로 성장해왔다. 지속적 성장은 위대한 기업의 진정한 지표 중 하나이다. GM과 포드의 실적은 주기적으로 오르락내리락 하면서 순손실을 보일 때가 허다했다.

여기서 우리는 어떻게 포드가 1998년의 210억 달러 흑자에서 10년도 안 돼 120억 달러 적자로 돌아섰는지 궁금해하지 않을 수 없다. 그리고 어떻게 GM이 고작 15년 만에 100억 달러 이상의 적자를 두 번씩이나 기록했는지 의아해진다. 또 2007년 초 포드가 103년 역사상 최악의 분기실적을 거둔 것과 달리, 어떻게 도요타는 36억 달러의 순이익을 기록하며 최고의 분기를 보냈는지도 묻지 않을 수가 없다. 결국 이 질문들에 대한 대답은 모두 같다. 경제상황과 트렌드가 바뀌자 단기 전략의 허점이 드러난 것이다.

GM과 포드의 이미지가 트럭회사로 바뀌어가는 동안 도요타는 승용차회사의 이미지를 유지했다. 코롤라 한 대를 팔면 시보레 서버번*Chevrolet Suburban*(GM이 개발한 세계 최초의 SUV 차량—옮긴이)을 팔 때보다 훨씬 이익이 적었지만 도요타는 단기 계획에 대형차량 생산을 넣지 않았다. 도요타 간부들은 항상 미리 새로운 것을 준비하는 자신들의 장기 전략을 포기하지 않던 것이다. 그들은 체계적으로 움직였고 수년 동안 세워놓은 계획들을 차분히 실행했다.

GM과 포드, 그리고 크라이슬러가 엄청난 재원을 쏟아 부어 더욱 더 큰 '석유 먹는 하마' 제작에 몰두하는 동안 1993년 도요타는 일본에서 '글로벌 21'로 명명된 고도의 비밀 프로젝트를 시작했다. 21세기가 10년도 안 남은 시기였기에 당시의 CEO 도요다 에이지 회장은 도요타가 시간과 돈을 투자해 다음 세대의 고객, 주주, 직원들을 위한 특별한 제품을 개발해야 한다고 확신했다.

글로벌 21 프로젝트의 목표

1. 연료효율이 높은 일반 소비자용 소형 세단을 개발한다.
2. 환경친화형 자동차를 만든다.
3. 기존 소형차의 경우보다 더 널찍한 내부 공간을 창안한다.
4. 적정 가격을 유지하여 위의 목표가 현실성을 갖게 한다.

글로벌 21 사업은 예전에 셀리카(Celica, 1970년에 나온 스포티한 중형 세단-옮긴이) 개발계획을 담당했던 기술개발 총 본부장 구보치 리스케*Kubochi Risuke*가 이끌었는데, 그것은 도요타의 매출이나 자금력이 거대 경쟁사들과는 비교도 안 되던 시절에 추진된 대규모 사업이었다. 예전에 도요타 엔지니어들은 전기 동력을 이용해 휘발유 소비를 줄이는 하이브리드 엔진을 개발하려 한 적이 있었는데, 구보치와 고위 간부들은 하이브리드-엔진 개발을 글로벌 21을 위한 최상의 연구과제로 보았다.

수년간의 개발과정을 거쳐 이 프로젝트가 탄생시킨 자동차가 바로 혁명적인 승용차 프리우스Prius 세단이다. 프리우스는 '하이브리드 시너지 드라이브'라 하여 특허까지 따낸 도요타의 자체 하이브리드 기술로 제작되었으며, 상업적 대량판매를 목적으로 제작된 세계 최초의 진정한 21세기형 자동차였다. 프리우스의 개발은 세계 자동차업계의 설계, 엔지니어링, 제작 역사상 가장 어려운 과제 중 하나였다. 하이브리드 기술의 개발비를 포함한 총 소요비용이 자그마치 10억 달러를 초과했던 것이다. 이렇듯 개발과정에 수많은 어려움이 있었지만 이 프로젝트는 최고경영진의 강력한 지원을 받아 지속될 수 있었다.

프리우스 프로젝트 진행 중에 도요타 사장에 취임한 오쿠다 히로시는 말했다. "차를 조기에 출시하는 것이 매우 중요합니다. 이 차는 도요타의 미래뿐만 아니라 자동차산업의 미래까지도 바꿀 수 있습니다."

오쿠다 사장이 정한 목표 시한인 1997년에 맞추기 위해 프리우스 개발팀은 문자 그대로 24시간 연구에 몰두했다. 그 결과 탄생한 프리우스는 일본 언론의 격찬을 받으며 일본 '올해의 승용차' 상을 받는 등 기대 이상으로 열렬한 소비자들의 호응을 얻었다. 그로부터 2년 뒤 도요타는 프리우스를 미국에 시판했다. 일부 비평가들은 그 모델을 미국 같은 거대시장에 내놓는 것은 실수라고 했는데, 이유는 도요타가 다른 소형차와 비슷한 가격을 유지하기 위해 프리우스 판매가에 보조금을 지급하고 있었기 때문이다. 사실 이런 조치는 프리우스 판매 대수가 늘수록 거래 손실 역시 커진다는 것을 감안할 때, 단기적으로 도요타에 상당한 부담을 안길 수밖에 없었다. 또 미국 도요타의 직원들 중 일부는 자꾸만 대형차 수요가 늘어가던 1990년대의 시장 상황에서 하이브리드-엔진 소형 승용차가 왜 필요한지 쉽게 납득하지 못했다.

미시간 주 디어번에 있는 포드사에서 11년간 일했던 도요타 북미 영업부장 돈 에스먼드*Don Esmond*는 미국 공장 생산라인에 프리우스를 추가하라는 말을 듣고 황당해했던 당시 상황을 이렇게 설명한다.

"도요타의 일본인 경영자들이 차를 가져와 이렇게 말했습니다. '이것을 팔아주십시오. 고객들은 이 차를 원할 겁니다.' 당시 나는 도요타에 들어온 지 거의 20년이 되었기 때문에 그들이 무엇을 바라는지 이해할 수 있었습니다. 그러나 영업 담당자로서는 확답을 할 수 없는 상황이었죠. 하지만 프리우스를 시승해보고는 그 성능에 감탄했습니다. 정말 끝내주는 차였거든요. 우리는 이 차를 적극적으로 밀었습니다."

2007년 도요타의 프리우스와 여타 하이브리드-엔진 차량들의 판매 목표는 43만 대로, 전년도에 비해 40퍼센트 증가한 수준이다. 프리우스에 대한 반응은 기대보다 다소 느리게 나타났는데, 도요타 간부들의 말에 따르면 아직 일반인들이 구입하고 싶어 하는 다른 차들이 프리우스 앞에 대기하고 있었기 때문이라고 한다. 그러나 연료효율을 개선한 신형차량의 판매는 전반적으로 계속 치솟고 있고 이런 추세는 미국의 유류 시세가 안정된 시기에도 지속되고 있다. 게다가 짐 프레스는 하이브리드 자동차의 판매 시장이 커지고 있고 차의 생산과 엔지니어링의 효율도 높아지면서 이제는 수익성이 있다고 분석한다. 현재 도요타는 캠리 같은 일반 승용차에도 하이브리드 엔진을 탑재하고 있다. 그리고 경쟁사들 역시 자체개발한 하이브리드 자동차를 출시하면서 이런 추세에 동참하고 있다. 하지만 이미 도요타는 미래형 자동차의 선두주자로서 업계 최강의 위치를 굳혔다고 평가된다.

도요타는 2010년 무렵에는 시에나 미니밴에도 옵션 사양으로 하이브리드 엔진을 제공할 예정이다. 그리고 2030년까지는 승용차, 트럭, SUV 등 도요타의 모든 차종에 하이브리드 옵션을 적용하려 하고 있다.

닛산의 북미지역 운영·재무 담당 부사장 도미니크 토만*Dominique Thormann*은 2006년 말 이렇게 주장했다. "현재 하이브리드 자동차는 그리 경제성 있는 상품이 아닙니다. 그 사업은 아직 밑 빠진 독에 물 붓기죠." 이처럼 닛산이 하이브리드 기술의 시장성을 놓고 저울질하고 있는 동안 도요타는 꾸준히 힘을 기울여 매달 일본과 미국 등지에서 수천 명씩의 고객을 확보해가고 있다.

돈 에스먼드는 말한다. "처음에 미국 고객들은 거의 다 일반 자동차만 원하는 고집불통이었어요. 석유나 환경에 관해 말하거나 생각하는 사람이 거의 없었으니까요. 하지만 상황이 돌변해서 지금은 하이브리드 기술이 업계의 대세로 확고히 자리 잡았습니다. 이 말은 그럴싸한 홍보성 발언이 아닙니다. 미래의 세계와 수요에 관한 장기 전망이지요."

2007년에 하이브리드 엔진이 탑재된 도요타 차종

- 프리우스
- 캠리
- 렉서스 RX 400h
- 하이랜더
- 렉서스 GS 450h
- 렉서스 600h L

미래 고객을 만족시키기 위해 지금 고민하라

경영학자 피터 드러커Peter Drucker는 수십 년 동안 경영자들에게 단기적 사고의 위험성을 경고했다. 그는 1964년에 펴낸 자신의 책《Managing for Results》에서 '어떤 지도부도 일시적일 뿐 오래가지 못한다'고 말했다. 그러면서 '불필요한 집중투자'는 곧 '쓸모없는 전문화'라며 피해야 한다고 주장했다.

그러나 대부분의 미국 자동차 메이커들은 드러커가 말한 이런 함정들에 떨어졌다. 그들은 같은 것이 많을수록 좋은 결과가 나올 거라는 가정 아래서 한 제품에 집중투자하여 사업을 운영했다.

GM의 경우를 보자. GM은 SUV 판매의 강세에 힘입어 1999년에 기록적인 수익을 올렸다. 그런데 그 시기는 도요타가 미국 시장에 프리우스를 들여온 무렵이었다. 타호*Tahoe*와 서버번 같은 SUV 차량들은 승용차보다 수익성이 훨씬 좋았기에 GM은 사상 유례없이 떼돈을 벌고 있었다. GM 간부들은 차량이 클수록 이윤도 클 거라고 생각했다. 그러니 왜 사상 최대의 차를 만들지 않겠나?

도요타가 프리우스 개발에 거의 10억 달러를 투입했을 무렵 GM은 'AM제너럴*General*'이라는 회사와 군용트럭 '험비*Humvee*'를 일반인을 위한 모델로 공동 생산하기로 합의했다. High Mobility Multipurpose Wheeled Vehicle(고기동성 다목적 차량)의 약자인 Humvee는 1980년대 초부터 미 육군, 공군, 해군, 해병대에서 사용되었는데 1991년 이라크전 당시 '사막의 폭풍 작전'에서 그 뛰어난 내구력과 유연성으로 대단한 활약을 보이면서 군대에서 크게 각광받는 차량이 되었다. 그러나 가족 차량으로는 그다지 맞지 않았다.

그런데 GM은 그렇게 생각지 않았다. AM제너럴은 1992년에 험비를 개량하여 '허머*Hummer*'라는 이름의 민간용 차량을 내놓았다. '세계 최강의 4X4 지프'로 알려진 이 트럭은 울퉁불퉁한 산악지형에서 최상의 기동성을 보이는 대형 차량이었는데, 마치 스테로이드제를 맞은 SUV 같았다. 거대하고 육중했지만 전쟁 상황에서만 꽤 유용하게 쓰일 만한 차량이었던 것이다. 1999년 무렵 GM은 AM제너럴과 '허머' 명칭의 독점 사용권을 명시한 합작 계약을 체결했다. GM은 더욱 크고 더 상업적인 민간용 트럭인 신형 '허머 H1'을 개발하여 하나의 대형 브랜드로 만드는 데 수백만 달러를 투자하면서 고수익 SUV 열풍을 부채질하려고 노력했다. 그러나 허머는 많은 문제점을 안고 있었다. 예컨대 허머 H1이 휘발유 1리터로 5킬로미터도 못 간다거나 고급 옵션을 추가하면 가격이 10만 달러를 넘는다는 얘기 따위는 그래도 나은 편이었다. 저명한 자동차 전문가 에릭 머클*Eric Merkle*은 이렇게 말한다. "그 차는 정말 특대형 차량이죠. 하지만 일반 사회에는 거의 쓸모가 없습니다. 주차장으로 진입할 수도 없거든요. 진입한다 해도 마땅히 주차할 공간도 없고요."

보도에 따르면 도요타가 프리우스와 하이브리드 프로젝트에 투입한 만큼 GM도 허머 브랜드에 돈을 쏟아 부었는데, 그 이유는 순전히 SUV 차량이 당시의 트렌드였기 때문이었다. 그러나 2006년 무렵 국제 정세가 어수선해져 유류 가격이 치솟자 많은 소비자들이 '기름 먹는 하마'인 그 SUV 차량의 실체에 눈을 떴다. 그러자 허머 브랜드의 인기는 돌변하여 H1의 판매량은 급감하고 작은 차종들이 인기를 끌게 되었다.

반면 도요타는 오늘날 거의 모든 하이브리드 기술을 보유하여 자동차업계 내에서 대체연료와 미래형 자동차 분야의 21세기 선두주자로 인정받고 있다. 도요타의 매출, 순익, 주가가 하늘로 솟구치는 동안, 한때 거인 같던 경쟁사들은 자신들에게 닥친 참담한 상황을 어려운 시장 탓으로 돌리며 힘겹게 허우적대왔다.

그렇다면 도요타는 그저 운이 좋았던 것일까? 전혀 그렇지 않다고 짐 프레스는 말한다. "당시에 고려할 모든 요인들, 이를테면 지구온난화와 화석연료의 고갈을 염두에 두며 1990년대 초 도요타 리더들은 스스로에게 물었습니다. '만일 미래의 고객들을 만족시키기 위해 지금 새로운 사업을 시작해야 한다면 어디에 돈을 써야 할까?' GM이나 도요타나 기회는 똑같았습니다. 사람은 선택을 하고, 그것이 삶을 결정하지요. 도요타에게 단기 목표는 중요치 않습니다."

단기 실적보다 고객만족이 더 중요하다

모든 개선 운동이 그렇듯이, 계획의 초점을 단기에서 장기로 바꾸는 일은 대개 확고한 실행의지 없이는 불가능하다. 장기 목표를 갖고 일하려면 내일을 위해 좋은 것이 오늘을 위해서도 좋은 것임을 확신하는 마음자세가 필요하다. 그러기 위해선 반드시 목표에 우선순위를 정해야 하고, 장기 목표가 저번 달의 매출 기록 갱신보다 더 중요함을 알아야 한다.

사업의 초점을 좋은 실적 자체에 두는 것이 아니라 그 실적을 가능케 하는 요인들, 가령 더 나은 고객서비스와 사회공헌 같은 것에 두어야 한다. 좋은 실적은 축하할 일이고 운영을 잘했다는 증거일 수 있지만 그것이 경영의 기준이 되거나 핵심원칙을 뒤흔들어서는 안 된다. 이런 자세를 지녔기에 도요타는 분기 실적을 올리려는 단기적 압박을 떨치고 멀리 바라볼 수 있었던 것이다. 짐 프레스는 말한다. "우리의 목표는 차를 많이 파는 것이 아닙니다. 고객에게 그저 더 좋은 품질의 제품을 선사하려는 것이지요. 물론 우리가 일을 제대로 한다면 매출도 올라갈 겁니다. 하지만 우리 목표는 높은 매출도 많은 수익도 아닙니다. 우리는 고객을 위해 일합니다. 고객의 마음에 기쁨을 주려고 애쓰면서 말이죠."

장기 전략을 중시하는 도요타의 문화는 최고 경영진에서 시작된다. 그 원칙은 창업자에게서 시작돼 오늘날에는 일종의 관행이자 하나의 신념이 되었다. 짐 프레스는 이런 지혜를 일본의 도요다 쇼이치로 박사에게서 직접 들었다고 한다. 어느 날 박사의 집에 초대 받아 갔는데, 그날은 도요타 주가가 상종가를 기록한 날이었다. 투자가들이 도요타 관련 뉴스나 소문에 열띤 반응을 보인 것이다. 도요다 박사와 함께 저녁식사를 하면서 프레스는 그날 본 주식 종가를 이야기했다. 도요다 박사가 회사의 최대 주주인 만큼 엄청 기뻐할 거라 예상하면서 말이다.

하지만 도요다 박사의 반응은 의외였다. 박사는 단호하게 말했다. "나는 주가를 보지 않네. 주가에 신경 쓰면 회사에 나쁜 결정을 할 수 있으니까 말일세."

고객에게 배우고
고객처럼 살며 생각한다

우리는 모든 사람이 만들기 원하는 것을 만든다.

와타나베 가쓰아키, 도요타 자동차 사장

과다지출이나 서투른 계획실행, 값비싼 노동계약과 연금지급 의무 그리고 어떤 업무 실수보다도 경영자와 기업에게 치명적인 것이 있다. 그것은 바로 과도한 자부심이다. 오래 전부터 도요타는 자만이 올바른 의사결정에 끼치는 해악을 알고 있었다. 도요타는 자기들이 항상 모든 해답을 알고 있는 것은 아님을 기꺼이 인정한다.

짐 프레스 사장은 말한다. "우리는 우리가 모른다는 사실을 압니다." 만일 미국 '빅 3'의 경영자들이 이 같은 마음자세를 지녔더라면 아마도 지난 10년간 그들을 괴롭혀온 문제들 중 상당수를 피할 수 있었을 것이다. 물론 그들은 그러지 않았고, 그래서 도요타는 거의 모든 면에서 그 세 기업을 추월해버렸다.

고객 서비스, 품질, 수익성 그리고 결국은 판매량까지 말이다.

자만은 기업의 조용한 살인자다

1983년 GM은 한창 대규모 구조조정을 단행하고 있었다. 당시 혼다, 닛산, 도요타 같은 외국 업체들의 미국 시장 점유율이 급증하면서 GM은 상당한 타격을 입었다. 그 해 GM은 〈포춘〉지의 표지에 신차 4종을 발표하면서, 시리즈로 설계된 그 차들이 일본 자동차들의 스타일에 전혀 뒤지지 않는다고 밝혔다. GM 간부들은 그 신차들이 기술 혁신의 결정체라고 선전하며, '이것이 우리 미래다'라고 주장했다. 당시 GM은 미국 시장의 거의 45 퍼센트를 점유하고 있었고, 그 해에만 몇 십억 달러의 수익을 기대하고 있었다. 아무도 GM의 성공을 믿어 의심치 않았다.

GM 간부들은 〈포춘〉지 표지에 소개된 그 최신 승용차들이 대단한 성공을 거두어 앞으로 몇 년간 타경쟁사들을 압도할 것이라고 주장했다. 그런데 GM의 이런 호언장담에도 불구하고 그 네 승용차, 시보레 셀러브러티*Chevrolet Celebrity*, 폰티악*Pontiac 6000*, 올즈모빌 커트라스 시에라*Oldsmobile Cutlass Ciera*, 뷰익 센추리*Buick Century*는 크기도 똑같고 색상도 비슷하여 거의 구분할 수 없을 만큼 서로 닮아 있었다. 또 그 차량들의 트랜스미션은 엉망이었고 품질은 평균 이하였으며, 지난 수십 년간 GM이 팔았던 다른 차들과 구별되는 아무런 특징도 없었다. 또

희한하게도 뷰익 센추리와 시보레 셀러브러티 모두 GM이 생산했고 어느 자동차 전문가 말을 빌자면 '사실상 똑같은 차'였지만 뷰익 센추리 가격이 시보레 셀러브러티보다 더 비쌌다. 확실히 그 차들은 GM의 미래를 결정했다. 다만 GM의 원래 의도와는 전혀 달랐지만 말이다. GM이 그렇게 온갖 자랑을 늘어놓았는데도 GM의 1983년 차종들은 전부 실망스러웠고 회사의 온갖 문제들을 보여준 상징이 돼버렸다. GM은 자만이 어떤 것인지 분명히 알려주었을 뿐 아니라 자만을 극복할 의지도 전혀 보이지 않았다.

GM과 포드는 판매량 규모로는 계속 업계 정상을 유지했지만 그것을 지키려다 결국 다른 핵심분야에서 그 대가를 지불하게 되었다. 차량 판매가 순조로울 때에도 GM과 포드의 수익은 경기변화에 따라 심하게 오르내렸다. 이같이 이런 기업들의 수익이 극심하게 변하는 모습을 보면서 사람들은 전체 자동차산업의 성공이 경제 여건에 달렸다고 믿게 되었다. 하지만 역사는 다른 이야기를 들려준다. 즉 시장에서의 위치나 회사 규모가 어떤가는 전혀 중요치 않다. 오직 기업이 고객에게 무관심하고 오만해지는 순간 밑으로 곤두박질치는 것이다.

1996년 토러스 개량 프로젝트를 지휘했던 전 포드 부사장 딕 랜드그라프의 마음자세가 어땠는지 살펴보자. 당시 포드는 도요타의 캠리를 따라잡으려고 자금을 사정없이 들이부었고 그 결과 차량 가격이 애초 구상을 훨씬 웃돌게 되었다. 어느 모임에서 기자가 차값이 왜 그렇게 비싼지 물어보자 랜드그라프 부사장은 아주 짜증난 표정으로 이렇게 대꾸했다.

"나는 적정가격 같은 건 모릅니다. 만일 누군가 새 차 살 여유가 없다면, 가서 중고차나 사라고 하세요."

이런 마음자세는 사무엘 스마일스의 겸손한 기업홍보나 에드워즈 데밍의 고객지향형 경영원칙과는 하늘과 땅 차이다. 결국 포드는 가격문제와 씨름하다 마지못해 대폭 할인된 가격으로 '뼈다귀만 남은' 토러스를 시판했다. 하지만 이미 피해는 막심했다.

오늘날의 자동차 구매자들은 차를 살 때 그 어느 때보다 골치 아프다. 비슷비슷한 제품들이 너무 많은 브랜드를 달고 나와 있기 때문이다. 이 묘한 현상의 근본 원인 중 하나는 의욕만 앞선 자동차회사 중역들이 새 브랜드를 자체개발하지는 않고 소규모 경쟁사들을 마구 인수했기 때문이다. 예컨대 포드는 재규어, 랜드로버Land Rover, 볼보 등을 인수하여 자기 아래에 여덟 개 브랜드를 거느리게 되었다. 또 GM은 허머, 사브Saab 등을 흡수하여 일곱 개 브랜드를 보유하고 있다. 반면 세계 선두 업체인 도요타는 딱 세 개의 브랜드를 보유하고 있는데, 모두 자체적으로 개발한 것으로 다른 것과 명확히 구별되는 브랜드들이다.

또 도요타의 차종을 찬찬히 살펴보다 보면 중요한 사실을 하나 알게 된다. 그것은 오늘날 도요타가 주로 파는 차량인 코롤라나 캠리 같은 차들이 이미 도요타가 수년 동안 팔아온 차종이라는 사실이다. 도요타는 엔지니어링과 디자인 개선을 통해 소비자들의 진화하는 욕구와 취향에 맞도록 이 모델들을 개량해왔다. 소비자에게 원치 않는 차량을 억지로 들이미는 일은 하지 않았던 것이다. 도요타는 면밀한 소비자 조사와 충분한 연구로 제품을 개발하여 소비자를 사로잡았다. 도요타 간부들에게 물어보라. 어떻게 그 많은 히트작들을 보유했는지 말이다. 그러면 대개 같은 대답이 돌아올 것이다. "우리는 시장의 목소리를 듣는 기업입니다." 도요타 자동차 미국판매법인 부사장 짐 렌츠 *Jim Lentz*는 말했다.

그러나 어떤 회사도 자만의 함정에서 예외일 수는 없다. 분명 도요타도 때때로 자만의 함정에 빠져 미국 경쟁사들과 비슷한 실수를 저지르곤 했다. 도요타의 역사에 남은 유명한 실패작 중 하나로 1999년의 '제네시스 프로젝트'에 따라 개발된 세 종의 차량들을 들 수 있다. 당시 도요타 자동차 미국판매법인 사장이던 이나바 요시미가 이끈 이 프로젝트는 젊은 구매자들을 겨냥한 신제품 개발계획이었다. 그동안 젊은 고객층은 도요타의 핵심시장에서 제외되어 있었다. 예를 들어 코롤라는 여러 해 동안 폭넓은 인기를 누렸지만, 그 평범한 스타일 때문에 더 참신하고 특이한 차량을 원하는 젊은 고객들에게 큰 호응을 얻지 못했다.

그래서 이나바가 이끄는 연구팀은 도요타의 미국 딜러망을 통하여 도요타의 '간판 중의 간판'으로 내놓을 신제품을 개발하려 했다. 그 결과 나타난 차들이 바로 셀리카, MR-2 스파이더 *Spyder*, 에코*Echo*였다. 이 자동차들은 도요타의 기존 차량들과는 달리 선전되었지만, 딜러 매장에서는 도요타의 다른 모델들과 함께 진열됐다. 제네시스 프로젝트는 시장조사보다 도요타의 내부확신을 바탕으로 진행됐다는 점에서 기존의 '도요타방식'에서 벗어난 것이었다. 이 계획은 고객을 고려하지 않은 채회사 고위층이 밀어붙인 사업이었다. MR-2는 출력도 약하고적재 공간도 없는 2인승 승용차였고, 에코와 셀리카는 젊은 구매자들을 감성적으로 잡아끌지 못했다. 이 세 자동차 모두 5년도 안 되어 사라졌고 도요타 역사에 실패의 오점을 남겼다. 그것은 미국 자동차 업체들이 흔히 저질렀던 서투른 운영과 닮아있었다. 그래도 도요타 경영진은 이를 통해 고객을 제대로 고려하지 않은 신상품은 실패의 지름길이라는 교훈을 얻었다.

그러나 트렌드에 민감한 젊은 고객층에게 독특한 제품을 공급한다는 구상은 여전히 괜찮은 것이어서 도요타는 제네시스 프로젝트를 가다듬어 '사이언Scion'이라는 독자 브랜드를 만들었다. 사이언은 2003년에 별도의 브랜드로 출시되었고 도요타는 젊은 고객들을 이해하려면 일반 구매자나 상류 소비층을 분석할 때와 같이 면밀한 시장조사가 필요함을 깨달았다.

판매순위 1위가 아니라 고객만족 1위가 목표다

짐 프레스는 사이언의 창안을 이끈 주역이었다. 그는 몇 개의 독특한 도요타 자동차들이 일본에서 잘 팔리는 현상을 주목하고 그 모델들을 새 브랜드로 만들어 미국에 수출하자고 주장했다. 이 발상은 렉서스의 경우처럼 완전히 새로운 딜러망을 구축하자는 것이 아니라, 도요타 차종 내에서 사이언에 특별한 위치를 부여하여 이른바 '문화 안의 문화'를 창조하자는 것이었다.

'Y 세대(1978~1994 사이에 출생한 세대로 신기술에 익숙하고 자기주장이 강함-옮긴이)' 소비자를 겨냥한 최초 사이언 모델들은 젊은 히피 스타일 판매원들이 팔았다. 이 차들이 시장에서 괜찮은 반응을 얻자 프레스 사장은 미국 소비층에 맞춘 새 모델의 개발을 강하게 밀어붙였다. 그는 특히 미국 시장을 겨냥한 이 브랜드 최초 모델로 스포티 쿠페(뒷좌석 천장이 낮고 대개 2도어 2시트로 구성된 스포츠형 세단-옮긴이) '사이언 tC'의 개발을 추진했다. 일단 시장성향이 파악되자 사이언 개발 엔지니어들은 미국의 Y 세대 소비층을 면밀히 조사했다. 그들은 도요타의 겐치 겐부츠 철학을 바탕으로 현장에 가서 직접 보고 배웠다. 고객을 사로잡으려면 고객을 철저히 알아야 했기 때문이다. 렉서스 설계팀을 미국에 보내 최상류 생활을 체험하게 했듯이, 도요타는 이번에도 현장조사 팀을 파견해 젊은 소비층이 사이언에 어떤 것을 바라는지 알아냈다.

사이언 개발팀은 그냥 막연히 젊은 층이 좋아할 듯한 차량을 만든 것이 아니라, 캘리포니아 남부의 공원이나 주변 지역을 돌아다니며 트렌드에 민감한 수많은 젊은이들과 어울리며 그들을 꼼꼼히 관찰했다. 팀원들은 자신들이 겨냥한 소비층이 구세대가 좋아할 만한 스타일은 전혀 원하지 않는다는 것을 알게 되었다. 결국 이렇게 해서 나온 디자인은 너무 파격적이어서, GM과 포드의 간부들 같으면 절대로 승인하지 않을 스타일이었다. 이 초기 사이언 모델은 꼭 작은 상자 같기도 하고 어찌 보면 커다란 달걀을 닮기도 했다.

2003년에 도요타 사이언의 판매 대수는 1만 대를 갓 넘는 수준이었고 이 정도라면 많은 거대 메이커들이 이 사업에서 손을 뗄 만한 미미한 실적이었다. 그러나 도요타 내부에서는 광범위한 합의가 있었다고 짐 프레스는 말한다. 고객에게 봉사했으니 고객이 반응할 것이라는 믿음이었다.

마케팅의 부족으로 판매량이 지지부진하자, 도요타는 구매자들이 직접 사이언을 발견하고 입소문을 내도록 유도했다. 2006년 무렵 이 전술은 맞아떨어졌다. 그 해 도요타는 17만 5천 대 이상의 사이언을 팔았는데, 구매자의 대부분이 20세에서 25세 사이의 젊은이였다. 도요타의 이 성과는 공략 대상을 좁히고 브랜드를 내세우지 않는 마케팅으로 Y 세대 소비층을 사로잡은 이례적인 성공 사례였다. 이 성공에는 캘리포니아의 대로변에서 DJ들과 음악, 스케이트보드와 T-셔츠를 활용한 홍보 행사를 벌인 것도 한 몫을 담당했다. 그 행사에 참가한 일부 젊은이들은 그 행사가 자동차 판촉행사인 것도 몰랐다. 도요타는 그 행사를 통해 시장의 핵심정보를 얻으면서 미래 고객을 확보하는 기회의 장으로 삼았다.

사이언 관리부장 스티브 하그*Steve Haag*는 말한다. "우리는 도요타 브랜드를 잘 모르는 고객들을 사로잡고 싶습니다. 우리는 꼭 그들에게 사이언을 팔려는 게 아닙니다. 그저 고객들이 우리 브랜드를 알고는 좋아하게 돼 도요타를 가족처럼 여기길 바랄 뿐이지요."

이러한 접근은 도요타의 장기 전략에서 나온 것이다. 말하자면 고객에게 제품을 '떠넘기는 것이 아니라' 고객의 마음을 얻으려 애쓰는 방식이다. 제품 생산방식이 '푸시방식'이 아니라 '풀방식'이듯이 도요타는 고객의 욕망, 필요, 요구를 반영한 제품들을 선사함으로써 고객을 조심스레 확보해간다. 물론 도요타가 항상 성공한 것은 아니다. 렉서스와 1992년형 캠리 같이 즉시 성공한 사례는 드물다. 그러나 고객으로부터 꾸준히 듣고 배우기, 기꺼이 적응하기, 장기 전략 유지하기 등을 바탕으로 고객의 의견을 충실히 받아들이기에, 도요타는 오랫동안 장수하는 뛰어난 제품들을 만들 수 있었다.

도요타 자동차 미국판매법인 부사장 돈 에스먼드는 말한다. "우리는 절대 판매순위 1위를 목표로 하지 않습니다. 우리는 고객만족 1위 회사가 되고자 합니다. 남들이 우리를 어떻게 보는지 우리는 신경 쓰지 않습니다. 그저 고객에 집중할 뿐입니다. 물론 결과적으로 우리가 정상에 올라선다면 그건 좋은 일이겠죠."

어쩌면 도요타는 오랜 세월을 거치며 고객에 민감해야 할 필요성을 절감했는지도 모른다. 도요타가 처음 미국에 상륙했을 당시 어떤 구매자들은 도요타 자동차를 완강히 거부했다. 디자인이 미국인의 취향에 잘 맞지 않았기 때문이다. 한 예로 도요타의 최초 미니밴은 일본에서는 꽤 잘 팔렸지만 미국에서는 참패를 면치 못했다. 에스먼드 부사장의 기억에 따르면, 그 미니 밴이 '사용자 친화형' 구조가 아니었기 때문이었다. 그 밴은 크라이슬러의 미니밴이 처음 시장에 나온 직후에 출시되었는데, 운동선수 가족을 위한 신규시장을 노린 차종이었다. 그런데 도요타의 미니밴은 '워크스루(walk-through, 탑승자가 실내에서 앞뒤 열 사이로 이동할 수 있는 구조-옮긴이)' 구조도 아니었고 오일을 교환하려면 운전석을 들어 올려야 했다. 그 차량은 확실히 미국 고객들의 눈높이에 맞지 않았다.

그 미니밴의 단점을 깨달은 도요타는 다시 환경에 적응하고 진화했다. 도요타는 고객과 미국 영업팀의 소리를 경청하면서 도요타가 진정한 미국 기업이 되기 위한 조치들을 취해갔다. 그 미니밴은 4륜구동에 오일 교체가 편해지고, 워크스루 구조로 바뀐 뒤 프리비아*Previa*라는 새 이름을 달고 등장했다. 그러자 이 미니밴이 미국과 일본에서 상당히 잘 팔리게 됐다.

이렇게 프리비아가 미국에서 인기를 끌게 됐지만 아직도 고객을 불편하게 하는 결점들이 있었다. 가령 엔진 위치 때문에 좌석의 1열과 2열 사이에 불룩한 턱이 있었다. 그래서 도요타는 그 차량의 구조를 계속 개조하여 결국 '시에나'를 개발했고 이 차량은 최고 인기 미니밴 중 하나가 되었다.

해외 고객들의 다양한 요구에 적응하는 것이 도요타의 강점인데 반해 미국 자동차 메이커들은 미국 밖의 고객들을 만족시키는 데 별로 성공하지 못했다. GM과 포드 대변인들은 자기 회사를 글로벌 기업이라 부르고 회사의 연례 보고서에도 그렇게 쓰고 있다. 물론 유럽과 아시아에도 영업망을 가진 이들 기업이 상당히 세계적인 모양새를 갖추고 있는 것도 사실이다. 하지만 GM과 포드는 대개 외국고객들에 대해 '사거나 말거나' 식의 태도를 취하면서, 그들의 취향이 아니라 미국인의 취향에 맞게 설계되고 생산된 자동차들을 해외로 내보내고 있다. 그러나 유럽인이 바라는 차와 미국인이 원하는 차는 똑같지 않다. 미국 일리노이 주에서 잘 팔리는 차가 스코틀랜드 에딘버러에서는 전혀 안 팔릴 수도 있고 혹은 그 반대일 수도 있는 것이다. 하지만 이와 달리 일본식 차였던 도요타의 사이언은 미국 소비자들을 위해 개조를 거듭했고 결국 미국에서 인기 차종이 되었다.

짐 프레스가 말한다. "글로벌 제품을 원한다면 항상 명심할 것이 있습니다. 즉 특정 시장에 맞춰 제품의 일부를 기꺼이 개조할 수 있어야 한다는 것입니다."

간단히 말해 성공은 고객의 소리를 경청하고 거기에 응답할 때 이뤄지는 것이지, 단지 고객에게 무엇이 필요하고 무엇을 가져야 할지 떠벌릴 때 얻어지는 것이 아니다. 도요타의 프리비아는 원래 일본 사용자를 위해 설계된 차였지만, 나중에는 미국에서도 잘 팔리는 차종이 되었다. 그 요인은 도요타가 기꺼이 고객의 소리를 듣고 겸손한 자세로 그것을 반영하여 두 나라의 중간지점에서 절충안을 마련했기 때문이다.

- 고객에게 배워라
- 고객처럼 살아라
- 고객과 공감하라

과거에 유효했던
모든 게임의 규칙은 사라진다

많은 도요타 직원과 간부들 역시 '고객이 왕이다'는 말이 다소 상투적 구호로 들린다는 데 동의한다. 그러나 고객봉사를 외치는 다른 기업들과 도요타의 차이는 도요타의 전체 기업조직이 정말로 그러한 신념을 바탕으로 움직인다는 점이다.

하지만 그렇게 말하기는 쉬워도 실제로 행동에 옮기려면 엄청난 난관에 부딪힌다. 무엇보다 어느 날은 효과적이던 방식이 다음 날에는 전혀 쓸모없게 될 수도 있지 않은가? 고객의 취향과 트렌드가 변하는데도 생산방식이 정해졌다는 이유로 억지로 계속 그 방식만 고집하다가는 막대한 대가를 치르고 패배자가 되기 쉽다.

몇 년간 자동차업계 소식통과 산업 전문가들은 이것이 미국의 '빅 3'가 참담한 실패를 맛본 한 원인이라고 말해왔다. 또 반대로 그것이 도요타가 몇 년 동안 매달 수천 명씩 고객들을 늘

려온 이유이기도 했다. 포드에서 시간제 근로자로 일한 어느 사람이 말하길 포드 직원들은 부품에 맞춰, 만들 자동차를 정해놓는다고 한다. 또 설계자와 엔지니어들은 현재 공장설비가 어떻게 구성돼 있는지 생각해서 거기서부터 제품을 구상한다고 한다. 물론 이런 방식이 무조건 나쁘다고만 할 수는 없다. 분명 이것은 수년 동안 효과를 발휘해 포드를 세계 최대 수준의 자동차 메이커로 유지시켜 왔기 때문이다. 물론 은밀히 강요된 저가 대량판매를 아무도 문제 삼지 않는다는 전제에서 말이다. 반대로 도요타는 차를 만들 때 공장설비나 부품에 맞추는 것이 아니라 고객에 맞추는 것으로 유명하다.

한 시기에는 효과적이던 방식이 다음 시기에는 그렇지 않을 수 있다는 사실을 받아들이기는 쉽지 않다. 고집 센 도박꾼은 한번 잭팟이 터진 슬롯머신을 자꾸만 찾아가 또 돈이 쏟아지길 기대한다. 마찬가지로 커다란 차량을 팔아 돈방석에 올라앉은 자동차회사는 계속 더 큰 차량에 돈을 쏟아 부으며 다른 사업분야는 무시해버리기 쉽다.

GM과 포드는 십 년 이상 떼돈을 벌어준 SUV와 대형 트럭들에 매달려 그것에 회사의 미래를 걸었다. 2001년경 주변의 모든 신호들이 다른 방향을 가리키기 시작했지만 GM과 포드는 고집불통이었다. 그 결과 포드가 전임 빌 포드 회장의 주도 아래 치열한 구조조정을 단행하고, 마찬가지로 GM도 혹독한 원가절감을 위한 노력을 기울였지만 그들은 냉혹한 현실에 부딪혀야 했다. 2006년 말경 고객들이 두 회사를 싸늘하게 외면했던 것이다. 그러자 이들 기업은 여전히 고수익 차량들을 구매자에게 억지로 들이밀려고 했다. 그들이 내놓을 방도라곤 그것밖에 없었기 때문이다. 반대로 도요타는 캠리 45만 대와 코롤라 약 40만 대라는 기록적 판매고를 올려 미국 자동차시장의 15퍼센트를 차지하게 되었다.

"과거에 유효했던 모든 게임의 규칙은 사라졌어요. 우리는 지금 재창조의 단계에 와 있습니다"라고 '린 엔터프라이즈 연구소Lean Enterprise Institute'의 공동설립자 제임스 워맥James P. Womack 소장은 말한다. 미국 내 15위 안에 든 베스트셀러 승용차와 트럭의 2006년 판매 차트를 들여다보면 한때 시장을 지배했던 몇몇 차량들의 너무 쉽게 그 자리를 내주는 걸 볼 수 있다. 포드의 F-시리즈 픽업트럭은 2005년부터 판매량이 18.1퍼센트나 떨어졌는데, 그 차종은 거의 30년간 미국의 베스트셀러 트럭이었다. 그리고 앞서 말했듯이 포드는 자사의 히트작 토러스 세단의 생산을 중단했다.

2007년 도요타가 신형 툰드라를 출시하여 풀사이즈 픽업트럭 분야로 진입하였을 때 이러한 업계의 기막힌 판도변화가 마침내 온 세상에 확연히 드러났다. 다른 자동차회사들이 대형 트럭과 SUV 차량에만 매달려 있는 동안 도요타가 승용차 부문을 추월하여 한때의 거인들을 완전히 눌러버린 것이다. 그런 다음 GM과 포드가 다시 승용차에 초점을 맞추기 시작하자, 도요타는 반대로 풀사이즈 픽업트럭 시장에 뛰어들었다.

지난 몇 년간 아담한 크기의 1세대 툰드라는 포드의 F-150

과 GM의 시보레 실버라도 *Silverado* 같은 우람한 풀사이즈 픽업 트럭 애호가들의 놀림거리였다. 경쟁사들은 도요타를 가리켜 풀사이즈 트럭시장에서는 마땅한 적수도 아니라며 대놓고 비아냥거렸다. 왜냐하면 대형 트럭은 전형적인 미국형 차량인데, 도요타의 조그마한 트럭들은 시시한 외국산 모조품쯤으로 보였기 때문이다.

그러나 도요타가 풀사이즈 픽업트럭 시장에 뛰어들기로 결심하고 텍사스 주 샌안토니오에 새 생산시설을 건립했을 때, 도요타는 이미 이 시장의 고객층을 충분히 분석한 뒤였으므로 GM과 포드보다 한 수 위였다. 도요타 엔지니어들은 트럭 운전사는 거의 남성이라는 기존의 고정관념에 얽매이지 않고 미국 트럭 시장의 중심부인 남부지방을 찾아갔다. 그들은 거기서 NASCAR(미국 개조자동차 경기연맹) 경주 대회도 둘러보고 목장에서 하룻밤 지내기도 하고 RV 차량(Recreational Vehicle, 즉 레저용 차량을 말하며, 미니밴, SUV, 왜건 등이 해당됨 - 옮긴이)으로 여행하는 사람들을 따라다니기도 했다. 도요타 개발팀은 대형 트럭의 본고장인 텍사스 등 남부 여러 주에서는 여성이 운전하는 픽업트럭이 허다하다는 사실과 나이 든 운전자들이 엔진 출력과 적재중량을 중시한다는 점을 알게 되었다. 그들은 이런 소비자들을 위해 사소하지만 개선할 필요가 있는 요소들을 무수히 찾아냈다.

예를 들어 픽업트럭 운전자가 모두 젊은 남성들은 아니기 때문에 툰드라의 뒷문에 공기압식 리프트를 장착하여 그냥 손가락 두 개만으로 뒷문을 닫을 수 있게 했다. 더 이상 뒷문을 들어 올려 쾅 하고 닫은 뒤 걸쇠로 채울 필요가 없는 것이다.

한편 미국 내에서 설계된 툰드라는 포드의 F-150과 GM의 실버라도보다 더 크고 강력했다. 도요타가 최근 몇 년간 더 작고 효율적인 차량들을 가지고 GM, 포드, 크라이슬러를 추월했는지 생각해볼 때 도요타의 이런 행보는 좀 의아해 보인다. 하지만 도요타 간부들은 그 풀사이즈 트럭이 고객들에게 필요한 모든 차종을 공급하려는 자기들 노력의 일부일 뿐이라고 말한다. 도요타는 프리우스, 코롤라, 캠리 등에서 이미 증명된 탁월한 기술력에 힘입어 툰드라를 일 년에 20만 대 가량 판매할 계획이다. 짐 프레스에 따르면 도요타가 풀사이즈 트럭시장에 뛰어든 것은 트렌드를 좇아서가 아니라 더 크고 강력한 차량을 원하는 고객의 요구에 부응하기 위해서였다. 툰드라의 트럭시장 진입을 발판으로 도요타는 회사의 성장을 위한 또 하나의 유리한 위치를 차지하게 되었다.

포드의 북미사업부 사장 마크 필즈는 풀사이즈 툰드라를 '완전한 미국적 기업'이 되려는 도요타의 야심을 보여주는 또 다른 사례일 뿐이라고 말했다. 그러나 이 말에 프레스 사장은 반박한다. 이것은 그저 미국 고객들에게 봉사하려는 도요타의 노력이라고 말이다.

고객은 항상 이동하는 표적이다

2007년 어느 날 나는 25세의 도요타 직원 이마이 도모니*Imai Tomoni*에게 물어봤다. 도요타가 자동차 메이커와 기업으로서 글로벌 1위 자리에 올랐다는 언론 발표가 잇따르는데 사내 분위기가 어떻게 돌아가고 있느냐고 말이다. 공보부 팀장을 맡고 있는 이마이는 웃음을 터뜨리며 이렇게 말했다. "와타나베 사장님은 절대 도요타가 세계 1위라고 말하지 않을 겁니다." 이마이의 설명에 의하면 기업 규모, 수익, 고객 만족도 등의 순위는 그저 기업의 과거실적을 반영한 것일 뿐이라고 한다. 도요타가 넘버원이 되는 일은 가능하지 않다고 한다. 왜냐하면 도요타는 항상 고객에 초점을 맞추는데 고객은 끊임없이 변하기 때문이라는 것이다. "고객은 이동하는 표적입니다. 그리고 고객은 항상 더 많은 것을 원하죠."

도요타에 입사하자마자 도요타 유럽 영업소에서 판매 업무를 담당했던 이마이는 몇몇 엔지니어들과 함께 새 자동차 개발에 필요한 정보를 얻으러 어느 딜러를 찾아갔다. 그 딜러는 오랫동안 어느 미국 자동차 메이커의 유럽 판매를 담당하고 있었다. 그런데 그가 말하길, 미국 회사는 단 한 번도 고객에 관한 정보를 물으러 오지 않았다는 것이다.

반면에 도요타는 고객에 대한 조사자료를 신차의 디자인에 반영했을 뿐만아니라 신차가 나온 것으로 만족하지 않았다. 근사한 신차가 출시되었을 때 그 차를 만든 도요타의 엔지니어들은 이미 다시 연구에 들어가 그 차를 한층 더 개선할 방안을 찾고 있었다.

여기서 이마이는 고객에 초점을 맞춘 지속적 개선의 필요성을 이해할 수 있었다고 한다. 고객이 원하는 것을 직접 가서 봄으로써 도요타는 고객의 필요와 요구에 더 잘 적응하게 된다. 물론 고객은 항상 도요타 차량에 더 많은 것을 원한다. 그렇기에 고객만족을 추구하는 일은 도요타의 끝없는 사명이 될 것이다.

결정은 신중하게, 실행은 재빠르게 하라

결정이 내려졌을 때 우리는 신속히 실행에 옮긴다.
왜냐하면 모두가 이미 충분히 준비된 채 대기하고 있기 때문이다.

짐 프레스, 도요타 자동차 북미법인 사장

결정은 중요하다. 하지만 올바른 결정은 훨씬 더 중요하다.

도요타에서도 세계 곳곳의 공장들을 거의 풀가동하여 급증하는 전 세계의 수요에 맞춰 제품을 생산해야 하는 압박감은 어느 글로벌 기업 못지않게 대단하다. 도요타는 '고객 요구에 맞추기' 철학에 따라 고객이 원하는 대로 신속히 자동차를 만들려고 노력한다. 하지만 그렇다고 결정을 서두르거나 그저 경쟁사를 이기기 위해 어설픈 계획으로 새로운 분야에 뛰어들지는 않는다. 도요타는 오히려 여유를 가지고 기초 사실들을 수집하여 충분히 평가한 뒤, 개인적인 의견들보다는 그 조사한 사실들을 바탕으로 계획을 결정한다.

도요타에는 다음과 같은 일반적 믿음이 있다. 즉 경솔하게 빈

약한 정보에 의해 움직이다 보면 문제가 발생할 뿐아니라 잘못된 결정을 내리게 된다는 것이다. 도요타의 리더들은 모든 가능성과 관련요소들을 철저히 검토함으로써 어설픈 구상을 추진하지 않도록 만전을 기한다. 이런 운영 스타일은 도요타에게 보수적 기업, 즉 느리게 움직이는 회사라는 평판을 안겨주었다.

그러나 도요타 내부에서의 이야기는 이와 사뭇 다르다. 즉 도요타가 충분한 시간을 가지고 자료를 수집하여 합의를 도출하는 것은 사실이지만, 일단 결정이 내려지면 실행은 어떤 경쟁사보다 훨씬 빠르다는 것이다.

행동하는 것보다 신중한 분석이 먼저다

도요타 역사에서 그 조심스러운 경영방식을 가장 잘 보여주는 사례가 1980년대 초의 미국 시장 진출이다. 도요타는 1958년부터 미국에서 자동차를 판매했는데, 당시 처음으로 SUV의 전신(前身)인 랜드크루저와 소형차 도요펫을 들여와 팔았다. 도요타의 첫 미국 시장 진출의 성과는 미미했지만, 1964년 무렵 미국 시장을 겨냥해 만든 첫 자동차인 소형 승용차 코로나*Corona*가 소개되면서 도요타는 대체로 믿을 만하고 견고한 차를 만드는 회사로 인식되었다. 2천 달러 이하의 가격이었던 코로나는 비슷한 성능의 미국 차에 비해 저렴할 뿐 아니라, 차체가 녹슬어 떨어질 때까지 거의 손보지 않아도 될 만큼 튼튼한 차로 유명했다.

1967년에 도요타는 대중형 콤팩트-카(Compact Car, 미국의 준중형급 차로서 일부 소형차도 해당됨-옮긴이) 코롤라*Corolla*를 미국 시장에 내놓았고, 1971년경에는 미국에서 일본산 자동차를 30만 대 이상 판매했다. 이런 실적을 올리자 미국 자동차 메이커들도 이 일본 회사를 주목하게 되었지만 그래도 도요타를 심각한 위협으로 보는 사람은 아무도 없었다. GM과 포드, 그리고 크라이슬러는 도요타를 그저 찰싹 때려잡으면 그만일 귀찮은 파리 정도로 여겼을 뿐이다. 짐 프레스는 헨리 포드 2세가 한 말을 떠올리며 웃음을 터뜨렸다. 회장 포드 2세는 혁명적인 신차를 가지고 일본 차를 '태평양으로 쓸어 넣을 것'이라고 장담했던 것이다. 품질과 가치 모두에서 도요타를 압도하는 포드의 신차가 미국이 일본차에 빼앗긴 모든 고객들을 되찾아줄 거라는 말이었다.

"그 차가 바로 핀토(Pinto, 차체 결함을 은폐하여 포드가 1978년 거액의 배상판결을 받음-옮긴이)였지요"라고 프레스는 말했다.

그러나 코롤라가 미국에서 최고 인기 소형차로 떠오르고 지속적 개선, 고품질과 효율, 적정 가격을 추구하는 도요타의 열정이 온갖 미국식 차종들을 만들어내자 도요타는 미국 '빅 3'가 지배하던 시장에서 만만찮은 상대로 떠올랐다. 1975년 도요타는 폭스바겐을 추월하여 미국 최대의 수입차 메이커가 되었다. 도요타의 치열한 품질개선 노력이 한때 미미했던 도요타를 막강한 글로벌 경쟁자로 만들었던 것이다. 그러자 많은 미국 전문가들은 언젠가 '도요타 웨이*Toyota Way*'가 미국 3대 메이커의 생산방식을 따라잡을지 모른다고 우려하기 시작했다.

미국에서 성공의 가능성을 본 도요타는 차를 판매할 곳인 미국 현지에서 직접 차를 만들자는 생각을 하게 되었다. 그리고 닛산이 그랬듯이 과감히 새로운 기회의 땅에 뛰어들기로 결정했다. 즉 미국 현지생산에 돌입하기로 한 것이다. 도요타의 독특한 장점은 자신들의 전통적인 생산방식과 경영철학을 엄격히 지킨다는 데 있었다. 그러나 과연 카이젠이 외국 토양에, 그리고 신흥 도요타 경영철학에 생소한 미국 종업원들에게 스며들수 있을까? 도요타 최고 경영진은 확신할 수 없었다.

도요타는 미국 자동차 메이커들이 품질저하 문제에 시달리고 있다는 것은 알았지만, 그 원인이 경영 잘못인지 생산현장의 문제인지는 알 수 없었다. 결국 도요타는 미국 땅에서의 자동차 생산이 앞으로의 기업운명을 좌우하는 만큼, 미국 현지생산으로 뛰어들기에 앞서 사전조사를 하기로 결정했다.

자리에 앉아 있지 말고 가서 직접 확인하라

도요타의 사규에 외부 전문가를 채용해선 안 된다는 규정은 없다. 하지만 도요타 리더들은 외부 전문가에 의존하기보다는 현장에 가서 직접 학습하는 것이 더 유익하다고 믿는다. 그래서 도요타는 예로부터 노련한 직원들을 현장에 직접 보내 그들의 꼼꼼한 보고와 설명이 담긴 체계적인 조사과정을 실행해 왔다.

미국에 자동차공장을 세울 때, 도요타는 그냥 자동차산업 컨설턴트를 고용해 도움을 받을 수도 있었다. 하지만 도요타는 그러는 대신 누구도 상상치 못할 방안을 추진했다. 즉 GM과 제휴하여 자동차를 생산하는 것이었다.

포드와 크라이슬러는 도요타와 GM이 1984년에 설립한 합작법인 NUMMI에 대해 격렬히 반발했다. 두 회사는 GM이 도요타에게서 여러 생산기법들을 흡수하면 당시에 이미 세계 최대 자동차업체인 GM의 위상이 상상도 못할 만큼 높아질까봐 두려워했던 것이다. 특별한 생산방식이나 효율적 기법이 없는데도 엄청난 거인인 GM이 도요타의 생산 노하우를 얻게 될 경우 천하무적이 될지도 모를 일이었다.

포드와 크라이슬러가 소송을 걸고 연방공정거래위원회(Federal Trade Commission, FTC)가 조사를 실시했지만 NUMMI 설립 계획은 예정대로 진행되었다. FTC는 그 합작회사를 '소비자에게 더 넓은 선택권'을 줄 '미국기업의 새로운 역할 모델'로 보고 승인해주었던 것이다. 도요타가 1억 달러를 투자하고 GM이 캘리포니아 주 프리몬트의 공장 부지를 제공하여 합작법인이 설립되었다. 계약조건에 따라 도요타는 일본인 관리자들을 미국에 보내 도요타 생산방식(TPS)을 가르쳤다. 그리고 GM의 프리몬트 공장에서 일하다 실직한 근로자 5천 명은 다시 일자리를 얻게 됐다. 이례적으로 미국자동차노조(UAW)도 NUMMI의 노동 규정에 동의하여, 노조원들이 그 공장에 고용되는 조건으로 노조의 간섭 없이 TPS 시스템을 배울 수 있도록 허용했다.

'상호 신뢰와 존중'을 바탕으로 한 NUMMI와 UAW 간 노동

계약에는 미국식 단체협약에서는 볼 수 없는 문구들이 여럿 있었다. 이를테면 이런 것들이다.

- 토론과 합의에 의한 문제해결 절차
- 업무현안에 관해 노조와 진지한 협의
- 작업에 유연성을 부여하기 위해 업무구분 최소화
- 생산이나 안전수준을 빌미로 한 '파업 불가' 규정

도요타의 목적은 TPS가 미국에서 제대로 실행될 수 있을지 보면서 미국의 관행, 부딪힐 수 있는 난관 그리고 생산환경에 관해 배우는 것이었다. 그래서 당시 도요다 에이지 회장과 도요다 쇼이치로 사장이 이끌던 도요타는 NUMMI에 수많은 일본 고위경영진과 간부들을 파견했다. 그리고 쇼이치로 사장의 동생이자 에이지 회장의 조카인 도요다 다쓰로*Toyota Tatsuro*를 보내 NUMMI를 책임지게 했다.

반면 GM은 주로 중간급 간부들로 구성된 다소 무질서한 관리팀을 NUMMI에 파견했다. 당시 GM은 생산기술이 뒤쳐져 있다고 평가되고 있었으므로 도요타에게서 얻을 것이 상당히 많았다. 그러나 중간급 GM 간부 16명만이 프리몬트 공장으로 파견되어 도요타의 최고위 경영자와 간부들로부터 TPS 기법을 배웠다. 그들은 NUMMI에 들어가 도요타 생산방식과 생산직 근로자 관리방법을 열심히 익혔지만, 그것은 그리 간단한 일이 아니었다.

일본인 경영자들은 GM 관리자들이 린 생산방식을 충분히 이
해했다고 확신할 때까지는 그들에게 현장근로자 교육을 맡길
수 없었다. 사실상 GM 간부들은 실습생이 돼 참을성 있게 현장
교육을 받아야 했다. NUMMI에 파견된 최초 GM 관리팀의 일
원인 스티브 베라는 이렇게 말한다. "우리가 조직에 보탬이 되
고 작업자들을 가르칠 수 있다는 것을 도요타 경영자들이 확신
할 때까지 우리는 열심히 따라가야 했습니다. 우리는 TPS의
'복음전도사'가 돼야 했고, 만일 우리가 제대로 준비됐다는 믿
음을 그들에게 주지 못하면 앞으로 나아갈 수 없었지요."

그는 NUMMI에 가라는 회사의 요청을 처음에는 망설였다고
한다. 그러나 NUMMI를 직접 보았을 때 그는 이것이 절호의 기
회임을 직감할 수 있었다. 베라는 관료주의가 GM을 얼마나 망
쳐놓는지 그리고 TPS가 GM에 얼마나 큰 도움이 될지 알게 됐
다. 또 그는 NUMMI에서 일하는 도요타 간부들의 목적이 미국
사회에서 일하는 법, 미국인 근로자를 다루는 법, 미국 부품업
체들과 협력하는 법을 배우려는 것임을 알았다. 베라가 보기에
그 파견근무는 서로에게 이익이 되는 것이었다. GM은 도요타
의 경영기법을 배우고 도요타는 GM에게 미국 문화를 배울 수
있었기 때문이었다.

NUMMI 공장은 1984년 12월부터 GM의 시보레 노바*Chevro-
let Nova*를 생산하기 시작했다. GM이 이 차를 시판하자 차의
품질에 대해 좋은 평가가 쏟아졌다. 18개월 후 NUMMI는 도요
타의 코롤라 FX16도 생산하기 시작했다. 이 차는 미국 땅에서

만들어진 최초의 도요타 차량이었는데, 일본산 제품과 비슷한 품질을 유지할 수 있었다.

　미국인 관리자들은 이 초기 성과에 환호하고 싶었지만, 도요타의 책임자들은 팀원들에게 아직 충분치 않다는 점을 일깨웠다. 여전히 결함이 너무 많았고 그것은 고객들의 많은 불만족을 의미했기 때문이다. 개리 콘비스는 말한다. "NUMMI 공장이 처음으로 '〈J.D. Power and Associates〉 우수공장 은상'을 수상한 때가 기억납니다. 우리는 모두 미국식으로 서로 얼싸안고 등을 두드렸어요. 그때 일본인 간부 중 한 명이 이렇게 말하더군요. '그런데 이 많은 결함들을 보세요. 예, 우리는 잘 했습니다. 분명 우리는 돈을 벌었지요. 하지만 지금 우리가 할 일은 이 결함들을 해결하는 겁니다. 우리에겐 아직 문제가 많으니까요.'"

　결국 미국인 직원들은 도요타의 생산방식을 배웠고 그 대신 일본인들에게 미국 문화를 가르쳤다. 특히 사업과정에 직·간접으로 관련된 사회적 관습을 알려줬다. 초창기 NUMMI 공장직원들이 말하길, 점차 조직 내에서 팀워크가 형성되었고 미국 관리자들은 '도요타 생산방식'에 관해 많은 것을 배웠다고 한다. 몇 년이 지나 NUMMI 공장이 자리를 잡자 GM에서 파견된 관리자들은 한 팀이 아니라 개별적으로 TPS를 실행하기 위해 각기 다른 지역과 부서로 흩어졌다.

　지금은 GM을 나와 컨설턴트로 활동하고 있는 베라는 말한다. "그건 엄청난 실수였습니다. 우리가 그곳에 파견된 것은 도요타의 효율적인 생산방식 전반을 배우기 위해서였어요. 품질

개선, 의사결정, 교육 등을 말이죠. GM에 바랐던 최상의 결과는 최고의 운영방식을 배워 그것을 신개념 공장에 적용하는 것이었지요. 그러나 저항이 너무 컸습니다. 나이든 작업자들은 하나같이 이렇게 말했어요. '우리 공장에서는 절대로 안 될 걸.' 거기다 매년 자동차노조와 노사협의를 할 때마다 수많은 문제가 발생했습니다. 결국 회사는 우리 팀을 해체시켰지요."

GM이 계속해서 TPS 시스템을 조금씩 단편적으로 실행하는 동안 도요타는 느리지만 일사분란하게 움직였다. 도요타는 NUMMI 공장의 경험을 바탕으로 미국에서도 일본에서와 똑같은 품질의 자동차를 생산할 수 있는지 저울질했다. 결론이 확실한 '예스'로 나오자, 도요타 경영진은 신속히 계획을 세우고 미국에 도요타 전용 생산시설 건립을 추진해나갔다. 만일 NUMMI 합작회사가 제대로 돌아가지 못했다면, 도요타의 그런 행보는 어려웠을 것이다. "만일 NUMMI가 실패했다면 도요타의 북미시장 구상은 한동안 후퇴했을 겁니다"라며 데니스 쿠네오는 말한다. 그는 변호사로서 도요타를 도와 NUMMI 설립과 FTC 승인에 큰 역할을 한 뒤 나중에 도요타의 중역이 되었다.

다시 말해 NUMMI는 하나의 실험이었다. 이 실험의 결과로 1986년에 도요타의 첫 북미 생산시설인 켄터키 조지타운 공장이 설립되었다. 2007년 이 공장은 7,000명의 근로자로 캠리, 아발론, 솔라라 같은 인기 차종을 생산하고 있으며, 세계에서 가장 효율적인 생산설비 중 하나로 알려져 있다.

일단 행동하기로 결정하면 도요타는 현실에서 장애가 될 것이 분명한 것들을 기획단계에서 미리 제거하고 아주 신속하게 실행단계로 넘어간다. 도요타는 최초 미국 생산시설의 장단점을 말 그대로 수년 동안 저울질했다. 하지만 일단 켄터키 조지타운 공장건립 계획이 확정되자 이 시설은 2년 만에 완공돼 가동에 들어갔다. 완공 4년 후인 1990년, 조지타운 공장은 초기품질지수(Initial Quality Study : IQS, 출고 뒤 90일 된 신차 100대를 대상으로 한 결함 발생건수로 품질을 평가하는 지수-옮긴이) 부문에서 '〈J.D. Power and Associates〉 금상'을 수상했다.

신중한 연구가 신속한 개선을 낳는다

도요타를 업계 선두로 떠오르게 한 주요 요인 중 하나로 도요타의 실행속도를 들 수 있을 것이다. 다소 보수적인 기업이미지와는 달리 실제로 도요타는 경쟁사들에 비해 놀랍도록 빠르게 움직인다. 도요타의 기획은 철저하게 그리고 조직적으로 이루어지지만 실행은 간결하고 효율적이다. 이것이 도요타 성공의 핵심 요인 중 하나이다.

차량 출시 후에도 지속적 개선을 통해 더욱 우수한 제품을 개발하는 것으로 유명한 도요타는 그 특유의 속도를 발휘하여 자사 자동차에 최대한 빨리 최신 스타일과 특징들을 반영한다. 그렇기에 도요타는 신차를 구상하고 소비자에게 내놓기까지의 기간이 세계 어느 자동차회사보다 빠르다. 개발 시작인 '클레이

프리즈(clay freeze, 신차 개발 시 최종 디자인 합의 이전의 기본 모형—옮긴이)' 모형부터 생산 개시까지 걸리는 평균 기간이 도요타는 24개월인데 반해, 미국 자동차 메이커들은 대개 28개월에서 34개월에 이른다.

이런 빠른 실행속도는 도요타의 제품개발 시스템에서 비롯되는데 그 바탕에는 TPS의 여러 원리와 도요타 특유의 경영방식이 자리하고 있다. 린 생산방식, 직능 간 협조와 협업, 자회사 간 자재 공동구매와 상호지원 …. 도요타가 경쟁이 치열한 풀사이즈 트럭시장에 뛰어들기로 결정한 뒤 그렇게 신속히 툰드라 픽업트럭을 출시할 수 있었던 것도 바로 이 때문이다. 도요타는 수년 동안 풀사이즈 트럭을 연구하면서 트럭시장의 장기 전망과 거기에 진입할 최선의 방안을 모색해왔다. 하지만 일단 결정이 나자 텍사스 샌안토니오에 새 공장을 세웠고, 제품개발팀은 클레이 프리즈 모형부터 생산까지의 개발과정을 불과 24개월 만에 끝내버렸다.

몇 년 전 포드가 베스트셀러 픽업트럭 F-150을 개발하던 과정과 비교해보자. 1999년 포드의 엔지니어와 디자이너들은 신형 트럭모델을 만들기 시작했다. 그러나 비용초과와 작업지연으로 제품개발 기간이 일 년이나 늦춰지면서 2003년 말에 가서야 새 트럭을 출시하게 되었다. 트럭 판매량이 치솟는 동안 개발과정이 6개월 정도 늦어지면 예산이 추가될 뿐 아니라 후발업체가 제품을 출시하여 바짝 따라붙을 여유까지 주게 된다.

1990년대 중반 GM은 오하이오 로즈타운 공장에서 제품생산을 개시하다 끔찍한 상황을 겪게 되었다. 서브콤팩트-카(콤팩트-카 바로 아래 등급의 소형차-옮긴이) 시보레 카발리에Cavalier와 폰티악 선파이어Sunfire를 생산하는 그 공장의 원자재 공급 체계가 엉망이 되었던 것이다. 그러나 아무도 크게 걱정하지 않았다. 전 북미영업소 사장이자 현 GM CEO인 잭 왜고너 회장의 말을 빌리면, "하여튼 소형차로는 돈, 돈, 돈을 벌기는 힘들기" 때문이었다.

이처럼 대부분의 자동차 메이커나 제조업체가 제품개발이나 생산에 어려움을 겪곤 한다. 도요타 역시 제품을 제때에 출시하지 못한 경험이 있다. 예를 들어 도요타의 픽업트럭 툰드라는 두 달 정도 늦게 시판되었다. 또 2007년에 북미 출시 예정이던 신형 코롤라는 2008년이 돼서야 나왔는데, 원인은 품질에 대한 우려 때문이었다.

하지만 전반적으로 도요타의 업무속도는 경쟁사들보다 훨씬 빠른데, 그것은 깊이 있고 철저한 기획과 간결하고 능률적인 실행 덕분이다. 그 결과로 종종 제품개발 기간이 경쟁사들보다 30퍼센트나 단축되는데 이것은 오늘날의 자동차시장에서 대단한 강점이 될 수 있다. 만약 제품개발 기간이 길면 구형 모델이 전 시장에 오래 머물러 있게 되기 때문이다. 이런 속도의 우위가 지속적인 고품질과 어우러져 도요타는 경쟁사들과의 격차를 더한층 벌여놓고 있다.

또 도요타가 포드와 GM을 그렇게 맹렬히 추격할 수 있었던 요인 역시 이 빠른 속도에 기인한다. 도요타 경영진은 짧은 제품

개발 기간이 매우 중요한 경쟁력임을 알았다. 2000년에 도요타는 〈J.D. Power and Associates〉가 발표한 초기품질 조사 결과에서 놀랍게도 16개 항목 중 7개에서 1위를 차지했다. 반면 경쟁사들 중 2개 항목 이상 1위에 오른 기업은 하나도 없었다.

짐 프레스는 말한다. "다른 회사들의 행동속도와 비교해보면 알겠지만 우리는 느리지 않습니다. 비록 시간의 4분의 3을 기획과 검토에 쓰지만 대신에 시장에 빠르게 대응하니까요. 다시 말해 실행속도는 엄청 빠르다고 할 수 있지요."

도요타의 엔지니어팀, 설계팀, 그리고 영업팀은 서로 협력하여 현장조사, 정보공유, 상호지원을 바탕으로 전진해간다. 그들은 항상 고객중심, 낭비제거, 지속적 개선 같은 기업 이념을 최우선으로 한다. 이러한 자세는 개인이나 집단의 불협화음에서 생기는 쓸데없는 시간낭비를 막고 설계와 생산과정에서 모든 조직을 일사분란하게 유지시킨다. 비유하자면 왼손과 오른손이 다투거나 반발하지 않고 동시에 같은 대상을 만지작거리고 있기에 업무가 더 빠르고 효율적으로 진행되는 것이다.

효과적인 의사결정으로 실행속도를 높이는 방법

- 직능 간 협업을 통해 전체적으로 접근하기
- 고객을 의사결정의 최우선에 두기
- 확실한 사실을 바탕으로 동시에 전진하기

문제점은 최대한 빨리 드러낸다

사람들이 성공을 통해
성공을 얻는다고 생각하면 오산이다.
실패를 통해 성공할 때가 훨씬 많다.
아무리 좋은 금언, 연구, 충고, 사례도
실패만큼 많은 것을 알려주지는 못한다.

사무엘 스마일스, 《Self-Help》

도요타 기업문화에서는 아무리 위대한 기업도 흔히 실수를
저지르는 불완전한 회사임을 쉽게 인정한다. 사람이 하는 일이
니 만큼 수만 가지 잡다한 업무든 회사의 미래를 결정짓는 중차
대한 결정이든 간에 항상 실수가 따른다. 따라서 도요타에서는
제품 결함이 발생하면 이것을 외면하거나 회피하는 것이 아니
라 신중하고 주의 깊게 다루면서 공개적으로 아주 중요하게 처
리한다.

도요타에서는 결함을 시각과 언어적 신호를 통하여 크게 강
조한다. 그래서 생산과정에서 문제를 발견한 순간 바로 잡아당
겨 조립라인을 멈추게 하는 '안돈 코드' 같은 경보 장치를 이용
하는 것이다. 일단 문제가 확인되면 작업자들은 협력하여 그 실

수를 충분히 검토하고 정정하기 때문에 품질이 신속히 복원될 수 있다. 서로 손가락질하는 대신 문제해결에 집중하기 위해서 팀원들은 '5Why 질문법' 같은 기법을 통해 문제의 근본원인을 찾으려 노력한다.

개리 콘비스는 말한다. "작업자를 탓하지 마세요. 어쩌면 생산 공정이 잘못돼 있을지도 모릅니다. 실수는 흔한 일이죠."

현재 도요타는 고객만족도, 품질 등급, 안정된 수익, 견실한 성장 면에서 세계 최고 기업 중 하나로 인정받고 있다. 이같이 도약하는 동안 도요타는 불패의 회사, 거의 실수를 하지 않는 기업이라는 명성을 얻었다. 반면 다른 기업들은 명백한 실수를 수없이 저질러왔는데, 가령 지킬 수 없는 노동계약을 체결하기도 하고 엄청나게 높은 리콜 건수에 시달리기도 했다. 그런데 불행히도 그 기업들은 이런 실수를 하고도 거의 깨닫는 것이 없는 듯하다. 예컨대 포드의 경우 핀토의 연료탱크 결함과 익스플로러에 장착된 파이어스톤(Firestone, 미국의 타이어 제조사. 2001년에 불량 타이어를 납품하여 포드사를 심각한 위기에 빠뜨렸음-옮긴이) 타이어의 파열 문제로 엄청난 고난을 겪었고, GM의 경우 지난 20년간 툭하면 재정위기에 빠지곤 했다. 물론 도요타가 실수를 하지 않는다는 말은 아니다. 결코 그렇지 않다. 다만 다른 기업들과 도요타의 다른 점은 아무리 사소한 문제라도 그것을 발견했을 때 거기에 임하는 대처방식에 있다.

실수를 통해 성공을 배운다

이렇게 실수에서 배움을 얻는 도요타도 중대한 시험대에 오른 일이 벌어졌는데, 그 현장은 1990년대 초 미국이었다. 신형 3세대 캠리가 시장에 나오기 직전 1989년에 미국 소비자단체인 '자동차안전센터(Center for Auto Safety, CAS)'는 도요타의 최초 미국 생산 차량인 2세대 캠리에서 심각한 안전 결함을 발견한 것이다.

소비자 고발에 따라 조사에 착수한 CAS는 일부 캠리에서 전기장치 결함으로 '파워도어-록(Power Door Lock, 승용차의 모든 도어들을 스위치 하나로 잠그는 시스템-옮긴이)'이 제대로 작동하지 않음을 확인했다. 문이 안 열려 운전자와 동승자가 몇 시간씩 차 안에 갇히는 사건이 빈번하게 일어난 것이다. 문제의 원인은 전기제어 장치의 결함 때문이었는데, 전선 접점이 '녹아 붙어' 문의 잠금이 풀리지 않아 손으로도 열리지 않는 상태였다.

보도에 따르면 어느 CAS 조사원이 도요타 사원에게 이 문제를 알렸다고 한다. 그런데 아무 반응이 없었다. 그러자 그는 이 사실을 소비자 잡지 〈컨슈머 리포트Consumer Reports〉에 터뜨렸고, 그 잡지는 이 문제에 관한 상세한 폭로기사를 내보냈다. 게다가 CAS는 캠리 운전자들이 차 안에 해머를 갖고 다닌다는 보도 자료까지 배포했는데, 그 이유는 갑자기 차가 물속에 빠지거나 화재가 나서 차 안에 갇힐 경우 창문을 깨고 탈출하기 위해서라는 것이었다.

이런 살벌한 보도가 잇따르자 도요타는 신속히 조치를 취했다. 문제의 1989년형 캠리에 대해 50만 대 이상 리콜을 단행한 것이다. 그 후 1992년에 3세대 캠리가 출시될 즈음에는 그 도어-록 이야기를 기억하는 사람은 거의 없었다. 그리고 미국에서 도요타의 명성은 한층 더 높아졌다.

하지만 도요타 내에서 그 사건은 심각하게 여겨졌다. 문제는 차문 고장이나 창문 잠김 같은 단순한 차원이 아니었다. 세계 어느 곳에서나, 특히 미국에서 신뢰받는 브랜드가 되려는 도요타에게 소비자 고발에 대한 대응은 훨씬 더 신속해야 했다. 부품 결함도 문제이지만 부적절한 대응은 더욱 큰 문제인 것이다.

중대한 원인은 미흡한 의사소통에 있었다. 차량 구조 책임자인 일본의 엔지니어와 차량 제작 책임자인 미국의 공장 관리자 그리고 마케팅 책임자인 미국의 영업사원들 간의 의사전달이 신통치 않았던 것이다. 1990년대 초만 해도 미국에서 도요타의 위상은 지금보다 훨씬 낮았고 도요타가 그런 대규모 품질불량 사건에 휘말린 것은 그때가 처음이었다. 또 도요타가 미국에 우수한 생산공장을 설립하기는 했지만 긴급 상황에 대처할 우수한 의사전달 체계는 아직 세우지 못했다. 당시에는 모든 엔지니어링 작업이 일본에서 이루어져서, 일본 바깥에서 일어난 문제들을 처리할 방안이 마련돼 있지 않았던 것이다.

파워도어-록 결함에 대한 늑장 대응문제로 한바탕 홍역을 치르고 난 일본의 도요타 경영진은 곧바로 교훈을 가슴에 새겼다. 도요타가 탁월한 글로벌 기업이 되려면 회사 전반의 의사전달이 원활해야 하고 현장의 소리를 가장 중요시해야 한다는 것이었다. 그래서 새로운 방안이 마련되었다. 즉 관리자나 간부들이 문제를 발견할 때마다 '코드를 잡아당기게' 하는 문제처리절차가 생겨난 것이다. 그 결과 도요타는 일본 본사의 권한을 미국으로 대폭 옮기고 우수한 의사전달 체계를 갖추면서 더욱 철저한 미국 기업이 되기 위한 커다란 발걸음을 떼게 되었다.

짐 프레스는 말한다. "성공에서는 배우지 못합니다. 실수가 우리의 스승이지요. 우리는 실수를 소중히 합니다."

대개 생산공정에서 생기는 실수의 근본원인은 제품 생산자에 있다기보다는 불량품을 공급한 부품업체에 있다. 한 예로 도요타가 1997년에 4세대 캠리를 출시하려 할 때, 내부 품질문제로 출고일이 60일가량 미뤄진 적이 있었다. 당시 도요타의 미국 영업팀은 그 신차를 목이 빠지게 기다리고 있었다. 일 년 가까이 딜러와 소비자들에게 신차를 홍보해왔기 때문이다. 그럼에도 그들은 신차의 출시 지연에 기꺼이 찬성했는데, 그것은 신차가 최대한 완벽에 가깝게 되길 바라서였다. 그런데 최종 출시일 10일 전에 한 부품업체가 차의 사이드미러에서 문제점을 발견했다. 결국 그 불량 미러가 이미 완성된 캠리 2,000대를 불량품으로 만들었고, 이 두 번째 출시 지연으로 더 큰 문제가 생기게 되었다.

도요타 북미영업팀은 캠리를 생산하는 조지타운 공장 책임자 알렉 워렌Alec M. Warren과 날마다 머리를 맞대고 해결책을 모색했다. 제 날짜에 출고해야 한다는 압력이 엄청났다. 신차를 달라는 고객들의 아우성에 딜러들이 죽을 지경이었기 때문이다. 그러나 이전의 캠리 리콜 사태에서 얻은 핵심 교훈 중 하나가 직능 간 협의의 필요성이었기에 그들은 진지한 논의 끝에 어려운 상황일수록 적극적이고 솔직하게 대처해야 한다는 결론을 얻었다. 그래서 불량 미러를 교체할 때까지 출고를 미루기로 결정했다. 워렌은 작업자들에게 그 문제를 설명했고 400명의 자원자가 참여해 하루 24시간 수리 작업에 매달렸다. 그래서 그들은 모든 미러를 신품으로 교체한 뒤 신형 캠리를 최대한 빨리 시장에 내놓을 수 있었다.

모든 해결책은 '문제'에서 출발한다

흔히 중간관리자나 하급 직원들은 주위 사람에게 좋은 소식을 먼저 보고한다. 대개 동료나 상급자가 좋은 이야기를 듣고 싶어 하기 때문이다. 하지만 도요타의 보고 지침은 '문제점 먼저'이다. 결함이 명확히 밝혀져야 전 작업팀의 문제해결 능력이 발휘되어 그 상황을 수습할 수 있다. 도요타에서는 한 순간이라도 문제점을 감추면 지속적 개선이라는 자신들의 지상 과제를 방해한 것으로 여긴다.

매일 나아지려면 문제점부터 먼저 알려야 한다. 언제나! 이것이 도요타 자동차 북미 연구생산본부의 대외업무 담당 부사장 제임스 와이즈만James Wiseman이 경력 초창기에 배운 교훈이다. 와이즈만은 좋은 소식은 항상 나중에 듣는 것을 철칙으로 하고 있다. 나쁜 소식부터 동료들끼리 충분히 논의한 다음 좋은 소식을 들으려 하는 것이다.

켄터키 토박이인 와이즈만은 1974년 사립명문 밴더빌트 대학에서 영문학을 전공하고 졸업한 뒤 여러 직장에서 일했다. 소규모 일간지에서 스포츠부 기자 생활을 하기도 하고 고등학교 영어교사 겸 풋볼 코치로 일하기도 했다. 1980년대에는 수영복 제조사의 공장장도 하고 금속 튜브 제작업체를 운영하기도 했다. 그러다가 켄터키 상공회의소의 회원이 되었고 후에는 그 조직의 책임자가 되었다.

상공회의소에 있을 때, 와이즈만은 좋은 소식을 먼저 알려서 모든 것을 긍정적으로 설명해야 했다. 그가 기자나 교사였을 때도 마찬가지였다. 문제는 공개하여 여럿이 토론하는 것이 아니라 혼자서 해결하는 것이었다. "언제나 신나는 소식만 찾고 있었습니다. 항상 대단하고 획기적인 성과만 찾았지요. '뭔가 근사한 걸 이루어야 잘한 거야' 식의 태도로 행동했고 모두들 그런 태도를 좋아했지요"라고 와이즈만은 말했다.

그러나 1989년에 도요타 조지타운 공장에 들어와 대내외 협력 업무를 담당하게 되면서 그는 도요타의 운영 스타일이 다른 기업과 전혀 다르다는 것을 느꼈다. 당시 조지타운 공장은 현재 도요타 자동차 회장이 된 조 후지오 사장이 이끌었는데, 도요타 최초의 미국 내 전용 생산시설이던 그 공장은 실수가 거의 없는 질서정연한 분위기였다. 와이즈만은 이전 직장에서처럼 매주 조 후지오 사장이 주재하는 임원회의에 참석했고 그럴 때면 보고할 성과 자료를 잔뜩 챙겨 가곤 했다.

물론 많은 회사들에서는 그런 긍정적 보고 자세가 환영받는다. 모두가 회의실에 모여 줄줄이 낙관적 보고를 쏟아내는 것이다. 우리는 이번 주에 '오피스 파티(기업에서 대개 크리스마스이브에 개최하는 파티-옮긴이)'를 열 예정이고 사상 최고의 행사가 될 거라는 둥, 이번 달에 초과근무수당을 줄였기 때문에 이윤이 2퍼센트 증가할 거라는 둥, 이번 분기에 우리 회사 매출액이 늘었으므로 모두에게 넉넉한 보너스가 돌아갈 거라는 둥….

하지만 이런 낙관적 보고가 조 후지오 사장이 이끄는 조지타운 공장에서는 통하지 않았다. 25년 이상 도요타식 운영방식과 도요타 이념을 연구한 조 후지오 사장은 창업주 도요다 사키치의 철학과 사무엘 스마일스의 저서에도 정통한 사람이었다. 그는 보수적 운영과 겸손의 신봉자였고 절대로 실수를 덮어두지 않는 성격이었다. 조지타운 조립공장을 일본의 도요타 공장들과 똑같은 수준으로 만들 책임을 맡은 조 후지오 사장은 매주 임원 회의에서의 경박한 실적 자랑 따위에는 관심이 없었다. 조 후지오 사장은 공장 가동을 방해하는 문제점들을 알고자 했고 간부진이 도요타를 더 나은 회사로 만들기 위해 노력하길 바랐다. 그는 간부들에게 골칫거리를 서슴없이 말하라고 하고는 그 내용을 열심히 경청했다.

와이즈만은 당시 경험에 대해 이렇게 말한다. "저는 거기 가서 약간의 성공담을 보고하기 시작했습니다. 어느 금요일이었는데 저는 우리가 해온 업무활동인 공장 확장에 관한 계획에 대해 아주 낙관적으로 이야기하고 있었습니다. 약간 허풍도 떨면서 말이죠. 2~3분 정도 말하고는 자리에 앉았는데 조 후지오 사장이 저를 빤히 바라보는 겁니다. 좀 어리둥절한 표정을 지으면서 말이죠. 그러더니 이랬어요. '제임스 씨, 우리 모두 당신이 뛰어난 관리자라는 것을 잘 압니다. 안 그러면 왜 우리가 당신을 채용했겠습니까? 그러니 이제는 우리에게 당신의 문제점을 말해주세요. 그래야 우리가 함께 그 문제를 해결할 거 아닙니까."

심지어 성공담을 이야기할 때도 조 후지오 사장은 고위 간부들에게 더 깊이 생각해서 개선할 점은 없었는지 찾아내라고 했다고 한다. 조 후지오 사장은 끊임없이 물었다. "더 잘할 방법은 없습니까?"

와이즈만은 말한다. "저는 드디어 이해하게 됐습니다. 그들이 말하는 '문제점 먼저'가 무슨 뜻인지 말이지요."

이 원칙을 회사의 최고 리더가 먼저 실행한다면 사원들은 그것을 쉽게 따를 것이다. 지금 도요타에서 이 원칙에 가장 충실히 사는 사람이 와타나베 가쓰아키 사장이다. 도요타의 최고 운영 책임자인 와타나베 사장은 2005년에 도요타를 전례 없이 새로운 차원의 수준으로 끌어올렸다. 당시 도요타는 본 궤도에 올라 수익이 하늘로 치솟아 포드와 GM을 추월하면서 세계 최대의 자동차 메이커로 등장했다. 와타나베는 5년 동안 어마어마한 원가절감에 성공하며 사장으로 취임했는데, 엄청난 수익에도 불구하고 도요타가 여전히 위험한 상황에 처해 있다고 주장했다.

도요타는 리콜을 망설이지 않는다

와타나베 사장은 CCC21 운동을 주도하여 도요타의 원가절감에 총력을 기울였다. 그런데 일부 전문가들은 그 운동 때문에 도요타의 장기적인 품질 경쟁력이 약화될 수 있다고 우려하기도 했다. 왜냐하면 와타나베가 사장으로 취임한 2005년에 도요타 차량의 리콜 대수는 사상 최고를 기록했던 것이다. 제품 결함의 원인은 주로 엔지니어링과 개발부서에 있었는데, 둘다 예산삭감이 가장 큰 분야였다. 2005년 10월에만 도요타는 동시 리콜 사상 일본 최고 기록을 세웠는데, 코롤라와 소형 SUV인 RAV4 같은 차량 127만 대가 헤드라이트 결함 때문에 리콜되었다.

뒤이어 미국에서 '스티어링 샤프트(자동차 조향장치의 일부 – 옮긴이)'의 결함으로 코롤라와 프리우스 하이브리드 차량까지 리콜하게 되면서 최고 품질을 자부하던 도요타가 엄청난 상처를 입게 되었다. 그렇다고 도요타 자동차의 품질이 경쟁사보다 나빠졌다는 것은 아니다. 도요타의 리콜 대수는 경쟁사들에 비해 여전히 낮은 수준이다. 문제는 원가절감 요구가 부품의 품질을 떨어뜨렸는데, 여러 차량에서 같은 부품을 공유하고 있기 때문에 한 부품이 불량일 경우 많은 차량에 악영향을 미친다는 데 있다. 2006년의 리콜 대수는 떨어졌지만 품질 문제는 계속해서 와타나베 사장을 고민에 빠뜨리고 있다. 그렇다. 수익은 사상 최고였다. 하지만 도요타는 원가절감이라는 명목으로 오랜 세월 쌓아온 찬란한 명성을 결국 위태롭게 한 것이 아닐까?

와타나베 사장은 회사의 좋은 소식에는 신경 쓰지 않는다. 그는 그 시점에 생긴 회사의 문제점들만 생각하는데, 그런 그의 생각을 아무도 바꿀 수 없다. 도요타 자동차의 품질이 낮아졌다는 사실에 당혹감을 느낀 와타나베 사장은 기자회견을 자청했다. 그리고는 머리를 조아려 사죄하며 이렇게 말했다. "도요타의 품질이 오늘의 우리를 만들었습니다. 우리는 절대 품질을 양보하지 않을 겁니다."

청중 앞에 나타나 기자회견을 하는 CEO들은 수없이 많다. 그런데 대다수는 자기 기업이 얼마나 위대한지, 어떤 기록을 세웠는지, 어떻게 새 시장을 개척했고, 어떤 식으로 선두주자가 되었는지 같은 성공담만 자랑스레 떠벌린다. 하지만 그런 큰소리치기는 와타나베의 방식이 아니었고 도요타의 방식도 아니었다. 와타나베 사장은 수많은 카메라 앞에 서서 용서를 구하고 먼저 문제점을 드러냈다. 그는 더 노력하겠다고 다짐하면서, 전 도요타 유럽영업 책임자를 신설된 품질담당 전무이사로 지명했다. 그렇게 와타나베 사장은 도요타 창업주의 증손 도요다 아키오에게 품질관리의 중책을 맡겼다. 안에서나 밖에서나 항상 조용한 성격인 그였지만 와타나베 사장은 품질문제를 과감하게 '위기'라고 소리쳤다. 와타나베 사장은 문제에 대한 자신의 생각을 이렇게 요약한다. "문제는 반드시 드러내야 한다."

'문제점 먼저' 원칙에 따라 와타나베 사장은 리콜을 절대 주저하지 말라고 지시했다. 도요타는 공세적인 자세를 취해 제품에 결함이 발견되면 바로 고객에게 알렸다. 와타나베 사장은 말한다. "조기 발견과 조기 해결이 핵심입니다. 저는 도요타 사람들에게 리콜을 망설이지 말라고 말합니다. 그건 고객에게 아주 중요합니다. 리콜 기간을 질질 끌거나 별일 아니라고 가볍게 봐서는 안 됩니다. 가장 중요한 건 자동차를 빨리 수리해서 고객의 괴로움을 덜어주려는 노력입니다."

전례 없는 번영을 누리면서도 경계를 늦추는 법이 없는 와타나베 사장이 내린 결론은 도요타의 경쟁사들이 앞으로 어떤 무기를 들이댈지 모른다는 것이다. 끊임없이 배우고 개선하는 자세에다 품질에 대한 집중적인 노력이 더해져서 도요타는 일찍이 경험하지 못한 고도의 수준에 도달했다. 원칙은 항상 똑같다. 끊임없이 개선하려는 노력, 충분한 연구, 그리고 철저한 낭비제거이다. 그런데 최근 또 다른 도구들이 추가됐는데 그것은 초기 제품 디자인의 단순화, 부품 공급업체와의 긴밀한 협력 등이다. 결국 와타나베 사장은 분명 도요타가 미래의 성공을 거머쥘 수 있다고 확신한다. 다만 그것은 문제들을 먼저 확실히 처리할 때에만 가능하다는 것이다.

와타나베 사장은 이렇게 말했다. "나는 이것이 핵심이라고 믿습니다. 품질개선 없이는 성장도 없다는 믿음을 우리가 철저히 지키는 것 말입니다."

진화하고 또 진화하라

인간의 뇌는 문제를 느끼지 않으면 지혜를 짜내지 않는다.

오노 다이치, 전 도요타 자동차 부사장

제대로 성장하려면 기꺼이 변화해야 한다. 도요타는 기존의 사업방식으로는 발전할 수 없음을 증명해 보였다. 시대는 변하고 사람도 변한다. 한 장소나 지역에서 효과적인 방법이 다른 지역에서도 효과적일 거라는 보장은 없다. 그렇기 때문에 도요타의 경영이념은 도요타 전 직원의 삶과 일에서 고매한 이상이지만 반드시 절대적인 것은 아니다. 지속적 개선을 위한 열망의 바탕에는 변화와 유연성이 깔려 있다. 끊임없이 학습하는 조직인 도요타는 어제 어떤 방식이 좋은 결과를 가져왔다고 해서 내일도 그 방식이 최선의 결과를 보장하는 것은 아니라는 사실을 알고 있다.

도요타의 역사에서 이 사실을 보여주는 대표적 사례가 TPS 시스템을 미국에 도입하기 위해 설립한 NUMMI 합작법인이다. 1984년에 NUMMI 공장이 가동되었을 때, 도요타의 일본인 조직과 최고 경영진의 문화는 미국 자동차 메이커들의 그것과 크게 다르지 않았다. 도요타의 고위 중역들은 대개 개인사무실을 두고 넥타이에 정장차림을 한 채 운전사가 모는 자가용으로 출근했다. 그런 스타일로 미국에 들어온 것은 자연스럽고 어쩌면 반가운 일이었을지도 모른다. 특히 위계질서가 확고히 자리 잡힌 미국 '빅 3' 기업의 엄격한 상하관계에 비추어보면 더욱 그렇다.

1984년 당시 세계 최대 자동차 메이커였던 GM의 본거지인 디트로이트에는 권위적 분위기가 만연했고 오만함이 넘쳐흘렀다. 오만함은 GM 중역들의 양복 생산공장, 사교클럽, GM의 엘리트들이 모이거나 영향력을 행사하는 모든 곳에 퍼져 있었다. 그 결과는 역겨운 '간부들의 특권과 우월의식', '세상이 변하고 있음을 인정하려 들지 않는' 경영진의 아집이었다.

1970년대 말 미국 자동차시장은 변화하기 시작했다. 그 무렵 미국 소비자들은 일본산 수입차들, 특히 도요타 자동차를 좋아하기 시작한 것이다. 이런 추세는 1980년대에도 이어졌고, 오일 쇼크로 인해 소비자들의 관심이 연비가 우수한 외제차로 쏠리면서 한층 더 뚜렷해졌다. 디트로이트의 자동차 생산자들은 미국에서 도요타 자동차가 잘 팔리는 이유를 그저 값이 싸고 소형이기 때문이라고 여겼다. 또한 자동차업계의 생산·품질 부서에는 냉소주의가 팽배해 있었는데, 그런 분위기는 다음과 같은 미국인들의 주장에서 여실히 드러났다. "우리가 다 가르쳐준 거야."

이런 우월감은 최초의 도요타 자동차인 30년대 모델 AA가 GM의 시보레를 모방한 차라는 점과 도요타 간부들이 1950년대에 한동안 포드 공장에 와서 배웠다는 사실에서 비롯된다. 도요타 간부와 엔지니어들은 포드의 시스템에서 모든 장점을 빨아들여 '린 생산방식'을 만든 뒤 재빨리 더 우수하게 개량했다. 소비자들은 일제차를 전보다 더 많이 구매하고 있었고, 미국 자동차 메이커들은 일본 자동차 간부들을 향해 노골적으로 분노를 터뜨리기 시작했다.

이런 상황이었으니 만일 도요타가 1984년 미국에 와 NUMMI 공장을 가동했을 때 조금이라도 겸손한 태도를 보이지 않았더라면 엄청난 대가를 치렀을 것이다.

진정한 적응은 겸손함에 시작한다

도요타는 TPS를 GM 간부와 직원들에게 가르치는 임무를 맡았고 미국에서 가장 우수한 기업이 되려면 간부와 경영자들이 변해야 한다는 확고한 믿음을 갖고 있었다. NUMMI 가동 첫째날부터 도요타 직원들의 자세는 설교자가 아니라 교사에 가까웠다. 도요타 경영진은 미국인들이 TPS를 '크게 개선된 능률적 생산공정'으로 보기를 바랐다. 그들은 미국 작업자들에게 개인이든 집단이든 일본인이 그들보다 더 우수하다는 인상을 주지 않으려고 노력했다. 그들은 도요타 방식에만 관심을 집중하려

한 것이다. 그래서 NUMMI에 온 도요타의 최고경영진과 간부들은 정장과 넥타이를 벗어던지고 모두 똑같은 유니폼을 입고 다녔다. 또 그들은 고위임원용 개인주차장을 마다하고 공장 내 일반주차장을 선착순으로 이용했고 책상들을 널따란 사무실에 함께 배치하여 모든 종업원을 동등한 직장 동료로 대우했다.

창업주의 손자인 도요다 다쓰로가 NUMMI 경영진의 한 사람으로 일했다는 것은 유별난 일도 아니다. '실용적으로 행동하되 경솔함을 피하라', '온화하고 가정적인 분위기를 만들려고 노력하라' 같은 창업 정신은 도요타가 미국에서 생산을 시작한 첫날부터 유감없이 발휘됐다. 이런 자세의 목적은 엘리트 의식과 독선적 리더십을 없애고 최대한 민주적 환경에서 실질적 가르침을 전하기 위함이었다. 어느 NUMMI 중역의 표현에 따르면 도요타가 새로운 사업을 시작할 때는 "꼭 교회 하나를 세우는 것 같다"고 한다. 조직을 만들고 사람들을 모은 다음 모두에게 가르침을 전하기 시작하며, 원칙을 통일시킨다. 물론 일본에서는 도요타도 미국 기업과 같이 전통적 노사간 위계질서에 근거한 방식으로 회사를 운영했을지 모른다. 그러나 미국에 온 도요타 간부들은 기꺼이 변화했다. 그들은 관심의 초점을 개별직무가 아닌 전체 시스템에 모으기 위해 새로운 운영방식이 필요하다는 강한 믿음을 갖고 움직였다.

전용주차장이나 호화로운 간부사무실 같은 물리적 장벽을 없앰으로써 NUMMI의 도요타 리더들은 그 합작회사의 주된 초점을 사람과 업무 프로세스에 맞추었다. 한편 GM과 포드 같은 글로벌 경쟁사들은 계속해서 과거의 방식을 고집했다. 그들은 반세기 이상 사용했던 동일한 운영방식을 그대로 유지했는데, 미국 '빅 3'의 공장들에 만연한 심각한 노사 관계는 이 사실을 보여주는 대표적 사례이다. 원래 20세기 초에 노동자들을 보호하기 위해 생겨난 노동조합 제도가 점차 노동자와 경영자 간에 거대한 장벽을 만들었다. 이 문제는 제대로 관리되지 않은 채 20세기 후반으로 이어져 미국의 강성 자동차노조를 탄생시켰다.

미국에 온 도요타의 키워드는 '적응'이었다. 도요타 간부들은 NUMMI에 도입된 독특한 변화들을 따르면서 몇 년에 걸쳐 더욱 엄격한 조치들을 취해나갔다. 가령 남성 위주 사업계의 흔한 취미인 골프를 그만뒀고 일부 직원들이 반발할 우려가 있는 몇몇 옥외 활동들을 제외했다. 한 예로 도요타는 미국 공장 근로자들에게는 아침 건강 체조를 시킨 적이 없는데, 일본에서는 그 체조를 지속하면서도 미국에서는 실시하지 않았다.

미국과 해외의 여러 시장에서 현지에 맞춰 변화하는 도요타의 적응능력이 아마 '도요타 웨이Toyota Way'의 핵심요소 중 하나일 것이다. 도요타를 연구하는 많은 전문가들이 놓치는 부분이 바로 이것이다. 흔히 사람들은 도요타가 일본 전통만을 철저히 고수하는 기업이라고 생각한다. 하지만 사실 도요타는 미래를 위해 변화가 필요할 때는 적응해나갈 뿐 아니라 기꺼이 진화하는 기업이다. 그렇기에 GM, 포드, 크라이슬러가 과거의 생산방식을 고집하며 경영진과 근로자 간에 장벽을 쌓은 채 까마득한 거리감을 유지한 반면, 도요타는 자꾸 변모하면서 직원들의 자율권을 높이고 경영진의 권한은 축소하는 독특한 미국형 시스템을 개발했다.

전 도요타 자동차 북미법인 중역 데니스 쿠네오는 말한다. "바로 이것이 도요타가 어떻게 시장을 보고 거기에 어떻게 적응하는지 보여주는 좋은 사례입니다. 도요타는 시장을 바라보고 무엇을 해야 할지 알아냅니다. 그것이 도요타 시스템의 장점이지요. 그들은 사람을 귀하게 여기고 현지 문화에서 중요시하는 것은 무엇이나 존중합니다."

배우고 싶다면 먼저 변화부터 시작하라

최고의 교사는 최고의 학생이기도 하다. 도요타의 기업문화는 단순히 하나가 옳다는 데 그치지 않고 한결같은 원칙을 적용하여 결국 그 옳은 것이 널리 퍼지도록 만든다. 따라서 1980년대 초에 도요타가 최고 생산기술자와 간부들을 미국에 보내 GM의 관리자와 근로자들에게 TPS를 가르쳤을 때, 도요타의 주요 목표와 노림수는 그들 역시 GM에게서 배우겠다는 것이었다. 충고를 충실히 받아들이고 GM 직원들을 예리하게 관찰하면서 모든 기회를 활용해 배우려 한 것이다.

일본인의 작업장은 어수선한 미국의 작업장과 상당히 다르다. 미국인은 작업할 때 동료와 개인적 대화도 나누고 상대의 공간을 들락거리기도 하지만, 일본에서는 직장에서 사적인 잡담을 하는 것을 좋지않게 여기기 때문에 작업장의 분위기가 엄격하면서 질서정연하다. 초창기 어느 직원의 말에 따르면 NUMMI의 미국인 관리자들은 도요타 직원들이 문화 차이를 극복하도록 도우려 했고 일본인들 역시 미국 문화를 열심히 배우려 했다고 한다.

처음 NUMMI에 파견된 GM 관리팀의 일원이었던 스티브 베라는 말한다. "한번은 제가 어느 일본인 이사의 초대를 받고 그의 집에 식사를 하러 갔습니다. 그런데 이사의 부인이 남자들과 함께 식탁에 앉지 못하는 거예요. 만일 어떤 사람이 제 아내를 못 앉게 했으면 제 아내는 그 사람을 식탁 위로 집어던졌을 겁니다. 그러나 그것은 일본의 관습이었지요."

또 한번은 베라가 어느 직원이 연 디너파티에 참석했다고 한다. 거기에는 일본인 부부 여덟 쌍과 미국인 부부 여덟 쌍이 초대되었는데, 오자마자 일본인 남성들은 모두 아내들을 그냥 두고 한 테이블에 모여 이야기를 나누는 것이었다. 그런데 베라의 아내는 그 남자 손님들 틈에 끼어들어 같이 대화를 나눴다고 한다. 그리고 식사가 끝나고 당구 게임을 시작하는데, 베라의 아내가 또 일본인 남자들 사이에 끼어드는 것이었다. 베라의 말로는 그들이 언짢아하는 정도는 아니었지만 다소 황당한 표정이었다고 한다. 하지만 곧 도요타 직원들은 금방 미국 관습에 따라 스스럼없이 어울렸고 문화 차이에 적응하기 시작했다고 한다.

베라는 말한다. "그들은 깨달은 듯 보였습니다. 사람은 멋지게 성공하여 근사하게 활동하면서도 사교적으로 부드러울 수 있다는 사실을 말이지요. 20년 후에 한번 보세요. 의복, 행동….
도요타는 영락없이 미국 회사일 겁니다.”

도요타는 21세기를 향해 다가가면서 미국이 직면한 온갖 문
제와 급변하는 국제정세를 면밀히 관찰했다. 이를 통해 도요타
는 미국과 전 세계 앞에 놓인 현실과 과제에 더 적절히 대응하
는 기업으로 성장할 수 있었다. 2001년에 터진 무시무시한 9/11
테러, 불안정한 중동 정세, 환경에 대한 우려, 그리고 화석연료
가 한정돼 있고 언제 고갈될지 모르는 현실을 보면서 소비자들
은 그 어느 때보다 도요타 같은 기업을 좋아하게 됐다. 명확한
철학을 가지고 미래에 대한 비전에 따라 행동하는 도요타 같은
기업을 말이다.

테네시 주 하원의원 잭 왐프Zach Wamp는 미 하원 재생에너
지 연구모임을 이끄는 공화당 의원이다. 그는 미국이 외국산 석
유의 의존도를 줄이고 환경문제에 제대로 대처해야 한다고 주
장하는 대표주자로 유명하다. 2006년에 왐프 의원은 전 도요타
자동차 간부 데니스 쿠네오와 도요타 미국판매법인 CEO 후노
유키토시Funo Yuki 회장을 만났다. 그것은 신설되는 도요타의
조립공장을 자기 지역에 유치하기 위한 만남이었다. 도요타야
말로 21세기 현실에 가장 착실히 대비하고 있는 자동차업체라
고 확신하던 왐프 의원은 그 만남을 통해 더 열렬한 ‘도요타 웨
이’ 지지자가 되었다. 그는 미국 자동차회사들이 혼돈 속을 헤
매고 있는 동안 도요타의 리더들은 ‘이미 깨달았다’는 것을 느
꼈다고 한다.

왐프 의원은 말한다. "GM과 포드는 머리를 모래 속에 파묻고 세계에서 벌어지는 일들을 외면하는 격입니다. 그들 기업들은 더 일찍 정신 차려야 했어요."

반면 도요타는 최초로 상업용 하이브리드 엔진 승용차를 시장에 내놓으며 미국 사회에 대체연료 문제를 일깨웠다. 게다가 그 최초 하이브리드 차량은 우수한 성능을 갖추고 있어 하이브리드 차량으로 바꾸고 싶은 소비자들이 포기해야 할 기능이 별로 없음을 분명히 보여주었다. 왐프 의원의 표현을 빌리면, 그 결과 포드와 GM은 '도요타에게 자기 머리를 갖다 바친 꼴'이 되었다. 소비자들은 기록적인 구매로 호응하면서 도요타를 미국에 물건을 팔아먹는 외국 기업이 아니라 진짜 미국 회사로 대접했다.

그 증거가 무엇인지 궁금한가?

2006년 도요타는 〈포춘〉지가 선정한 '가장 존경할 만한 미국 기업' 10위 안에 들어갔다. 외국계 회사로는 유일하게 들어간 도요타는 제너럴일렉트릭General Electric, 스타벅스Starbucks, 델Dell, 버크셔해서웨이Berkshire Hathaway 등과 나란히 이름을 올렸다. 이 10대 기업 명단은 오늘날의 글로벌 환경에서 가장 중요한 것이 적응력임을 보여준 증거이기도 하다.

도요타는 현지화를 통해 무엇을 얻었나

기억해야 할 것은 우리가 무엇을 받았느냐가 아니라
무엇을 되돌려 줬느냐다. 기업도 마찬가지다.
우리는 미국뿐 아니라 우리가 가는 곳은 어디든 재투자하여
스스로 일어설 수 없는 이들을 도우려 한다.

짐 프레스, 도요타 자동차 북미법인 사장

세계 최대의 건축물도 한 번에 하나씩 돌을 쌓아서 만든다.
자동차 역시 한 번에 하나씩 부품이 조립되어 만들어진다. 수많
은 부분들은 작고 하찮아 보일지 몰라도 그 하나하나에 세심하
게 주의를 기울일 때 비로소 전체 구조물이 제대로 완성된다.
마찬가지로 도요타는 세계를 독특하고도 중요한 부분들로 이뤄
진 하나의 복합체로 보면서 세계를 이루는 요소들에 세심한 관
심을 기울여왔다. 이런 관점을 바탕으로 도요타는 각 지역의 작
은 사업체들이 모여 하나의 통일체를 이룬 막강한 글로벌 기업
으로 성장했다.

불과 30년 전만 해도 도요타는 평범한 일본 회사였다. 세계 곳
곳에 자동차를 팔면서도 운영이나 공동체를 위한 재투자 대부분

이 일본에서만 이루어졌다. 그러나 현재 도요타는 캘리포니아에 GM과 합작 공장을 설립하고 미국에 10곳 이상의 생산기지를 건설했다. 게다가 유럽, 브라질, 중국 등지에도 공장을 세워나가면서 세계적인 조직으로 성장했고 그 결과 도요타는 일본 중심의 편협성에서 벗어날 수 있었다. 세계 곳곳에 지역 거점들을 구축해 가면서 도요타는 글로벌 파워를 조금씩 키워나갔던 것이다.

그저 하나의 집합체였던 도요타는 강력하고 독립적인 수많은 부분들로 이루어진 다국적 복합체로 변모했다. 이 역동적 변신을 통해 도요타는 글로벌 자동차산업의 정상으로 올라섰을 뿐 아니라 세계에서 가장 우수하고 존경받는 제조업체 중 하나라는 명성을 얻게 됐다. 그리고 이것이 도요타를 단순히 일본 기업으로만 볼 수 없는 이유이기도 하다.

도요타의 리더들은 도요타가 완전히 현지에 적응하여 일본 기업을 넘어 세계적 기업이 됐다는 데 모두 동의한다. 미국에서 도요타는 완전히 미국적 기업이 되었고, 유럽에서는 유럽식 회사가 되었으며, 브라질에 가서는 완전히 브라질화되었다는 것이다. 이런 변신은 각 지역으로 들어갈수록 더욱 심화된다. 켄터키 주에 있는 도요타 공장은 더없이 켄터키식 시설이고, 샌안토니오에 있는 툰드라 생산공장은 영락없는 텍사스 회사다. 현지에 적응하여 현지인과 지역 사회에 봉사한다는 원칙은 도요타 '인간 존중' 정신에 뿌리박고 있다. 그 결과 사람, 프로세스, 기술적 시스템이 어우러진 유연한 조직이 생겨났고 그것이 지역 사회에 기여하면서 전 세계에 막강한 기반을 다졌다.

　지난 30년에 걸쳐 도요타가 일개 일본 회사에서 탄탄한 글로벌 기업으로 변모한 데는 꽤 아이러니한 면이 있다. 도요타 같은 일본 자동차회사들이 현지에서 직접 차를 생산하도록 먼저 부추긴 쪽이 다름 아닌 미국의 '빅 3'이기 때문이다. 1980년대 초에 미국 3대 자동차 메이커들은 외국 자동차회사들이 인건비와 물가가 낮은 곳에서 차량을 생산해 미국에 들여오는 것이 불공정하다며 엄격한 통상법을 만들라고 아우성쳤다. 그들의 주장에 따르면 이런 불공정 경쟁 때문에 미국의 자동차회사들이 시장에서 승리할 수 없다는 것이다. 그리고 "우리가 그들에게 자동차 만드는 법을 가르쳐줬잖아!" 라는 식의 태도가 GM과 포드 같은 미국 자동차회사들 사이에 팽배해 있었다. 이 두 기업은 도요타가 그저 자기 회사들의 영업 비밀을 가져다 연구하고 개량해서 더 유리한 환경에서 자동차를 만들고 있는 것뿐이라고 주장했다. 이에 따라 미국과 몇몇 유럽 국가들은 일본 회사들이 자기 나라에 들여와 팔 수 있는 수입 물량을 제한하기에 이르렀다.

　한편 도요타는 이런 수입제한 조치에 대응하여 치밀한 검토 끝에 자동차를 미국 현지에서 생산하기로 결정했다. 일단 NUMMI 합작법인의 경험으로 미국에서도 고품질의 자동차 생산이 가능함을 확인하자 도요타는 자동차 조립공장 같은 인프라 건설을 통한 미국 시장 진입을 확정했던 것이다. 그러면서 미국에서 제품을 생산할 뿐인 일개 일본 회사를 뛰어넘어 언젠가는 코카콜라나 포드 자동차 같이 완전한 미국 기업이 되겠다는 목표를 세웠다.

지역 사회에 공헌할 때
진정한 현지화가 이루어진다

포드의 창업가문은 자선사업으로 유명했고 포드 자동차는 오랜 세월 동안 지역 사회와 국가에 상당한 기여를 해왔다. 자동차를 몰고 포드의 발생지 미시간 주 디트로이트를 지나가다보면 몇 킬로미터마다 한 번씩 포드 자동차의 로고와 마주친다. 포드의 로고는 학교나 병원, 도심지 건물에 이르기까지 없는 곳이 없다. 그런데 최근에는 포드사의 수익이 줄어들면서 이전과 같은 대규모 자선이 눈에 띄게 줄어들었다. 사정은 GM도 마찬가지다. GM의 탄생지이자 '뷰익 시'의 본거지이기도 한 미시간 주 플린트에는 1984년에 GM이 일본 도요타 시를 본 따 건설한 어마어마한 생산 복합단지가 형성돼 있다. 플린트에는 길거리 모퉁이마다 GM의 공로를 선전하는 광고판들이 늘어서 있다. 하지만 플린트에서도 디트로이트처럼 광고판들이 대부분 낡고 허름한데 이는 최근 들어 기업의 지역 사회에 대한 대규모 기부가 매우 드문 일이 돼버렸음을 의미한다.

반면 도요타는 미국과 세계 곳곳에 진출한 이후 그들과는 전혀 다른 길을 걸어왔다. '국가의 복지와 발전에 이바지하기'를 강조하는 창업정신을 바탕으로 도요타는 각 지역의 운영조직과 생산시설을 하나의 작은 '본사'로 여기면서 그곳 지역 사회에 상당한 시간과 자금을 쏟아 부었다. 도요타는 미국 진출 최초 공장이 위치한 켄터키 주 조지타운을 일본 도요타 시에 못지않게 중요시하여 지금도 상당한 투자를 하고 있다.

하지만 현지화는 그저 자금 투입만을 의미하는 것이 아니다. 가령 조지타운 공장에는 자체 웹 사이트가 있는데, 거기에는 일본 도요타에 관한 내용은 별로 없고 마치 그 공장이 독자적으로 성공한 미국 회사인 것처럼 그곳 소식과 작업자들의 근황으로 넘쳐난다. 도요타는 지역 공교육에도 상당한 금액을 투자했고 미국인 근로자들은 조지타운 공장에서 최고급 일자리를 얻었다. 이런 상황은 호주, 캐나다, 유럽, 브라질 등지의 공장에서도 마찬가지다. 도요타는 세계에 자신들의 세력을 늘리는 것을 하나의 청사진으로 삼는데, 그것은 수백 혹은 수천 개의 작은 과제들을 차근히 실행하고 그것을 바탕으로 성장하겠다는 그들만의 비전이다. 만일 한 가지라도 소홀히 하면 전체 구조가 흔들릴 것이다. 도요타는 수많은 개별 부분들에 초점을 맞추면서도 이 거대한 청사진을 유지해왔다. 그리고 이것은 도요타를 진정한 글로벌 기업으로 변모시킨 하나의 비결이 되었다.

도요타의 영업 철학은 판매 규모가 적당한 수준에 이르면 자본을 투자하여 현지에서 제품을 생산하는 것, 그리고 현지 시민으로서 지역 사회에 기여하는 것이다. 바로 이런 이유로 도요타는 2008년까지 북미에서만 연간 2백만 대에 달하는 자동차 생산 능력을 갖추고자 한다. 불과 20년 전에는 한 대도 생산하지 못하던 지역에서 말이다.

미국에 있는 도요타의 생산 시설은 텍사스 샌안토니오, 켄터키 조지타운, 인디애나 프린스턴에 위치해 있고 이 책을 쓰는 현재 미시시피 투펠로*Tupelo*에도 도요타의 새 공장이 건설 중이다. 세계 곳곳에 세워진 많은 공장들의 이른바 '모(母) 공장'이라 할 수 있는 도요타 시 모토마치 생산공장의 중앙 통로를 걸어보라. 그곳과 똑같은 시설을 갖춘 공장들이 건설된 수많은 나라의 국기들과 환하게 웃는 현지 근로자의 사진들이 인상적일 것이다. 실제로 각각의 공장들은 독자적으로 발전하여 그 지역의 공동체에 공헌하도록 돼 있다.

오늘날 도요타의 영업방법은 1970년대의 접근방식과 전혀 다르다. 당시 일본에서 효과적이던 도요타의 판매 전략은 자동차를 한번에 한대씩 고객에게 직접 파는 것이었는데 거의 집집마다 직접 찾아다니는 진공청소기 세일즈맨과 비슷했다. 그러나 도요타는 곧 새로운 전략으로 영업을 하기 시작했다. 즉 자동차는 도요타의 이름 아래 대량판매하되 고객과 공동체를 확보할 때는 예전과 같이 도요타가 직접 파는 것이 아니라 다른 경로를 통해 그 집단에 개별적으로 접근하는 식이었다. 이것은 각각의 지역 시설이 거대한 도요타 연합체 안에 속하더라도 각각의 시설이 모두 독자적 지위를 갖도록 하는 방식이다. 그 결과 도요타는 100개가 넘는 나라에서 연간 2천억 달러 이상의 매출액을 올리는 번영을 누리고 있다.

지난 50년 간 도요타가 미국에서 어떤 길을 걸어왔는지 살펴보자.

- 1950년대와 60년대에는 '빅 3'(GM, 포드, 크라이슬러)가 미국 전체 자동차의 90퍼센트를 생산했다.
- 1957년, 도요타가 처음으로 미국에 자동차를 수출했고 이 당시 팔린 차량은 고작 300대에 불과했다.
- 1984년, 도요타는 미국에서 자동차 80만 대를 판매했지만 미국 내 생산 차량은 한 대도 없었다.
- 1990년, 1986년에 미국 내 첫 전용 공장을 설립한 이후 미국 자동차 판매량 1백만 대를 돌파하여, 시장점유율이 10퍼센트에 도달했다. 하지만 그중 상당수가 일본산 수입차였다.
- 2005년, 도요타 자동차 160만 대가 미국에서 생산되었다.
- 2008년까지 도요타는 미국 내 생산 능력을 2백만 대로 높일 예정이다.

세계화는 철저한 현지화에서 비롯된다

그러면 이처럼 짧은 기간에 이런 성과를 이룬 도요타의 비결은 무엇인가?

고객들은 현지 지역 사회에 적극적으로 동화되는 기업에 훨씬 더 친근감을 느낀다. 다시 말해, 영업 사무소를 설치하는 것보다는 사업적으로 지역 사회와 끈끈한 협력 관계를 구축하는 것이 더 중요하다는 것이다. 조지타운 공장은 켄터키 주 루이빌 시에서 수 킬로미터 떨어진 외곽 지역에 자리 잡고 있다. 이 공장은 세계 최고의 자동차 생산공장 중 하나로 손꼽힌다. 조지타운 공장의 공식 명칭은 '도요타 자동차 켄터키공장*Toyota Motor Manufacturing Kentucky(TMMK)*'인데 1986년에 완공된 이후 권위 있는 조사기관 〈J.D. Power and Associates〉의 우수품질상을 여덟 차례나 받으면서 미국에서 최다 수상 공장에 속하게 됐다.

약 7,000명의 종업원이 4~5개 조로 나뉘어 작업하며 쉴 새 없이 돌아가는 도요타 조지타운 공장은 부지 면적 65,000여 제곱미터의 시설에서 연간 50만대 이상의 자동차를 생산하고 있다. 전 공정이 TPS의 '칸반 시스템'으로 이루어지는 이 공장에서는 캠리 한 대를 조립하는 데 시작에서 완성까지 20시간이면 끝난다. 이 공장은 사용하는 부품의 75퍼센트 이상을 북미 부품업체들에서 직접 공급받고 있어, '파는 곳에서 만든다'는 철학을 지닌 도요타의 현지화를 잘 보여주고 있다. 조지타운 공장이 가동에 들어간 이후 켄터키 주 정부는 그곳에서 15억 달러가 넘는 세금을 걷었다. 도요타는 사무엘 스마일스의 다음과 같은 책임론을 실천에 옮기고 있다. "가장 고매한 의미의 셀프-헬프 *Self-Help*는 주위 이웃을 돕는 것이다."

아마도 도요타의 현지화 사례 중 가장 유명한 것은 스코트 카운티 교육위원회에 2,700만 달러의 세금을 대납해준 경우일 것이다. 1988년에 조지타운 공장을 확장할 때, 도요타는 산업세입채(産業歲入債, IRB)를 발행하여 필요한 재원을 조달했다. 이렇게 채권 발행방식으로 건설 공사를 진행할 경우 재산세가 면제되지만 도요타는 이 돈을 자진해서 스코트 카운티 교육위원회에 기부금을 내기로 결정하고 위원회가 2008년까지만 납부하면 되는 거액의 세금을 미리 대신 납부해주었다. 또 도요타 조지타운 영업소는 공장 가동 후 켄터키 지역에 2,000만 달러 이상의 직접 투자를 별도로 시행하기도 했다. "이제 도요타는 켄터키 사회의 한 가족으로 인정받고 있습니다"라고 데니스 쿠네오는 말한다.

짐 프레스는 도요타가 미국에서 영업하는 외국 회사일 뿐이라고 헐뜯는 비방자들에게 도요타가 미국에 기여한 바를 한번 살펴보라고 말한다. 지난 몇 년간 매년 4,000만 달러 이상씩 기부하는 것을 포함해서 미국에 직접 기부한 금액만 해도 3억 달러가 넘는다. 도요타가 비(非)미국계 회사라며 깎아내리는 경쟁사들의 아우성에 대해 프레스는 급변하는 글로벌 경영 환경을 생각지 못하는 구시대적 발상이라고 일축한다.

"저는 캔자스에서 성장했고, 그곳은 더없이 미국적인 곳입니다. 우리 도요타는 미국 회사와 조금도 다르지 않습니다. 우리는 글로벌 세계의 글로벌 기업입니다."

일본 도요타의 와타나베 가쓰아키 사장은 도요타가 현지의 특성과 환경에 충분히 적응하여 철저히 현지화될 때 더욱 세계화된 기업이 된다고 말한다. 어느 날 갑자기 들어와 공장을 세우고 작업자들에게 일본식 운영에 무조건 따르라고 다그치는 것은 효과가 없다. 그래서 NUMMI 합작법인을 세울 때 그랬듯이 도요타는 새로운 지역에 신규 회사를 설립할 때마다 그곳의 관습과 지역 사회를 최대한 존중하려고 노력한다. 하지만 도요타가 모든 계열사에서 통일시키려 하는 것이 딱 하나 있는데, 그것은 바로 기업 이념이다. 도요타의 운영철학은 조직의 사명을 완수하기 위해 전 세계 모든 '도요타 맨'이 지켜야 할 기준이다. 따라서 도요타는 일본적 색채는 완전히 배제한 채, 도요타 시스템을 모든 문화를 뛰어넘는 하나의 운영 원칙으로 만들기 위해 심혈을 기울이는 것이다.

각 나라의 지역 사회에 적응하는 것은 결코 만만한 일이 아니다. 가령 인도에 진출한 도요타는 미국에서와는 전혀 다른 문화 장벽에 부딪쳤다. 흔히 인도인들은 비판에 아주 민감해서 문제 발견을 통해 지속적 개선을 추구하는 도요타 문화에 저항하고 작업의 완료 시간도 별로 신경 쓰지 않는다. 하지만 도요타는 엄청난 노력을 기울여 인도 자회사를 현지화했고, 그 결과 여느 지역처럼 인도의 '기업시민(corporate citizen, 기업의 사회적 책임과 역할을 강조한 용어-옮긴이)'으로 자리 잡았다. 특히 도요타는 최근에 2억 달러 이상을 인도에 투자하여 여러 합작회사들을 설립함으로써 인도의 부품업체들이 글로벌 경쟁력을 갖추도록 만들었다. 이렇게 도요타는 인도에서 제작되는 자동차에 현지 부품의 사용률을 높이려 노력하면서 진정한 인도 기업이 되어가고 있다.

마찬가지로 도요타는 프랑스에도 자동차 조립공장을 설립했는데 그 공장은 일본 자동차 설비로는 프랑스에 세워진 유일한 시설이다. 프랑스와 일본의 문화 차이는 엄청나게 커서 합작 사업은 불가능해 보였다. 한 예로 일본의 '샐러리맨'은 장시간 근무로 유명하지만, 프랑스에서는 모든 직종에 주당 35시간 근무가 일반적인 것이다. 하지만 도요타는 이런 심각한 문화 장벽이 있다고 해서 '제품을 현지에서 만들어 판다'는 원칙을 포기하지 않았다. 도요타는 공장을 지은 다음 무조건 프랑스인들에게 적응하도록 강요한 것이 아니라 절충안을 찾았다. 프랑스 북부 도시 발랑시엔Valenciennes에는 매년 20만 대 이상의 차량이 생산되는 도요타의 조립공장이 있는데, 이 공장 종업원들은 프랑스어와 영어가 섞인 혼성어를 사용한다. 이는 도요타의 생산 시스템을 다문화 지역에 적용하기 위한 방안이다. 또 프랑스 사회에 더욱 동화되기 위해서 도요타는 남부 해안도시 니스Nice 근처에 디자인 센터를 세우고 유럽인의 취향에 맞는 자동차를 개발하고 있다.

하지만 이런 노력들 중에서도 가장 인상적인 것은 도요타가 프랑스 작업자들에 맞춰 인력관리 지침을 수정한 사실이다. 흔히 프랑스의 주당 35시간 근무 관행은 외국 업체의 운영에 크나큰 장애로 여겨지는데, 도요타는 그 나라의 전통과 갈등을 빚기보다는 그것을 감안하여 운영 계획을 세운 것이다. 오늘날 발랑시엔 공장에는 4,000명의 종업원이 일하고 있고 파리 샹젤리제 거리에는 휘황찬란한 자동차 전시장 '르 랑데부 도요타Le Rendez-Vous Toyota'가 들어서 있다.

우리는 묻고 묻고 또 묻는 사람이 필요합니다

자회사를 다 합쳐 전 세계의 도요타 종업원은 거의 30만 명에 이른다. 그런데 그 중 일본에서 일하는 직원 수는 약 7만 명으로 전체의 4분의 1도 안 된다. 기노시타 미쓰오 부사장은 말한다. "성장을 지속하려면 각각의 현지 회사는 독자적으로 운영돼야 합니다."

도요타는 일본에 전 세계 엘리트 직원들을 위한 교육 기관을 설립하여 그들이 더욱 철저히 현지화될 수 있도록 돕고 있다. 수십 년 전 도요타가 거의 일본에서만 활동하던 시절에는 신입 사원들이 고참 직원들에게서 직접 기업 이념을 배웠다. '도요타 연구소'의 책임자인 고니시 고키는 1980년대에 자신이 도요타에 입사했을 당시 상사가 경력이 42년이나 된 원로 사원이었다고 한다. 그를 통해 고니시는 도요타의 운영방식을 어렵잖게 깨우칠 수 있었다.

1990년대 말에 회사가 급속히 팽창하자 당시의 조 후지오 사장은 '도요타 연구소'를 설립했는데, 그곳은 도요타 정신을 교육하는 일종의 '글로벌 신경 중추'에 해당한다. '도요타 연구소'는 연중 내내 세계 곳곳에서 온 도요타 직원들을 교육시킨다. 그런데 이 기관의 목적은 직원들에게 몇몇 규칙들을 억지로 주입하여 직원들이 그것을 현지 회사에 적용하도록 만드는 것이 아니다. 그보다는 도요타의 생활방식, 다시 말해 오랫동안 무에서 유를 창조해온 도요타 정신을 심어주기 위한 것이다. 현지의 관습이 어떠하든 최고의 업무방식이 무엇이든 간에 '도요타 웨이'란 그저 날마다 조금씩 개선해가면서 현지 사회에 공헌하는 것을 의미한다. 따라서 '도요타 연구소'의 사명은 사원들이 지닌 개성과 창의성의 씨앗을 키워주고 세계 곳곳의 독특한 조직들이 도요타의 이상 아래서 어떻게 공동의 목표를 향해 서로 협력하는지 가르치는 것이다.

고니시 부장은 다음과 같이 말한다. "도요타에 필요한 사람은 행동하는 직원입니다. 그들이 누군지, 어디에 있는지는 중요치 않습니다. 우리에게는 천재가 필요 없어요. 우리는 그저 묻고 묻고 또 묻는 사람이 필요합니다. 그러다 일단 문제의 뿌리를 찾아내면 즉시 행동해야 합니다. 그리고는 그것을 널리 알려 함께 공유하는 거죠."

TPS는 개선의 방정식이다

만일 작업자가 매일 주위를
살피지 않는다면 뭔가 잘못된 것이다.
지루하거나 싫증난 것들을 찾아내서 작업 절차를 수정하라.
바로 지난달의 방식조차 이젠 구식일 수 있다.

오노 다이치
도요타의 TPS 시스템 개발자, 전(前) 도요타 자동차 부사장

'좋은 것은 항상 더 좋아질 수 있다. 위대한 것도 더욱 위대해
질 수 있다.' 이러한 전제를 바탕으로 GM부터 존디어와 월마트
에 이르기까지 수많은 제조업체와 서비스 회사들이 '도요타 생
산방식(TPS)'을 연구하고 실행해왔다. 이 시스템의 목적은 종
업원의 창의적 참여를 통하여 제품 품질과 수익성을 높이는 데
있다. 또 TPS는 상품에 라벨을 붙여 낭비를 최소화하고 효율을
최대화하는 최적화된 생산공정이다. 따라서 TPS는 치열하게
경쟁하는 글로벌 시장에서 도요타의 독특한 강점으로 여겨지며
각각의 사원들을 통일된 목표에 헌신하도록 만드는 표준화된
프로세스이다.

TPS는 도요타 성공의 유일한 요인도 아니고 작업 설비와 생

산공정들의 단순한 집합도 아니다. 하지만 도요타를 잘 아는 사람은 누구도 TPS가 도요타의 독보적 성공에 핵심 요인이라는 점을 부인하지 않는다. 도요타가 수십 년간 실행해온 카이젠은 흔히 무다라 일컫는 낭비 요인을 제거함으로써 공정을 끊임없이 개선하는 일상적 과정을 뜻한다. 이 카이젠을 바탕으로 한 TPS는 도요타와 세계 여러 기업들의 핵심적 시스템이 됐다. 최고위 간부에서 말단 사원에 이르는 모든 직원에게 등대의 역할을 하는 TPS는 아마도 현대 산업 역사에서 가장 많이 연구되고 모방된 기업 철학일 것이다. 대체 어떤 회사가 지속적 개선을 바라지 않겠는가?

TPS를 단순한 생산 도구로 보는 것과 생활과 업무에 적용할 기본 원칙으로 활용하는 것과는 엄청난 차이가 있다. 그렇다. 도요타는 '린 생산방식(Lean Production, 'Lean'이란 '얇은'의 뜻으로 모든 과정에서 낭비 요소를 제거해 생산성을 높이는 기법을 말함-옮긴이)'을 창안했다. 이 방식은 조립공장에서 시작되었고 여전히 생산공정에 뿌리를 두고 있다. 그러나 TPS의 진정한 가치는 점점 진화한다는 데 있다. 21세기에 카이젠 원칙을 효과적으로 적용하려면 경영 교과서의 전문용어나 조립라인 관리의 수준을 뛰어넘어야 한다. 그래서 생산공장에만 린 생산방식을 적용하고 다른 부분은 '일상적 운영'을 유지하는 많은 기업들이 별다른 효과를 얻지 못하는 것이다.

도요타의 GM이 대표적인 경우이다. 1980년대와 90년에 걸쳐 GM은 차량 생산공정에 린 생산방식과 TPS의 여러 요소를 적용하였다. 어떤 부분은 효과가 있었지만 어떤 부분은 그렇지 않았다. 그래도 린 생산방식의 활용으로 GM뿐 아니라 포드와 크라이슬러에서도 생산효율이 눈에 띄게 상승했다. 그러나 이들 회사에서 이 같은 개선 효과에도 불구하고 도요타는 독보적인 성장, 지속적 수익, 변함없는 소비자 만족도를 나타내며 경쟁사들을 더욱 멀찍이 따돌리고 있다. 그렇다면 대체 그 차이는 무엇일까?

어떤 도요타 시설이라도 몇 분 정도만 둘러보라. 그러면 해답이 명확해질 것이다. 도요타에서는 지속적 개선이 그저 생산공장의 운동에만 그치지 않는다. 개선은 회사와 똑같은 목표를 공유하고 확신하는 수많은 직원들이 각기 자기 부서와 분야에서 추구하는 최우선 과제이다. 일본 도요타의 어느 구내 휴게실이든 가서 앉아 있어보라. 직원들이 회사 방침을 어떻게 카이젠할지 소곤대는 소리가 들릴 것이다. 어떤 공장 어느 작업장에라도 가서 아무나 붙잡고 카이젠의 실질적 성과가 무엇인지 물어보라. 아마 당신은 성공 사례를 끝도 없이 듣게 될 것이다.

TPS는 세 가지 핵심 철학을 통합한 생산방식의 결합체이다

- 고객 우선
- 종업원 만족
- 회사 경영 안정

크다고 꼭 좋은 것은 아니다

GM, 포드, 크라이슬러, 그리고 여러 거대 자동차기업들은 예전보다 더 나은 차량을 생산하고 있는데, 그 요인은 주로 린 생산방식을 채택한 데 있다. 그러나 지난 수십 년 동안 이들 기업은 육중한 몸집의 뚱보처럼 비대해졌다. 허리통은 거대하지만 키는 땅딸막한 뚱뚱보처럼 말이다! 70년 넘는 세월 동안 미국 미시간 주에 자리 잡은 GM은 세계 최대 자동차 메이커로 군림했다. 하지만 최근 기억을 더듬어볼 때 위대한 기업이라 불린 경우는 거의 없는 것 같다.

누구나 기억하듯이 산업계의 거인이었던 GM은 미국 자동차 업계의 노동조건을 마음대로 결정하면서 근검과 책임 같은 가치들은 무시했다. GM은 전미자동차노조(United Auto Workers, UAW)와 지나치게 느슨한 협정을 체결하여, 포드와 크라이슬러 역시 그러한 체결을 하게 만들었다. GM은 제품가격을 선도했고 GM이 정상에 있는 한은 다른 것은 아무래도 좋다는 입장으로 운영해왔다. 최근 몇 년 사이 차량 생산공정에 많은 개선이 이뤄지기는 했지만 그래도 GM은 별로 변한 것이 없다. 가령 2007년 초에 GM의 CEO 릭 왜고너 회장은 사실상 회사의 규모 확장이 GM의 목표임을 공개적으로 천명했다. "저는 넘버원이 되는 걸 좋아합니다. 그리고 우리 국민이 그것에 자부심을 느낀다고 봅니다. 따라서 가만히 앉아서 남들이 우리를 추월하게 내버려둬서는 안 됩니다."

여태까지 GM과 포드가 지녀온 기본 시각은 '클수록 좋다'는 것이었다. 바로 이런 자세를 개리 콘비스*Gary Convis*는 몹시 싫어했고, 그래서 그는 도요타에 둥지를 틀었다.

세계 최고의 린 생산방식 권위자 중 하나로 알려진 콘비스는 도요타 핵심 경영진의 일원이고 현재 도요타 북미생산법인의 부사장이다. 그는 18년 동안 포드에서 일하다가 1984년에 도요타-GM 북미합작법인의 공장장으로 도요타에 입사했다. 미시간 주립대학을 졸업한 미시간 토박이인 콘비스는 경력 초창기에 GM에서 일한 바 있었다. 도요타에 입사하기 전의 콘비스는 자동차업계의 여느 관리자처럼 미국 디트로이트풍의 자동차광이었다. 포드 역사상 최연소 부공장장이었던 개리 콘비스는 호사스러운 사무실에서 일하며 근사한 회사 차량을 몰고 다녔다. 그런데 그가 그 모든 것을 내던지고 도요타 진영에 합류했던 것이다. 구닥다리 렌터카에 전용 주차장도 없고, 개인 사무실도 없는 자리였는데도 말이다. 1980년대 초 도요타는 미국에 아무런 기반시설을 갖고 있지 않았고 미국 땅에서는 자동차를 한 대도 생산하지 못했다. 당시 도요타가 주로 저가형 소형차로 알려져 있던 반면 미국 자동차 메이커들은 호화로운 고급형 세단으로 유명했다.

콘비스는 포드를 떠난 이유가 '세계가 좁아지고 있음을 느꼈기 때문'이라고 말한다. 그가 둘러보니 미국 거대 자동차 메이커들이 '얄팍한 얼음 위'에 서 있더라는 것이다. 말하자면 그들이 시장에서 일어나는 지각변동을 깨닫지 못하고 있었다는 얘

기다. 포드는 대체로 자동차들을 몇 년 전 방식 그대로 설계, 제작하여 판매했는데, 조직이 비대하고 관료적이어서 시장 적응에 서툴렀다. 그래서 콘비스가 NUMMI 합작법인에서 도요타의 TPS를 배울 기회가 생겼을 때, 그는 서슴없이 이직을 선택했다. "우리 부모님은 제가 미쳤다고 했죠. 제 편은 아무도 없었습니다." 콘비스는 말했다.

NUMMI에서 근무하기 시작한 다음날 개리 콘비스는 비행기를 타고 일본으로 날아가 도요타의 다카오카 공장을 둘러보며 TPS의 진행 상황을 지켜봤다. 포드와 GM에서 근무할 때부터 콘비스는 도요타의 우수한 생산공정에 관해 듣고 있었지만 막상 직접 보자 입을 다물 수가 없었다. "내 눈에 그것은 마치 거대한 심포니 오케스트라 같았습니다. 모두 자기 악기와 악보를 훤히 아는 합주곡 말이죠. 그들은 언제 들어가고 언제 나갈지 정확히 알았습니다."

NUMMI에서 도요타 관리팀은 생산의 결정과 실행에 있어서 GM팀을 이끌었는데, 그것은 도요타의 생산방식이 더 효율적임이 입증되었기 때문이다. 바로 이 점이 GM이 도요타와의 합작법인을 설립하고자 했던 주된 이유였다. GM은 린 생산방식을 창안한 주인공들에게서 그 시스템의 핵심을 배워서 자기 생산공정을 고치고 개량하고자 했다. 도요타에게 NUMMI는 최초로 미국 근로자들에게 도요타 생상방식을 선보이는 무대였고, 미국 자동차 메이커들이 일본의 도요타처럼 차량을 효율적으로 생산할 수 있는지 확인할 수 있는 시험대였다. 공장장이던 콘비스는 세계 최고의 TPS 실무자들로부터 핵심 노하우를 배울 수 있었다.

캘리포니아 주 프리몬트에 있는 NUMMI 공장은 예전의 비대한 공룡에서 활기찬 자동차 조립기지로 변모했다. 콘비스가 배운 것은 성능 좋은 렌치나 차체 부품 따위를 뛰어넘는, 하나의 생산방식으로 기능하는 중요한 가치들과 마음자세였다. 모든 NUMMI 종업원들은 같은 식당에서 함께 식사하고 어떤 관리자도 개인 사무실이 없으며 모두가 똑같은 유니폼을 착용했다. 그리고 더욱 중요한 점은 NUMMI에서 TPS 전수를 담당한 일본인 직원들이 상관이 아니라 선생이 되어 인간 존중과 지속적 개선이라는 회사 이념을 성의껏 전달했다는 것이다. 그들은 끊임없이 공장 작업자들이 더 나은 해결책을 찾아내도록 그들을 자극했다. 심지어 생산공정이 꽤 잘 돌아가는 듯이 보일 때조차 그랬다. 그들은 필요하다면 언제든 작업 현장으로 달려가 끊임없는 품질개선 노력을 직접 보고 확인했다. 콘비스는 이때 배운 교훈을 통하여 뛰어난 운영자와 종업원의 책임과 역할에 대해 새로운 인식을 갖게 됐다고 한다.

콘비스는 이렇게 말했다. "대충 하려 해선 안 됩니다. 그 어떤 일도 말입니다."

콘비스는 TPS를 요약하면서 왜 그 방식이 어떤 경우는 성공하고 다른 경우는 실패하는지 설명했다. TPS의 린 생산방식을 부분적으로만 적용했을 경우 그것은 제품의 생산비용을 절감하기 위한 단순한 도구에 지나지 않는다. 그러나 도요타에서는 린 생산방식이 존중, 검약, 인내 같은 회사의 기본적 창업이념에서 탄생했다. 도요타의 린 생산방식은 처음부터 공장 근로자부터 관리자와 간부들에 이르기까지 모든 사원들에 의해 실행되었다. 왜냐하면 바로 그것이 기업문화이기 때문이다. 흔히 전문가들은 이렇게 말한다. "TPS는 '생산'에 임하는 도요타식 접근법이다." 이것은 사실이다. 하지만 실제로 TPS는 '사업 전반'에 임하는 도요타 특유의 접근법이다. 생산성 향상이 그 결과지만, 카이젠은 TPS의 다른 모든 요소들이 그렇듯이 사무실에서도 역시 적용된다. 따라서 TPS 시스템을 제품 생산공정에만 국한시키면 도요타 성공 비결의 대부분을 놓치는 실수를 범하게 된다.

짐 프레스는 말한다. "생산공장은 TPS의 진행과정을 확인할 가장 간편한 장소입니다." "하지만 이 방식의 바탕에 깔린 핵심요소는 모든 곳에 존재합니다. 렉서스 대리점의 서비스부에서부터 캘리포니아 토런스에 있는 도요타 자동차 미국판매법인의 구내 경비원에 이르기까지 말이죠."

TPS의 목표

■ 최고의 품질   ■ 최저의 비용   ■ 최소의 리드 타임※

※ 리드 타임 *lead time* : 제품기획에서 설계를 거쳐 완성에까지 걸리는 시간- 옮긴이

시스템은 살아 숨쉬며 진화한다

도요타의 린 생산방식을 적용해 성공하는 법을 이해하려면 TPS의 시작과 발전과정을 모두 알아야 한다. TPS를 설명하는 대다수 서적들은 도요타의 오노 다이치*Ohno Taiichi* 전 부사장을 TPS의 창안자로 지목한다. 그가 TPS의 탄생을 이끈 책임자는 아니었을지 몰라도 결정적 역할을 한 것은 확실하다. 그러나 그 혼자서 TPS를 완성한 것은 아니다. 오노 부사장이 TPS 개발 역사에서 핵심 인물이긴 하지만(이 장(章) 후반부에 오노의 공적을 다시 다룬다), 도요타 생산방식의 기원은 창업주 도요다 사키치와 도요다 기이치로까지 거슬러 올라간다. 그리고 이 시스템은 세계 곳곳의 도요타 직원들이 개선하고 노력하는 과정 속에서 오늘날에도 계속 발전하고 있다. '지속적 개선'이라는 그 기본 원칙처럼 TPS는 종업원의 헌신과 창의성에 의해 움직이는 일종의 '유연한 흐름'이라 할 수 있다. 즉 고정된 방식으로 물건을 만드는 것이 아니라 끊임없이 더 나은 방식을 찾아내는 길잡이인 것이다.

아버지 사키치처럼 도요다 기이치로 역시 끊임없이 관찰하려는 열망과 지칠 줄 모르는 학구열을 가지고 있었다. 1937년 도요타 자동차를 설립한 이후, 그는 미국 디트로이트로 다시 날아가 미국 자동차산업을 더욱 철저히 조사했다. 기이치로는 현장 시찰 대부분의 시간을 포드사에서 보냈다. 그는 1926년에 출간돼 당시에 인기를 끌던 헨리 포드의 책《Today and Tomorrow》를 탐독했다. 그러다가 아버지 사키치가 사무엘 스마일스의 《Self-help》에서 진로를 발견한 것처럼 그도 포드의 경영철학에서 린 생산방식의 영감을 얻게 됐다.

일본에 돌아온 기이치로는 도요타의 소규모 생산라인에 포드의 시스템을 적용하여 조립 순서를 바꿔 기존의 쓸데없는 낭비와 재고를 줄이면서 원재료를 제때에 공급하는 새로운 생산 네트워크를 수립했다. 이 시스템을 도요타 사내에서 '적시생산방식(Just-in-time, JIT)'이라 불렀는데, 필요한 시점에 재료를 조립라인에 도착하게 한다는 의미였다. 초창기 도요타 자동차의 자금 사정은 극도로 어려웠기 때문에 회사는 값비싼 부품들을 공장에 비축할 여력이 없었다. 그래서 회사가 꼭 필요한 것만 사용하도록 하는 적시생산방식이 해결책으로 등장한 것이다. 그 뒤 적시생산은 TPS의 두 가지 핵심 원칙 중 하나로 발전한다.

적시생산을 위해 도요타는 '칸반(看板) 시스템'을 고안했다. '칸반'은 라벨을 붙여 분류한다는 뜻으로, 미리 필요한 부품을 적은 카드를 선행공정에 보내 꼭 필요한 부품만 후속공정으로 보내는 시스템이다. 칸반 시스템은 1936년에 도요타에 입사한 도요다 에이지*Toyoda Eiji*의 참여로 크게 발전했다. 도요다 에이지는 도요다 사키치의 조카이고 기이치로의 사촌 동생인데, 1950년대 초에 도요타 자동차를 이끌게 되면서 그 역시 미국 디트로이트에 있는 포드사를 방문한 적이 있다. 일본에 돌아온 그는 포드에서 효과적으로 이용되던 '아이디어 제안 시스템'을 도요타에서 실행할 방안을 궁리했다. 포드의 조립라인 작업자들은 품질개선에 관한 아이디어가 있으면 상부에 건의하게 돼 있었는데 도요다 에이지는 그런 체계가 자기 회사에도 유용할 것이라 생각했다. 이 카이젠을 실행하기에 당시보다 더 적합한 시기는 아마 없었을 것이다. 왜냐하면 1950년에 도요타 자동차는 심각한 적자와 대량 해직 사태에 직면해 있어서 새롭고 더 나은 운영방식이 절실히 필요했기 때문이다.

직원들의 정식 건의제도 덕에 종업원들은 자신의 노동 상태와 회사 전체를 개선하는 결정에 직접 참여할 수 있게 됐다. 작업의 세부 사항들은 상급자보다는 매일 그 일을 직접 행하는 작업자가 더 잘 안다는 전제에서 이 제도가 생겨난 것이다. 직원들에게 아이디어를 이따금씩 묻는 정도로는 효과가 미미해서 직원들이 좋은 아이디어를 내어 채택되면 현금으로 보상하는 제도를 공식화하였다.

이런 건의 시스템 덕분에 도요타는 이후에 몰아닥친 대규모 위기, 즉 1973년에 세계를 휩쓴 오일쇼크를 한결 수월하게 견딜 수 있었다. 일본 경제는 오일쇼크로 심각한 타격을 입었다. 당시 일본의 석유 소매가가 거의 60퍼센트나 치솟았는데, 그 원인은 일본이 석유를 모두 해외에서 수입하고 있었기 때문이다. 한편 자동차회사들이 사용하는 원자재 가격도 기름 값 폭등에 비례하여 가파르게 상승했다. 원자재 공급측이 자기들의 이윤을 보전하려고 가격을 올렸기 때문이었다. 도요타의 매출은 급감했고 닛산과 혼다를 비롯한 다른 경쟁사들의 매출도 3분의 1 이상 줄어들었다.

오일쇼크 이전에 도요타의 종업원들은 평균 매년 일인 당 두세 건의 개선안을 올리고 있었다. 그런데 1973년의 건의 건수는 일인 당 10건 이상으로 늘어났다. 그 대부분이 도요타가 더 적은 비용으로 더 많은 수익을 얻는 방법, 즉 자본의 지출을 줄여주는 원가절감 아이디어였다. 이 제도가 효과를 발휘하여 이 기간 중에 한 명의 종업원도 해고되지 않았고 도요타는 전보다 더욱 강해져서 위기를 벗어날 수 있었다.

이 건의 시스템은 오늘날 세계 곳곳에 있는 도요타의 모든 부서에서 실행되고 있고, 이로 인한 총 개선 건수는 연간 수십만 건에 달한다. 2005년에는 일본에서만 60만 건 이상의 아이디어가 올라왔는데, 이것은 사원 1인당 11건에 해당하는 수치이고 그 중 99퍼센트가 채택됐다. 그리고 개선안을 올릴 때마다 종업원은 기본 500엔(약 4천 원)에서 많게는 20만 엔(약 155만 원)의 현금 보너스를 받는다.

흔히 종업원의 건의는 겉보기에는 사소한 문제들에 관한 것이다. 가령 작업 기록표를 쉽게 건네받기 위해 사무실에 발판을 놓거나 생산작업이 더 편해지도록 현장 장비를 재배치해달라는 내용 등이다. 그러나 수년에 걸쳐 실행된 수많은 제안들이 도요타의 운영방식을 획기적으로 바꿔놓았다. 예컨대, 생산라인에서 부분 조립된 차량을 이리저리 조작하는 데 사용되는 일체형 이동 받침대나 상하 이동식 의자 등이 그런 것이다. 이 같은 크고 작은 개선안들이 수십 년간 엄청나게 쌓여 도요타만의 최고 강점이 된 것이다.

■ 창의성 ■ 융통성 ■ 현명함 ■ 근면함

TPS는 어떻게 탄생했나

미국 샌안토니오와 조지타운 같은 곳의 도요타 공장에 들어온 대다수 신입 직원들이 맨 처음 배우는 일본어가 카이젠이다. 카이젠은 도요타를 움직이는 핵심 개념으로, 팀원들은 끝없이 개선되어야 하고 개선에 참여해야 한다. 보통 대다수 기업들은 목표를 세우고 거기에 도달하려 노력한다. 하지만 도요타의 주된 관심사는 목표 달성이 아닌 그저 날마다 모든 부문에서 더 나아지는 것이다.

하나의 사례가 있다. 조지타운에 있는 도요타 자동차 켄터키 공장에서 캠리 솔라라*Camry Solara*(캠리에서 파생된 모델로 미국인 취향의 중형승용차. 1998년에 미국 출시−옮긴이)의 컨버터블−탑(자동차의 개폐식 지붕−옮긴이)을 설치하는 데 과거에는 30분이 걸렸지만 나중에 팀원들이 '카이젠'하여 그 공정을 8분으로 단축하였다. 만일 앞으로도 모든 과정이 이런 식으로 진행된다면 몇 년 안에 컨버터블−탑 설치 시간이 그 절반으로 줄어들 것이다. 이런 개선 일화들은 도요타 내에서 수없이 반복되는데, '평소대로 하자'와 같은 정체된 생각은 도요타의 기업문화에 정면으로 거스르는 자세이다.

바로 이것이 오노 다이치가 바란 작업 환경이었고 이를 위해 수십 년의 노력을 기울여 도요타 생산방식을 개선하고 전문화해왔다. 1932년에 나고야 공업 고등학교를 졸업한 오노 다이치는 곧바로 도요타 자동직기 제작소에 입사한다. 그 뒤 오노는 도요타 자동차로 옮겨가 도요타의 생산효율 향상을 위해 적시생산방식(JIT)을 고안했다. 그는 또 헨리 포드의 책을 읽고 어떤 상황에도 적용될 최상의 경영원칙을 연구했다.

효과적인 카이젠에 필요한 세 가지 원칙

- 과정과 결과 (결과만 중시하지 말라)
- 체계적 사고 (큰 그림을 보라)
- 비난 자제 (비난은 시간 낭비다)

도요다 에이지는 오노 다이치에게 도요타를 효율적으로 만들 방안을 찾으라고 지시했다. 특히 당시는 2차 대전이 끝난 후여서 물자가 부족했기 때문에 효율적인 자재 관리에 집중하라고 했다. 그 무렵 도요타는 오늘날의 미국 자동차회사들처럼 곤경에 처해 있었고, 생존하려면 신속히 변화하고 개선해야만 했다. 당시 포드는 글로벌 자동차산업의 선두주자였지만 오노는 포드의 과도한 재고량과 작업공정의 비효율성에 실망했다. 시간이 흐르면서 오노의 판단이 옳았음이 입증됐다. 한때는 획기적 방식이던 포드 생산 시스템은 결점이 많았는데, 그 이유는 작업자들이 의사결정권을 갖지 못했기 때문이었다. 따라서 시스템이 효율적이지도 않았고 작업자에게 공정을 개선할 동기도 부여하지 못했다. 작업자에게 날마다 같은 방식으로 똑같은 작업을 시키다 보니 신선함과 활력을 잃어버린 것이다. 포드의 생산 시스템은 그저 동일한 상태만을 유지하는 데 급급했기에 시간이 지날수록 더욱 시대에 뒤처지고 망가졌다. 포드는 종업원들에게 어떻게 효율을 높일지 묻지 않았고, 그 결과 거기에서 지속적 개선 같은 일은 상상할 수도 없었다.

오노는 현장 작업자들에게 의사결정권을 주고 도요타 공장들의 효율성과 공정 흐름을 개선함으로써 포드 시스템의 강점은 취하고 약점은 덜어냈다. 그 결과 나온 작품이 비용을 절감하면서도 품질을 향상시키는 막강 시스템인 도요타의 생산방식 TPS이다.

소문에 의하면 오노는 나중에 미국을 방문했을 때 미국 소매점 체인 '피글리위글리*Piggly Wiggly*'의 효율적 운영체계에 깊은 인상을 받았다고 한다. 그래서 도요타는 소비자가 구매한 후에 곧바로 상품을 주문하고 진열하는 미국 슈퍼마켓의 운영체제를 도입하였고, 이를 통해 도요타의 린 생산방식은 한층 더 '린*lean*'하게 됐다. 이것을 피글리위글리 방식이라 할 수 있는데, 이 방식이 도요타에 엄청난 영향을 미쳐 이른바 '풀 생산방식(Pull system)'이란 것이 생겨났다. 이 말은 수요에 따라 생산품을 조립라인에서 '끌어당긴다(Pull)'는 뜻이다. 반면에 GM 같은 기업에서는 생산품을 소비자에게 '들이민다(Push)'. 다시 말해, 실제로 수요가 얼마나 있는지가 아니라 회사가 얼마나 팔고 싶으냐에 따라 제품을 생산하는 것이다.

현재 일본의 도요타는 차량을 주문 제작한다. 모든 자동차가 고객의 주문에 따라 생산에 들어가는 것이다. 일본 도요타 공장의 조립라인에 올라 있는 모든 차량은 특정 고객에게 가도록 정해져 있다. 물론 미국에서는 구매자들이 즉시 구매를 선호하기 때문에 도요타의 운영방식이 약간 다르다. 하지만 도요타는 그곳에서 여전히 완화된 '풀 생산방식'을 운용한다. 즉 자동차 딜러들이 일정한 주문을 낸 다음 차량을 제작하는 것이다.

반면 GM은 재고량이 쌓여 운영이 마비될까봐 흔히 대폭 할인된 가격으로 제품을 소비자에게 '밀어낸다'. 그렇기 때문에 미국에서 도요타 차량의 고객 인도 기간은 평균 30일 정도인데 반해, 포드와 GM 차량의 경우는 평균 80일 이상이나 된다. 도요타에 비해 GM이 2배 반이나 긴 상황이다.

도요타의 주요 외부 컨설턴트와 고문들인 에드워즈 데밍 *W. Edwards Deming*, 조세프 두란 *Joseph Duran*, 시게오 신고 박사 *Dr. Shigeo Shingo* 같은 품질관리 대가들로부터 꾸준히 상당한 도움을 받아왔기에, 도요타의 생산 시스템은 1950년부터 1970년대 초에 이르는 동안 최고 수준으로 개선된다. 1970년대 중반 다른 일본 자동차 메이커들은 고전을 면치 못하는 동안 최고로 개선된 TPS는 도요타가 경기 침체의 고통을 대부분 피해갈 수 있도록 도와주었다. TPS의 정교한 시스템은 비용을 낮추면서도 품질을 높여주었다. 도요타의 린 생산방식의 위력을 깨닫게 되면서 혼다와 닛산 같은 다른 일본 자동차회사들도 도요타 기법의 일부를 실행하기 시작했다.

1980년대와 90년대 무렵 '린 생산방식'과 '카이젠' 같은 용어들이 글로벌 제조 업계에서 트렌드어로 등장했다. 세계 곳곳에서 TPS를 부러워하고 연구하고 모방했다. TPS가 너무 인기를 끌자 일부 비평가들은 지나친 호들갑이라고 깎아내렸다. 그럼에도 많은 미국 제조업체들은 갖가지 린 생산방식을 도입하였고 당장 품질향상과 비용절감 효과를 거두었다. 그러나 대다수 회사들은 TPS를 회사 전반의 운영철학으로 삼지 않고 단지 특정 공장이나 부서에만 그것을 적용하려 했다. 그들은 TPS를 주로 생산관리 방식에 적용하려 들었지만 막상 실행은 생각만큼 그리 단순하지 않았다.

실제로 많은 미국 회사들이 TPS를 적용하며 곤란을 겼었다고 스티브 베라Steve Bera는 말한다. 베라는 당시 도요타와 GM의 합작법인인 NUMMI의 초창기에 파견된 관리팀의 일원이었다. 그는 1980년대와 90년대에 미국 공장들이 린 생산방식을 시도하는 과정을 지켜보았는데, 결과는 대단히 실망스러웠다고 한다. 그들은 정기적인 부품 공급을 위해 여러 시설들을 세우고 재고량을 최소화하면서 린 생산방식을 적용하기 시작했다. 베라는 이렇게 말한다. "하지만 한 가지 결정적 약점이 있었어요. 그 엄격하고 치밀한 시스템으로 품질을 관리하려면 모든 부문이 완벽해야 합니다. 왜냐하면 그렇지 않을 경우 무언가 잘못되면 그 부분을 메워줄 내부 지원이 없기 때문이죠. 이런 전제가 성립하지 않으면 린 방식은 실행되더라도 부품업체들이 균일한 품질을 내놓지 못하게 됩니다. 큰 문제였죠. 실패를 경험하고서 그들은 이렇게 말하곤 했어요. '거봐. 이 린 시스템은 효과가 없어.' 그들은 그런 규칙으로 움직여본 적이 없기 때문에 아무도 리스크 감소 방법을 몰랐습니다."

물론 도요타는 계속해서 자기 시스템을 개선해가면서, 경쟁사들이 자기 나름의 TPS를 개발하는 동안 몇 걸음 더 멀찍이 앞서 가고 있다. 이런 결과로 생겨난 '린lean'한 기업 마인드를 오늘날 도요타 내에서 '도요타 웨이Toyota Way'라 부르고 있다.

TPS를 이루는 두 가지 주요 원칙

- 적시생산(JIT)-오직 '필요한 것을, 필요한 때에, 필요한 양만큼만' 사용함으로써 재고의 낭비 요소 줄이기
- 지도카(自働化)-품질을 확보하기 위해 사람이나 기계가 적절히 생산라인을 멈추는 능력

TPS는 만병통치약이 아니다

시간이 흐를수록 TPS는 더욱 우수해진다. 왜냐하면 TPS가 시

행착오를 통해 생겨난 시스템이기 때문이다. 따라서 TPS는 인내와 근면이라는 도요타의 창업이념에 꼭 들어맞는다. 수십 년 동안 일본 도요타 시부터 미국 샌안토니오에 이르는 수많은 공장의 생산 현장에서 TPS의 원리와 실행 기법은 꾸준히 발전해왔다. 만약 어떤 기업이 실제로 계속 개선을 이룬다면 언젠가 완벽해질까? 그렇지 않다. 이론적으로 이 시스템은 시간이 갈수록 자동적으로 자꾸만 기준을 높이게 된다.

카이젠은 그 본질상 속성 해결책이 아니다. 또 카이젠은 다음 주주 총회 때까지 개선을 이뤄내라며 CEO가 고함쳐 내릴 수 있는 명령도 아니다. 바로 그렇기 때문에 다른 회사가 TPS와 린 생산방식에 익숙한 도요타 직원을 꼬여내서 자기 회사에 데려와도 도요타와 비슷한 성과를 올릴 수 없는 것이다. TPS는 어떤 도구가 아니다. 그것은 경영 스타일을 넘어 하나의 더 거대한 전문적 생활방식이다. 가령 도요타의 간부들은 대단히 우수하지만 그들의 이야기는 세간에 잘 알려져 있지 않다. 도요타의 시스템은 개인을 뛰어넘는다. 개리 콘비스는 린 생산방식과 도요타 시스템의 세계 최고 권위자 중 한 명으로 여겨지지만 그조차도 그 시스템이 자신을 훨씬 넘어서는 거대한 체계라는 것을 강조한다.

"우리가 하는 일은 그렇게 단순한 것이 아닙니다." 개리 콘비스는 어떤 회사가 자신을 고용해도 하루아침에 그 조직을 변모시킬 수는 없다고 말한다. 심지어 많은 전문가들은 그저 급하게 직원에 대한 존중 없이 불완전하게 실행하는 카이젠은 오히려 상황 악화를 뜻하는 '카이아쿠(改惡)'가 되고 만다고 주장한다. 골프광인 콘비스는 TPS 실행을 타이거 우즈의 골프 게임에 비유한다. 누구나 골프는 배울 수 있지만 모두가 타이거 우즈처럼 되는 것은 아니다. 타이거 우즈는 어릴 적부터 골프에 몰두했고 프로 골퍼로서 최고의 대회에서 우승도 했지만 여전히 수없이 스윙을 연마한다. 우즈는 이미 세계 최정상의 골퍼이지만 완벽할 수 없는 게임에서도 철저하게 완벽을 추구하며 항상 더 나아지려 노력한다. 이렇듯 천부적 재능을 타고난 골퍼라도 수년간의 훈련을 통해 자신의 스윙과 자세를 끊임없이 갈고 닦아야 한다. 그래야 자신의 명성에 걸맞은 경기를 보일 수 있기 때문이다.

TPS는 속성 다이어트가 아니라 라이프스타일의 변화에 해당한다. 도요타라는 기업은 운영과정을 지속적으로 개선하면서 변화한다. 그리고 이런 변화가 장기적으로 이뤄질 때 위대한 결과가 나온다는 것을 알고 있다. 도요타는 오늘을 개선하면서 내일을 향해 전진한다.

콘비스는 말한다. "만일 당신이 도요타의 리더가 되려면 항상 날마다 새로워지려고 애써야 합니다."

TPS는 소규모 가족 회사 뿐 아니라 거대한 제조업체에도 적용될 수 있는 원리를 담고 있는데, 그 실행 방법을 이해하려면 우선 TPS가 무엇인지 제대로 알아야 한다. TPS는 개인의 창의적 참여를 최대화함으로써 낭비를 줄이고 품질을 높이는 쇄신, 적응 그리고 성공의 시스템이다.

- 문제를 찾아내라
- 근본 원인을 알아내라
- 해결책을 강구하라

언젠가 하버드 경영대학원 교수인 스티븐 스피어*Steven Spear*
와 켄트 보웬*H. Kent Bowen*은 〈하버드 비즈니스 리뷰〉에 도요
타에 관한 기고문을 올렸다. 그들은 도요타문화의 '핵심이념'
이 적시생산방식을 만들고 지속적 성공을 불러왔다며 이렇게
말했다. "도요타의 '모든' 작업공정은 과학적 시험을 통해 제
어되고 그 작업을 행하는 사람들에 의해 끝없이 보완되고 개선
된다."

"사람들은 TPS의 일부만 적용하려 합니다. 그러고 나서 그것
이 만병통치약이 아님을 깨닫죠." 한때 도요타 자동차 북미법인
중역이었고 지금은 도요타의 법률 고문인 데니스 쿠네오*Dennis
Cuneo*는 이렇게 말한다. "TPS는 소프트웨어와 같습니다. 그것
을 개발하려면 수년간의 인내와 경험이 필요하기 때문이죠."

TPS 실행은 모든 것을 세밀히 관찰하고 날마다 개선안을 올
리는 종업원들이 있어야 가능하다. 그들은 끊임없이 낭비를 줄
이고, 시스템의 약점과 문제점을 지적해야 한다. 따라서 직원
모두가 적극적으로 참여하지 않으면 TPS는 무용지물이다. 예

를 들어 어떤 가족이 가계 예산을 짜는데, 부모 중 한쪽이 지출 감소에 반대한다고 생각해보라. 다른 식구들이 아무리 열심히 절약해도 어느 한 사람이 마구 낭비한다면 나머지 식구가 살림을 꾸려가기는 어려울 것이다. 이와 반대로 도요타는 생산 현장부터 사장실에 이르기까지 모든 직원이 한 몸이 되어 움직이고 있다. 공장의 제품 생산을 좌우하는 것은 TPS이지만 그 핵심원리인 카이젠, 적시생산, 지도카는 사무실에도 스며들어 전 세계 도요타 직원들의 행동 원칙이 되어 있다.

자네들 모두 PDCA 실행했나?

TPS 원리는 어디에나 적용되지만, 공장 밖에서 활용될 때는 약간 다른 양상을 띨 수도 있다. TPS를 생산 현장 밖에 적용한 가장 유명한 사례로는 미국과 일본의 도요타 사무실에서 쓰이는 경영기법이 있다. 그것은 월터 슈하트*Walter Shewhart*가 1939년에 출간한 책《Statistical Methods from the Viewpoint of Quality Control》에서 처음으로 소개된 기법이다. 이 기법은 슈하트가 제시한 계획(Plan)−실시(Do)−연구(Study)−조치(Action)라는 개선 사이클로 이루어져 있다.

1950년대에 슈하트의 동료 에드워즈 데밍은 용어를 약간 바꿔서 계획(Plan)−실시(Do)−점검(Check)−조치(Action)라 했는데 이것이 유명한 'PDCA 사이클'이다. 앞서 소개했듯이 데밍은 기업 고문으로서 도요타의 경영 스타일에 상당한 영향을 미쳤고, 도요다 에이지가 그의 연구를 면밀히 연구한 바 있는 기업 전문가이다. 데밍의 공헌은 주로 1950년대에 이루어졌는데, 당시 그는 일본을 방문해 전후 일본 경제의 회복을 도왔다. 일본 산업계는 그의 경영이론에 열띤 반응을 보였다. 데밍은 일본 전역에 큰 영향을 미쳤지만 그가 가장 큰 기여를 한 곳은 바로 도요타였다.

데밍은 고품질이 저비용을 낳고 결국은 더 많은 일자리와 지속적 이윤을 창출한다고 믿었다. 그리고 기업은 주주의 이익을 넘어 사회적 공헌을 중요시해야 한다고 확신했다. 이런 데밍의 이론은 도요타 전 가족의 마음을 잡아끌었는데, 그들은 그의 검소한 생활방식과 겸손한 자세도 마음에 들어 했다. 데밍의 경영철학은 도요타의 기업문화와 잘 어울렸고 도요다 사키치와 도요다 기이치로가 세운 창업이념과도 일치했다.

어떤 면에서 데밍의 경영이론은 오래 전 사무엘 스마일스가 주창한 원리를 좀 더 체계적이고 세련되게 실용적으로 다듬은 것에 지나지 않았다. 하지만 그 이론은 당시 상황에 기막히게 들어맞았다. 데밍은 생산과정을 불규칙한 작업들의 연속이 아닌 하나의 일관된 시스템으로 보았다. 그래서 그는 도요타 리더들에게 표준화야말로 지속적 발전을 위한 중요한 과정이 될 것이라고 했다. 오늘날까지도 도요타는 데밍의 경영철학을 신봉하고 있다.

도요다 기이치로의 아들이자 도요타의 명예회장인 도요다 쇼이치로*Toyoda Shoichiro*는 말한다. "데밍 박사가 들려준 말을 생각지 않는 날이 하루도 없습니다. 데밍 씨는 우리 경영문화의 핵심입니다."

도요타에 끼친 데밍의 공헌 중에 제품 품질과 사람에 대한 열정 같은 것들은 그 크기를 가늠하기조차 어렵지만 어떤 것들은 비교적 분명하게 드러난다. 예컨대 그가 소개한 경영 개선 사이클 PDCA가 그렇다. PDCA 사이클의 원리는 처음 소개됐을 당시와 똑같이 지금도 도요타에서 널리 활용되고 있다. 대다수 사람들은 사업을 운영할 때 '계획(P)-실시(D)' 단계만 실행한다. 이것은 무엇을 할지 결정하고 그것을 실시하는 단축된 사이클이다. 그러나 PDCA 원리에 따르면, 만일 계속해서 '계획(P)-실시(D)' 단계만 실행할 경우 자신의 실수를 파악하거나 문제점이 무엇인지 알아낼 기회를 갖지 못한다. 즉 문제를 해결할 점검이 이뤄지지 않아 성과가 좀처럼 개선되지 않는 것이다.

PDCA의 모든 단계를 철저히 따를 때 지속적 개선이 이루어진다. 왜냐하면 각 사이클마다 더 높은 출발점에서 시작하게 되므로 표준이 계속해서 높아지기 때문이다. 철저히 지켜진 PDCA의 결과는 상승하는 나선형 탑으로 설명된다. 그에 반해 단지 '계획(P)-실시(D)' 단계만 실행하는 사람들, 즉 성과를 점검해서 수정 조치를 취하지 않는 사람들은 원 운동을 하며 똑같은 지점에서만 맴돈다. 그들은 출발점을 올리지 못하기 때문에 절대 위로 이동할 수 없는 것이다.

이런 데밍의 경영철학을 세계 도처의 수많은 기업들이 면밀히 연구했다. 무수한 기관들이 도요타가 했던 것처럼 데밍 철학의 갖가지 기법들을 실행해왔다. 그러나 도요타에서는 그 기법들을 어느 기업보다 매우 진지하게 받아들여 수십 년 동안 적용해왔으며 여전히 실행하고 있다. 도쿄와 도요타 시의 도요타 사무실에서 이뤄지는 회의에서 상사들은 수시로 직원들에게 이렇게 소리친다. "자네들 모두 PDCA 실행했나?"

또한 도요타 직원들이 지속적 개선을 위해 호렌소*horenso*라 부르는 보고서를 작성한다. 그것은 호코쿠(報告, 상대에게 완벽한 정보 주기), 렌라쿠(連絡, 문제를 계속 파고들기), 소단(相談, 문제에 대한 협의)이라는 일본어의 앞 글자를 따서 만든 것이다. 호렌소는 '시금치'를 뜻하는 일본어와 발음이 비슷한데, 동료나 상급자에게 자료를 남기고 또 스스로도 일을 잊지 않기 위해 작성하는 상세한 업무 보고서를 의미한다.

도요타 문화에는 업무는 상호 교환될 수 있다는 굳은 믿음이 있다. 이 믿음에 따르면, 만일 업무가 순조롭게 진행되기만 한다면 한 부서에서 훈련받은 직원이 결원이 생긴 다른 부서로 이동하는 것이 가능하다. 그래서 날과 달마다 이뤄지는 직무 변경 속에서도 품질과 업무효율 저하를 막을 수 있다. 따라서 도요타는 엄청난 시간을 들여 직원들에게 호렌소를 작성하도록 교육한다. 그 호렌소에는 업무 내용이 철저히 기록되기 때문에, 만일 그 보고서를 작성한 직원이 갑자기 없어져서 다른 직원이 그 자리를 메워야 할 경우 거기 기록된 정보를 이용해 손쉽게 업무를 처리할 수 있다. 따라서 일본 도요타에서 자주 쓰이는 또 다른 말은 이것이다. "자네 호렌소 작성했나?"

많은 기업들이 호렌소를 단순히 서로 '연결돼' 있도록 상급자나 동료 직원에게 이메일로 보고하는 것으로 해석한다. 하지만 이것이야말로 도요타의 호렌소가 극복하고자 하는 의사소통 유형이라 할 수 있다. 물론 도요타 직원들도 필요에 따라 이메일로 서로 연락하곤 하지만, 그것은 도요타가 바라는 적절한 소통방식이 아니다. 지속적 개선은 서로가 협의를 충분히 하고 명확하게 의사를 교환할 때만 가능하다. 이런 수준의 소통이 이뤄지려면 책임자가 따로 시간을 내서 다른 직원들이 자신의 직무를 충분하고 타당하게 설명할 수 있는지 확인해야만 한다.

공식이 깨지는 곳에 TPS가 있다

도요타의 린 생산방식과 지속적 개선과정들이 성공한 요인 중 하나는 사원들의 자발적인 혁신을 가로막을 정도로 공식화되어 있지 않다는 점이다. 오히려 정형화되지 않은 원칙들은 직원들의 숨겨진 잠재력을 끌어내는 길잡이 역할을 한다.

데밍이 확신했고 도요타의 전·현직 지도부들도 동의하는 사실이 있는데, 그것은 원칙은 유지하되 목표에 도달하는 방법은 계속 바꿀 수 있다는 점이다. 즉 오늘 유용한 것이라도 언제든 개량될 수 있다. 따라서 도요타가 오랜 세월 동일한 기업문화를 유지하는 핵심요소는 사원들이 갖가지 새로운 방식으로 회사에 공헌하도록 격려하는 데 있다.

대개 TPS나 도요타의 작업방식을 연구하는 많은 사람들은 처음에 깜짝 놀란다. 왜냐하면 TPS에는 명확하고 단계적인 기본 지침들이 없기 때문이다. 즉 도요타의 기업문화는 사원들의 창의적 능력을 바탕으로 한다. 이와 달리 매뉴얼에 실행과정들을 1, 2, 3 단계로 정해놓는다면 직원들은 기계적으로 그 단계들을 따를 것이고 전날 했던 것과 똑같은 식으로 매일 같은 업무를 반복할 것이다.

쿠네오는 말한다. "결국 도요타 시스템은 직원들이 업무 수행을 위한 더 나은 방법을 스스로 찾아내는 주인의식을 갖도록 이끄는 것입니다."

위기의식도 경쟁력의 원천이다

나는 성공했다는 만족감이 우리를 자만하게 하고
현실에 안주하게 만든다고 본다. 그것이 최대의 위협이다.

와타나베 가쓰아키, 도요타 자동차 사장

'만일 상호 존중이 도요타의 구석구석을 순환하는 혈액이라면, 두려움은 도요타의 심장박동이다. 왜냐하면 위기의식이야말로 도요타를 더욱더 높은 고지를 향해 사정없이 밀어 올리는 원동력이기 때문이다. 도요타가 사상 최고의 수익을 올리고 경쟁사들을 추월하는 등 놀라운 성과를 거둘수록 도요타 문화는 더 큰 두려움을 만들어낸다. 오늘 이룩한 성공이 내일 어떻게 될지 모른다는 그런 두려움 말이다.

확실히 도요타는 2006년에 어마어마한 수익을 얻었지만 한편으로 그 기간에 비용도 치솟았다. 그렇다. 도요타는 제품의 초기품질 면에서 우수한 평가를 받았다. 그러나 불량 건수도 엄청나게 늘어났다. 분명히 도요타는 경쟁사들을 추월했지만 그 비교우위를 당연하게만 여겨서는 안 된다. 도요타 간부들의 말을 충분히 들어보라. 그러면 도요타가 세계 최고의 기업 중 하나가 아니라 오히려 최악의 기업 중 하나라는 생각이 들 것이다. 와타나베 가쓰아키 사장을 비롯한 최고위층에서 시작돼 마치 전염병처럼 회사 전체로 퍼져가는 위기의식은 도요타가 지닌 하나의 생활방식이다. 짐 프레스는 말한다. "우리는 항상 최악을 대비하여 최선을 추구합니다."

최고가 되려면 만족, 낭비, 오만, 잘못된 목표 등이 실패를 초래하는 적임을 알아야 한다. 선두를 질주하는 도요타의 글로벌 위상에 대해 전 세계가 아무리 찬사를 쏟아낸다 해도 와타나베 가쓰아키 사장은 조금도 신경 쓰지 않는다. 그는 일부에서 아무리 근사한 칭찬을 늘어놓아도 현실은 언론의 호들갑만큼 녹녹지 않다는 도요타의 믿음을 굳게 지킨다.

도요타에서 제품 외에 다른 것을 자랑하는 말은 거의 들을 수 없다. 오히려 도요타는 품질과 작업효율 저하, 관료주의의 팽창 등을 걱정한다. 와타나베 사장은 그것들에 제대로 대처하지 못할 경우 도요타가 한심한 회사가 되고 말거라며 우려한다. "걱정이 태산 같습니다." 온 세계가 글로벌 정상으로 떠오르던 도요타를 인정하기 시작할 무렵인 2006년 말 와타나베 사장이 한 말이다.

물론 이런 실패에 대한 끝없는 두려움은 경쟁사들과 도요타와의 그 모든 차이를 불러온 중요한 특징 중의 하나다. 이런 위기의식을 통하여 도요타는 지난 수십 년간 효율, 서비스, 강점,

경쟁력 등을 줄기차게 강화해왔다. 1980년대 초에 도요타가 미국에 첫 생산시설을 세우려 할 당시 도요타 지도자들은 일본에서 성공한 방식이 과연 미국에서도 효과가 있을지 걱정이었다. 그래서 그들은 도요타 생산방식을 최초의 미국 공장에 도입하기 위해서 각별한 노력을 기울였다. 도요타가 포드와 GM을 추월하여 세계 최대 자동차 메이커가 되고 수익, 성장, 고객만족도 면에서 경쟁사들을 물리쳤을 때도 도요타 리더들은 기뻐한 것이 아니라 다시는 그런 성과를 얻지 못할 수도 있다며 우려하기 시작했다.

"그들은 사소한 일까지 걱정합니다. 걱정이 끊일 날이 없어요." 미시간 주 앤아버에 있는 '자동차 연구센터'의 데이비드 콜David Cole 회장이 도요타 경영진을 두고 한 말이다. "그들은 회사 내에 걱정을 부추깁니다. 위에서 아래로 퍼뜨리지요."

만일 도요타가 선두주자의 위치에 만족하여 오만한 자세를 취한다면 애당초 도요타를 자동차업계 최고이자 최대 기업으로 밀어올린 기본 특성을 잃어버리게 될 것이다. 도요타의 '걱정부터 시작하라. 그리고 최악을 대비하여 최선을 추구하라'는 전략은 '문제점 먼저'의 도요타 문화와 딱 들어맞는다. 위험요인과 장애물들을 제대로 파악하거나 이해하지 못할 때 지속적 개선은 어려워진다. 다시 말해 무서워서 내닫는 뜀박질이 느긋한 달리기보다 더 좋은 결과를 낳는다. 경주에 이기려면 자기 뒤에 적들이 벌떼 같이 쫓아오고 앞에는 장애물이 수두룩하다고 생각하는 것이 유리하다.

와타나베 사장은 말한다. "전 직원이 현재 상황에 만족하지 않고 더 개선하고 변화하려고 끊임없이 노력해야 합니다. 항상 우리가 추구할 더 큰 것이 있음을 깨닫는 게 중요합니다. 그 점을 모든 직원들이 인식해야 해요. 성장하고 있을 때는 현 상태에 만족하기 쉽습니다. 그러나 그래선 안 되지요."

세계 최고 도요타의 노동자들은 임금도 최고일까?

2006년 말이었다. 도요타가 앞으로 미국에서 생산비용을 낮추지 못하면, 도요타의 미래는 위험해질 거라는 내부 보고서가 주요 언론을 통해 공개된 일이 있었다. 도요타의 '위기 문화'에 익숙지 않던 사람들은 이 뉴스를 보고 상당히 어리둥절한 기분이었다. 왜냐하면 2006년 한 해 동안 도요타의 영업 실적은 어느 제조업체도 따라올 수 없을 만큼 휘황찬란했기 때문이다. 당시는 도요타가 탁월한 성과에 축배를 들면서 그 기록적 수익, 눈부신 매출 신장, 세계 정상 자동차 메이커로서의 무한한 기회를 마음껏 즐길 때였지만 도요타는 그러지 않았다. 만약 다른 기업들이 그런 실적을 올렸다면 그들은 직원들에게 두둑한 보너스를 나눠주고 그 위대한 해를 자축하며 기쁨을 만끽했을 것이다.

이와 달리 도요타의 경쟁사 포드는 2006년에 120억 달러가 넘는 엄청난 손실을 기록한 후 어떻게 행동했는지 살펴보자. 2007

년 초에 포드는 전년도의 '노고'에 대한 대가로 임직원들에게 수백만 달러의 보너스를 나눠주었다. 그 전 해에 어마어마한 손실을 기록했는데도 말이다. 애당초 그 보너스는 간부들에게만 돌아갈 예정이었다. 하지만 언론과 인터넷 매체에서 비난의 화살이 쏟아지자 방침을 바꿔 전 직원에게 나눠주었던 것이다.

그럼 2006년이 끝나던 무렵에 도요타 경영진은 무엇을 하고 있었을까? 도요타가 하는 모든 행동의 기준인 장기 전략과 간부들 사이에 뿌리박힌 위기의식을 바탕으로, 도요타는 회사의 미래를 괴롭힐 듯한 문제들(가령 미국 생산공장에서 높아가던 임금과 수당 문제 등)의 처리 방안을 궁리하고 있었다. 실적이 사상 최고이던 해에 말이다. 2007년 초에 디트로이트의 최대 일간지 〈디트로이트 프리 프레스〉는 미국에 있는 도요타 자동차 연구생산본부(TEMA) 사장 스도 세이치*Sudo Seiichi*가 작성한 '고위급 기업 보고서'를 인용하여 자동차업계 내부의 고민을 보도했다. 인건비가 수익보다 빠르게 상승하기 때문에 도요타의 미래는 심각하게 위협 받고 있다는 내용이었다. 그 기사는 향후 10년간 '미국 공장에서 9억 달러의 비용이 증가'할 것으로 예상하면서 스도 사장의 말을 인용해 "버텨낼 수 없는 상황"이 닥칠 거라고 보도했다. 그래서 도요타에서 일하는 미국 근로자의 향후 급료와 수당을 축소하는 권고안이 마련되었고, 급료 수준을 지역별로 더욱 차등화해 디트로이트 지역 자동차 노조원의 전통적 임금 수준을 피해가려 한다고 보도했다.

무엇보다 지난 수년 동안 GM과 포드, 크라이슬러의 경영자들이 회사를 곤경에 빠뜨린 주요 원인은 바로 지나치게 높은 임금과 수당이었다. 만일 도요타가 이들의 전철을 밟아 수익보다 비용이 더 빨리 증가하도록 놔둔다면 미래에는 결국 또 다른 낙오자가 될 수도 있다. 경솔하게 행동했던 과거로 인해 미래를 망쳐버린 뻣뻣하고 관료적인 비대한 공룡처럼 말이다. 그래서 도요타의 간부들은 최고의 시절에도 걱정과 경계를 늦추지 않는다. 가령 이런 고민이다. 도요타가 미시시피 주에서 시간 당 20달러를 주고 숙련된 근로자를 쓸 수 있다면, 그리고 그 임금이 그 지역 다른 회사들이 지급하는 급료보다 높은 수준이라면 무엇 때문에 디트로이트의 포드 노조원들이 받는 급료에 맞춰 시간 당 28달러를 지불해야 하나?

골치 아픈 임금·수당 문제에 제대로 대처하지 않는 바람에 미국 자동차 메이커들은 2006년 어느 전문가가 쓴 표현대로 '이따금씩 자동차를 만들어내는 연금 기관'과 다름없이 되고 말았다. 짐 프레스의 말에 따르면 도요타의 목표는 회사의 장기적 비전과 단기적 위기의식을 공유하여 함께 Win-Win 하려는 종업원을 찾는 것이다. 그렇다. GM, 포드와 크라이슬러의 근로자들은 도요타 직원들보다 약간 더 많은 급료를 받는다. 하지만 최근 몇년 사이에 그 '빅 3'가 얼마나 많은 일자리를 없애버렸는지(수만 개가 사라졌다), 반면 도요타는 얼마나 많은 일자리를 창출했는지(수천 개를 만들었다) 비교해보라고 그는 역설한다. 게다가 도요타는 대개 자사의 공장이 들어선 지역에서 가장 높은 급료를 지불한다. 도요타 정신을 지니고 업무에 임한다면 종업원은 미래의 번영에 아무 문제가 없다고 짐 프레스는 힘주어 말한다.

짐 프레스의 직업관

- 미래의 전망을 보고 직장을 선택하라.
- 스스로 물으라. 더 나아지기 위해 무엇을 할 수 있지?
- 안일한 자세를 버려라.
- 매일 첫 출근하는 기분으로 직장에 나와라.

언론의 평가에 일희일비하지 마라

혹시 도요타가 글로벌 시장에서 거둔 승리가 손쉬운 일처럼 보이는가? 도요타 미국판매법인 부사장 돈 에스먼드는 사람들의 그런 오해를 바로잡고 싶어 한다. 그는 도요타가 특히 미국에서 이룬 시장점유율과 고객만족도의 성과가 결코 쉽게 얻어진 것이 아니라고 말한다. 에스먼드의 말에 따르면 시작부터 첩첩산중이었다는 것이다. 우선 도요펫부터 문제였다. 1950년대 말에 미국에 소개된 도요펫은 그저 미국에 수출된 일제차 정도로 여겨지면서 소비자들의 싸늘한 반응에 부딪혔다. 다음에는 미국 내 외국 자동차 메이커 흠집 내기가 있었다. 소비자들이 점점 더 실용적인 소형차를 선호하기 시작하자 미국 자동차 메이커들이 TV를 통해 일제차가 미국 산업에 위협이 된다며 맹공을 퍼부었다.

수백만의 소비자들이 더욱더 일본 자동차를 좋아하게 되었지만 미국 언론들은 거의 도요타는 무시해버리고 미국 자동차 메이커들의 동향과 신제품 출시만을 집중적으로 보도했다. 낮은 유지비와 구매시부터 이뤄지는 사후관리 덕에 1990년대 초 이후 도요타는 고객들에게 다른 차에 비해 훨씬 우수하고 저렴한 차로 인정받았지만 그들은 그런 사실 따위는 별로 신경 쓰지 않았다. 미국 언론은 도요타가 포드를 앞지를 정도로 규모가 커지고 세계 최대 자동차 메이커인 GM을 바짝 따라붙기 시작하자, 그때서야 눈길을 돌려 아시아에서 온 그 위협에 신경 쓰기 시작했다.

산업 전문가들이 연구해볼 만한 제조업의 수수께끼쯤으로 여겨지던 도요타가 2006년 말에서 2007년으로 넘어오면서는 연일 언론의 헤드라인을 장식하게 되었다. 도요타가 얼마나 거창한 글로벌 사업을 시행할지에 대한 예측부터 신입 사원을 어떻게 교육하는지, 경쟁사들이 21세기에 도요타에 맞서기가 얼마나 힘겨울지 등등 온갖 이야기가 폭포수처럼 쏟아졌다.

그 헤드라인들은 이런 식이었다.

'무(無)에서 일군 세계 지배의 신화'_〈뉴욕 타임스〉

'승리를 예약한 자동차 메이커'_〈비즈니스 위크〉

'도요타, GM에게서 1위 자리를 빼앗다'_〈디트로이트 프리 프레스〉

많은 기업들에서는 이 같은 언론의 찬사를 자신들의 노고에 대한 결실과 하나의 행운의 징조로 받아들여 축제 분위기에 휩

싸일 것이다. 하지만 돈 에스먼드와 와타나베 가쓰아키를 비롯한 도요타의 리더들은 앞으로의 도전이 전보다 한층 더 험난할 것임을 예감했다. 도요펫이 참패로 끝났을 당시 도요타 리더들이 걱정할 문제는 미미한 실적을 올린 제품 하나일 뿐이었다. 하지만 오늘날 도요타는 미국과 세계 전역의 수십여 나라에 수십억 달러를 투자해 생산설비를 구축해놓았기에 닥쳐올 도전은 가히 어마어마할 수 밖에 없다. 도요타 역사상 가장 찬란한 시기에 오히려 위기의식은 역대 최고조에 이르렀고 커져가는 외부의 관심은 또 다른 근심거리로 등장했다.

지난 수십 년간 도요타는 비교적 눈에 띄지 않게 움직였다. 그들은 스스로 회사의 규모와 세계 속 위상을 단지 세계 곳곳에서 자동차를 생산하고 판매하는 회사 정도로 여겨왔다. 일본에 있는 대부분의 사무소가 도쿄에서 몇 시간이나 떨어진 한적한 외곽 지역에 자리 잡고 있고 또 회사의 리더들이 결코 자신을 도요타 브랜드보다 더 내세우지 않았기에 그동안 도요타에 관한 소식은 기본적인 뉴스 보도가 대부분이었다. 도요타는 레이더 아래서 저공으로 비행해왔다. 심지어 디트로이트에서도 GM이나 포드의 간부들은 도요타에 관해 별로 말하지 않았고, 이런 모습에 많은 저널리스트들이 놀라워할 정도였다. 그 간부들은 서로에 대해서는 난리를 치면서도 도요타에 대해서는 거의 언급하지 않았던 것이다.

그러나 이 모든 상황이 돌변했다. 도요타가 마침내 거대한 모습으로 레이더 스크린에 등장한 것이다. 도요타의 리더들은 반작용을 우려했다. 도요타의 성공에 자극받아 일부 경쟁사와 언론이 도요타를 새롭게 보면서, 갑자기 우두머리로 성장한 예전의 꼬마를 향해 난폭하게 덤벼들지 않을까 하는 걱정이었다. 이에 대한 대응으로 도요타는 특히 미국 시장에 더 당당한 자세로 나왔다. 신형 풀사이즈 트럭의 광고는 도요타의 다른 차종들과는 달리 솔직하고 대담했다. 도요타는 NASCAR(미국 개조자동차 경기연맹)에도 근사한 모습으로 참여했다.

도요타의 이런 자세는 다른 이들의 비판에 뒤로 물러서지 않고 진실을 가지고 정면으로 받아쳐내려는 것이었다고 짐 프레스는 말한다. 그래서 그는 〈투데이 쇼〉의 특집 프로가 자신의 수영을 주제로 삼았을 때 당황스러웠다고 했다. 왜냐하면 그는 사람들이 자신의 수영법보다는 도요타의 자동차에 관해 이야기하길 바랐기 때문이다. 도요타 전통에서는 지나친 관심은 문제를 일으킬 뿐이라고 본다. 그는 말한다. 도요타는 지금보다 더 많은 사람들에게 내줄 더 많은 것을 가지고 있기에 도요타의 이야기가 정확하게 알려져야 한다고. 그리고 아직도 미래에 대해 걱정이 태산이라고.

도요타의 성공 공식

- 확고한 원칙을 지켜라.
- 끊임없이 변화하라.
- 언론의 헤드라인을 믿지 말라.

50년 후 도요타는 어떤 모습일까?

우리의 존재 이유는
사람들의 삶을 더 편하게 만드는 것이다.

짐 프레스, 도요타 자동차 북미법인 사장

1920년대 초 창업주 도요다 사키치가 자신의 경영철학을 아들 기이치로에게 전수했을 때, 그는 막강한 다국적 기업으로 성장해갈 원대한 구상에 불을 댕긴 것이나 다름없었다. 다른 기업의 경영자들은 도요타가 언젠가는 세계 최고의 글로벌 기업으로 떠오를 거라고 이야기하곤 했지만, 정작 그렇게 빨리 정상에 오를 줄은 미처 몰랐다고 말한다.

80년이 넘도록 똑같은 원칙을 지켜온 도요타는 끊임없이 특정 기법과 프로세스들을 개선하고 업그레이드함으로써 1950년대 이후 견실한 성장을 지속해왔다. 오만을 버리고 겸손한 자세를 지키면서 고객의 목소리를 경청하고 지역 사회와 세계에 공헌하고자 노력해왔기 때문에 도요타는 21세기 세계에서 엄청난 기회를 얻고 더불어 막중한 책임을 떠맡게 되었다.

짐 프레스는 도요타의 이런 성공이 전혀 놀라운 것이 아니라고 말한다. 도요타가 1990년대 초에 소리 소문 없이 하이브리드 기술에 10억 달러 이상을 쏟아 부으며 미래형 자동차를 개발했을 때 아무도 별 관심을 기울이지 않았다. 그러나 세계가 화석연료의 고갈 가능성과 자동차 배기가스가 환경에 미치는 피해를 인식하기 시작하면서부터 상황은 달라졌다. 결국 수년에 걸쳐 도요타가 기울여온 '청정하고 안전한 자동차를 공급'하려는 노력과 '개인의 창의성을 향상' 시키는 문화가 도요타를 글로벌 자동차업계의 정상으로 올려놓은 것이다. 기름 값이 치솟던 70년대에 소비자들의 요구에 부응한 높은 연비의 승용차, 혁신적인 품질로 도요타의 명성을 드높인 럭셔리-카 렉서스, 게임의 규칙을 뒤바꾼 캠리, 세상을 변화시킨 하이브리드-카 프리우스, 이 모든 자동차들이 경쟁력의 원천이 되어 도요타는 전쟁터나 다름없는 국제 자동차시장에서 선두주자로 도약할 수 있었다.

짐 프레스는 말한다. "세상은 우리 생각보다 훨씬 빠르게 변합니다. 그러니 지금부터 50년 후에 세상이 어떻게 바뀔지 누가 알겠습니까?"

올바른 길을 갈 때 수익은 절로 따라온다

도요타의 글로벌 리더십 중 일부는 행운이나 노력을 통해서 얻어진 것들이지만 대개는 '적절한 장소'에서 '적절한 시기'에 발생한 것이라고 짐 프레스는 주장한다. 즉 오랜 세월 동안 올바른 사명을 갖고 지속적 개선을 추구하면서 생겨난 결과물이라는 것이다. 오늘날 도요타가 가야 할 유일한 길은 끝없이 험난해지는 도전을 앞에 두고 과거보다 더 한층 본래의 경영철학을 지켜가는 것이다. 도요타의 경영진은 명심해야 한다. 금전적 성공은 결코 목표가 아니라 결과, 즉 여태껏 해온 모든 일을 지속할 때 얻어지는 하나의 부산물이라는 사실 말이다.

냉소적 비판자들은 이렇게 말한다. 올바른 사명을 위해 일하고 사회와 환경을 걱정한다는 도요타의 공언은 치솟는 회사의 수익이 떨어지는 것을 막기 위한 홍보용 멘트일 뿐이라고. 또한 그들은 도요타의 거창한 말들이 현재 여러 경쟁사들을 다 합친 것보다도 많은 돈을 쓸어 담는 기업이 주절대는 립 서비스일 뿐이라고 빈정댄다. 하지만 바로 거기에 핵심이 있다.

짐 프레스의 제안 : 매일 사무실에서 던져야 할 질문들

- 어떻게 해야 고객에게 최고로 봉사할 수 있나?
- 종업원들은 얼마나 만족하나?
- 우리는 삶의 질에 얼마나 기여하고 있나?
- 우리는 환경에 어떤 영향을 미치고 있나?

도요타가 정상으로 도약하는 동안 그 리더들은 회사의 저조한 수익성 때문에 주주들에게 사과한 적이 없다. 증권사에 상장된 기업으로서 도요타는 주주와 임직원에게 일정한 책임을 지고 있다. 또 수익은 기업의 생존에 필수적인 것이며 지속적 성장과 인간 존중이라는 도요타의 핵심 이념이 추구하는 궁극적 결과이다. 날마다 올바른 길을 걸음으로써 도요타는 지구상의 더욱 많은 고객들에게 봉사하는 일류 기업으로 성장해가고 있는 것이다.

수익은 올바른 길을 걸으면서 얻어지는 즐거운 결과물이다. 와타나베 가쓰아키 사장에 따르면 기업의 규모를 키우는 것 역시 경영의 목표가 아니다. 과감한 원가절감과 품질개선 운동으로 유명한 와타나베 사장은 미래를 위한 원대한 비전을 품고 있다. 그가 꿈꾸는 자동차는 기름을 한 번만 채우면 온 나라를 돌아다니고 그리하여 공기를 더욱 맑아지게 하는 미래형 승용차다. 게다가 도요타는 충돌 시 탑승자를 구해줄 센서 경보 시스템을 이용한 새로운 승용차를 연구하고 있다. 와타나베 사장은 말한다. "판매량이나 시장점유율은 중요치 않습니다. 도요타의 궁극적 목표는 가능한 모든 면에서 고객의 삶을 향상시킬 자동차를 만드는 것이지요. 그렇기 때문에 우리가 진정으로 넘버원이 되려면 무엇보다 품질 면에서 꿈의 자동차를 실현해야 합니다. 그 자동차는 공기를 맑게 하고 탑승자가 절대 다치지 않고 사람을 건강하게 하면서 한 탱크의 연료로 런던에서 이스탄불까지 달릴 수 있는 꿈의 자동차가 될 것입니다."

만일 이런 야심이 잠꼬대처럼 들린다면 1920년대에 도요타가 고작 직기회사였다는 점을 떠올려보라. 그 당시 자동차 생산은 상상도 하지 못했었다. 오늘날 도요타 그룹은 훌륭한 제품을 만듦으로써 세상을 더 편하게 만든다는 철학을 바탕으로 일본에 '품격 높고 안락한' 주거공간을 건설하고 있다. 또 해양 산업에 진출해 유람선과 선박 엔진도 생산하고 있고 자동차, 주택, 유람선과 금융 자회사를 통한 다양한 금융 서비스를 제공하면서 '평생 고객'을 확보해가고 있다.

그러나 도요타의 주력 산업인 자동차의 설계, 생산, 판매, 서비스는 여전히 세계에 공헌하려는 그들에게 향후 가장 큰 약속과 기회의 영역이다. 도요타의 사명은 그들 자신은 물론 자동차 산업 전체에도 지극히 중요하다. 세계 최대 규모의 많은 자동차 메이커들이 21세기 초의 암담한 현실 앞에 서 있기 때문이다.

도요타가 정상에 오르는 동안 대다수 경쟁사들은 그저 생존에 급급해 발버둥치고 있었다. 2006년에 수십억 달러의 손실을 본 포드는 수천 개의 일자리를 줄이기 위해 임직원에게 기업매수(buy-out, 종업원이나 전문경영인이 기업을 인수하는 것으로 분사(分社)의 한 방법임—옮긴이)를 제안했고, 예상보다 많은 8,000여 명의 직원들이 그 제안을 수용했다. GM은 여러 해에 걸쳐 3,000여 개 이상의 일자리를 없앴고 크라이슬러는 2007년 초에 대규모 구조조정 계획을 발표했다. 매출 감소로 수익이 축소됨에 따라 근로자 13,000명을 내보내겠다는 내용이었다. 이들 '빅 3'의 매출액은 정체 상태에 빠졌고, 따라서 아마 앞으로 글로벌 자동차산업이 맞게 될 가장 중대한 성장기에 대격변이 일어날 것이다.

도요타는 다음 10년 동안 세계의 도로 위를 달리는 자동차의 수가 두 배 넘게 늘어날 거라고 예상한다. 짐 프레스의 말에 따르면 다음 10년간 미국에서만 6,400만의 젊은이가 새로 운전면허증을 취득할 거라고 한다. 따라서 그는 규모와 경쟁력에서 글로벌 정상으로 올라선 도요타의 현재를 꼭대기의 정점이 아니라 하나의 기회로 본다. 짐 프레스 사장은 말한다. 오늘날의 도전들이 과거 어느 때보다 거대하기에 도요타의 원칙들 역시 그 어느 때보다 중요하다고 말이다.

"산의 정상에 도달하려면 꾸준히 올라가야 합니다. 끊임없이 고객의 마음을 살피면서 사회 번영에 이바지한다는 우리의 사명을 지키는 한 우리는 계속 올라갈 겁니다."

감사의 말

흔히들 자동차산업은 세계에서 가장 경기에 민감한 산업이라고 말합니다. 그러나 처음 제가 어떻게 도요타가 세계 정상이 되었는지 조사하기 시작했을 때 도요타의 성장 스토리가 단지 경쟁사들을 앞지른 한 기업의 성공담만은 아니라는 강한 느낌을 받았습니다. 우선은 도요타가 세계 최대의 자동차 메이커 GM을 따라잡은 것이 놀라웠고 또 하나는 도요타가 시장 여건에 따라 등락을 반복하는 자동차산업에서 오랜 세월 견실한 성장을 지속한 것이 신기했습니다. 그래서 저는 도요타가 대체 어떻게 했기에 미미하게 출발하여 오늘날에 이르렀는지 알아내고자 몇몇 분들에게 도움을 청하게 되었습니다.

저는 조사에 뛰어난 재능과 열성을 지닌 것으로 알려진 어느 대학 교수를 찾아갔습니다. 우리는 어떤 각도로 조사에 임할지 궁리하다가 다른 두 교수의 자료를 비교 분석하기로 하였습니다. 채터누가에 있는 테네시대학 재정학 교수 크리스 브록턴 박사와 샬럿에 있는 노스캐롤라이나대학 재정학 교수 겸 공인재무분석사(CFA) 저드슨 러셀 박사의 자료들이었지요. 이 자리를 빌려 브록턴 박사와 러셀 박사에게 깊은 감사를 드립니다. 두 교수는 탁월한 능력으로 제게 큰 도움을 주었고 특히 자신들의 연구 자료를 통해 일반적 생각과는 달리 자동차산업을 비롯한 제조업 전반이 반드시 경기순환 산업은 아니라는 사실을 확인해 주었습니다.

〈포트폴리오〉출판사에서 편집자 제프리 크레임스Jeffrey Krames와 함께 한 작업도 더할 수 없는 즐거움이었습니다. 저는 오래 전부터 그의 서적에 감탄을 금치 못했고 우리는 가끔씩 대화를 나누면서 언젠가 기막힌 프로젝트를 만나 함께 작업하게 되리라 믿고 있었습니다. 그러다 이 책을 구상하게 되자 우리는 절호의 기회임을 깨닫고 함께 작업에 들어갔습니다. 제가 고마워해야 할 〈포트폴리오〉의 다른 직원도 많습니다. 우선 아드리안 잭하임Adrian Zackheim이 있는데, 그는 비즈니스 서적의 최고 실력파로 알려진 편집자입니다. 또 윌 바이저Will Weisser는 서적과 독자의 만남에 관해 빠삭한 전문가입니다. 그리고 출판 계약에서 출간까지 줄곧, 특히 마무리 단계에서 큰 도움을 준 코트니 영Courtney Young도 있었습니다. 코트니와 제프리는 출판계의 많은 사람들이 꺼려하는 일, 바로 원고교정을 맡아 주었습니다. 그들은 원고를 처음부터 끝까지 샅샅이 검토했고 모든 작품은 수정을 가해야 더 훌륭해진다는 사실을 제게 새삼 일깨워주었습니다. 제프리와 코트니의 도움에 대해 어떻게 고마움을 전해야 할지 모르겠습니다.

그런데 이 책은 무엇보다 도요타 측의 크나큰 도움과 협조가 없었다면 탄생하지 못했을 것입니다. 하지만 그 도움을 말하기에 앞서 밝혀둘 것이 있습니다. 이 책이 철저히 객관적으로 쓰였다는 점입니다. 분명히 말하건대 간부와 직원들과의 인터뷰 협조 이외에 도요타로부터 받은 영향이나 도움은 전혀 없었습니다. 미국과 일본에서 아주 귀중한 시간을 내준 최고위 중역들에게 깊은 감사를 드립니다. 그들의 솔직한 답변 덕분에 이 책이 완성될 수 있었습니다. 도요타 정신을 통해서 저는 이해와 지식은 겐치 겐부츠 (직접 가서 확인하기)를 실행해야만 얻어진다는 사실을 알았습니다.

다음으로 지난 봄 제가 일본에 갔을 때 극진히 대접해준 이마이 도마미*Imai Tomami*, 모토요시 유리카*Motoyoshi Yurika*, 폴 놀라스코*Paul Nolasco*에게 심심한 고마움을 전합니다. 그들의 훈훈한 환대와 도움은 앞으로도 오랫동안 잊지 못할 것입니다. 또 도요타 직원 미라 슬레이라티*Mira Sleilati*에게도 진심으로 감사합니다. 그녀는 저의 수많은 이메일에 답해주고 미국에서 중대한 인터뷰를 주선해줬으며 저의 끝없는 호기심을 끈기 있게 상대해 주었습니다.

그리고 또한 빼놓을 수 없는 사람이 제 아내 켄트*Kent*입니다.

오직 참을성 있는 사람만이 전업 작가의 아내가 될 수 있는데 그런 점에서 켄트는 아마 최고의 아내일 것입니다. 이 책을 완성할 때 켄트는 자료 조사와 집필을 도왔을 뿐더러 할 일은 많은데 마감기한에 쫓기며 작업하느라 쏟아낸 내 짜증을 넉넉히 받아주었습니다. 게다가 켄트는 제가 맨 처음 작가의 길로 들어서게 만든 은인입니다. 처음 아내가 저의 글쓰기 열정을 직업으로 삼으라고 말했을 때 저는 버럭 화를 냈었습니다. 하지만 지금 여덟 권의 책을 완성해 놓고 보니 아내의 발상이 영 엉뚱한 생각만은 아니었던 모양입니다. 이제 저는 그녀에게 아마도 모든 작가는 더없는 행운아일 거라고 말하고 싶을 따름입니다.

고마운 분들을 말하자면 끝이 없지만 몇 사람만 더 들면 다음과 같습니다. 동료 앨버트 워터하우스*Albert Waterhouse*는 탁월한 경영 교훈에 대해 나 이상으로 열광하는 친구입니다. 헨리 외미그*Henry Oehmig*는 친구이자 믿음직한 사업 동료입니다. 그 외에 크레이그 홀리*Craig Holley*, 조 퍼거슨*Joe Ferguson*, 미첼 벨*Mitchell Bell*, 고든 데븐포트*Gordon Davenport*, 워드 넬슨*Ward Nelson*에게도 감사를 표합니다. 끝으로 꼭 알맞은 시기에 글쓰기에 더없이 좋은 해변의 근사한 장소를 빌려준 밀러 웰번*Miller Welborn*과 워드 페티*Ward Petty*에게도 고마운 마음을 전합니다.

옮긴이의 글

　도요타는 일본 자동차업계를 선도하며 포드와 GM을 차례로 따라잡아 2006년 말 드디어 세계 정상으로 올라섰다. 과연 도요타가 일본 최고를 넘어 세계 최고로 도약한 원동력은 무엇일까? 이 책은 이런 물음에서 출발하였다. 저자는 성공 신화를 일군 도요타의 저력을 깊숙이 파헤친다. 그리고 그 비결이 효율적인 생산 시스템이 아닌 도요타만의 경영철학에 있음을 밝혀낸다. 역자는 저자의 발걸음을 한발두발 따라가다 도요타의 리더들에 존경심을 품게 되었다. 그들은 단순한 사업가가 아니었다. 이를테면 기업 '철학가'들이었던 것이다.

　그런데 역자가 이 책을 번역하는 동안 줄곧 머릿속을 떠나던 의문이 있었다. 한국 자동차산업의 세계 속 위치는 어디쯤일

266

까? 과연 한국 자동차는 글로벌 경쟁에서 살아남을 수 있을까?

현재 세계 자동차산업은 지각변동을 겪고 있다. 지난해 일본이 미국을 밀어내고 세계 최대 자동차 생산국으로 올라섰으며 놀랍게도 중국이 일본, 미국에 이어 세계 3위 생산국으로 떠오른 것이다. "세계 자동차시장에는 '빅 5'만 살아남는다. 나머지 업체들은 변두리 회사로 전락해 명맥만 유지할 것이다." 일본 노무라연구소가 90년대 말에 내다본 세계 자동차 산업 전망이다. 2006년 매출액 기준으로 자동차 메이커 순위는 GM, 도요타, 포드, 폭스바겐, 다임러크라이슬러, 푸조, 닛산, 혼다 순이었다. 한국의 현대자동차는 9위였다.

한때 잘나가던 숱한 국내 자동차 업체들 중에 독자적으로 생존한 기업은 현재 현대차밖에 없다. 미국, 독일, 일본, 이탈리아 등 자동차 선진국을 제외한 나라의 완성차 업체 중에 유일하게 세계 무대에서 살아남은 것이다. 과연 현대차는 이 살벌한 글로벌 시장에서 버텨낼 수 있을까? 이 무한 경쟁의 전쟁터에서 한국 자동차가 '글로벌 빅 5'에 들어갈 수 있을까?

그렇다면 이런 상황에서 도요타가 우리에게 제시하는 길은 무엇일까? 도요타는 '인간 존중'에 의한 전 사원의 단합과 '지속적 개선'을 통한 끊임없는 자기 혁신으로 글로벌 강자로 도약했다. 거기에는 경영진의 탁월한 비전과 원칙 존중, 종업원의 자발적 헌신, 그리고 노사의 신뢰와 화합이 깔려 있다. 반면 미국의 '빅 3'는 관료주의와 노사 대립으로 덩치만 거대한 공룡이 돼버렸다. 그들은 비대한 자기 몸뚱이에 짓눌려 자꾸만 가라

앉고 있다. 한국 자동차 업체들은 어느 쪽일까? 도요타일까 아니면 미국의 '빅 3'일까?

무엇보다 중요한 것은 지도자의 리더십이다. '모든 조직은 리더에 달렸다'는 말이 이를 뒷받침한다. 도요타의 리더들은 창업주의 경영이념을 70년 넘게 지켜오며 뚜벅뚜벅 걸어왔다. 편법과 술수가 난무하는 사업계에서 도요타는 원칙을 준수하고 정도(正道)를 걸으면서도 최정상에 오를 수 있다는 사실을 보여준 표본이다. 아니, 그래야만 최고가 될 수 있다는 증거이다.

"사느냐 죽느냐가 있을 뿐, 중간이란 없다." 지난 90년대에 거세게 몰아닥친 세계 자동차업계의 인수합병 태풍을 요약한 말이다. 2007년 말 세계 자동차산업이 격변의 소용돌이에 휘말린 이 중요한 시점에 도요타는 한국의 경영자들 앞에 이런 질문을 던지고 있다.

그대들은 누구를 따를 것인가? 도요타인가, 아니면 GM인가?

진정으로 이 땅에 시대를 선도할 초일류 기업들이 탄생하길 기원한다.

최대가 아닌 최고의 기업을 열망하며….
단풍이 짙어가는 2007년 가을 삼각산 기슭 범골에서
이 현 철

도요타 경영원칙

1. 모든 나라의 언어와 법률 정신을 존중하고, 공정하고 개방적인 기업 활동을 통해 세계의 훌륭한 기업시민이 된다.
2. 모든 국가의 문화와 관습을 존중하고, 지역 사회에 적극 참여하여 경제 개발과 사회 발전에 이바지한다.
3. 청정하고 안전한 제품을 공급하고 우리가 활동하는 모든 곳에서 삶의 질을 향상시키기 위해 최선을 다한다.
4. 신기술을 창안하고 개발하며 전 세계 고객들의 요구에 부응하는 우수한 제품과 서비스를 공급한다.
5. 노사 간의 상호 신뢰와 존중을 바탕으로 개인의 창의성과 팀워크의 가치를 드높이는 기업 문화를 이룩한다.
6. 경영 혁신을 통하여 글로벌 공동체와 조화를 이루며 성장을 추구한다.
7. 사업 파트너와 협력하여 연구하고 창조함으로써 안정된 장기 성장과 상호 이익을 달성하고, 새로운 협력관계에도 열린 자세로 임한다.

(도요타의 경영원칙은 1935년에 세워진 창업정신을 바탕으로 그 이후의 성장을 반영하여 1997년에 새로 설정한 기본 원칙이다.)

도요타 웨이

2001년에 도요타는 임직원들에게 기업 사명을 심어주기 위해 '도요타 웨이' 기본지침을 마련했다. '도요타 웨이'의 핵심은 두 가지다.

1) 지속적 개선

2) 인간 존중

1) 지속적 개선

도전: 우리는 장기 비전을 가지고, 용기와 창의성으로 앞날의 도전에 맞서 우리의 꿈을 실현한다.

■ 제품과 서비스의 생산과 공급을 통한 가치 구현

■ 도전 정신

■ 장기적 안목

■ 철저한 검토를 통한 의사결정

카이젠: 우리는 끊임없이 경영방식을 개선하면서 항상 혁신과 진화를 추구한다.

■ 카이젠 마인드와 혁신적 사고

- '린' 시스템과 효율적 구조 구축
- 조직적인 학습

겐치 겐부츠: 우리는 겐치 겐부츠를 실행한다. 현장에 가서 사실을 확인하고 올바른 결정을 내린 뒤, 합의를 도출하고 가장 신속히 목표를 성취한다.

- 현장에서 직접 확인
- 효과적인 합의 도출
- 성취를 향한 헌신

2) 인간 존중

존중: 우리는 상대방을 존중하고 서로 이해하기 위해 최선의 노력을 다하며, 책임 있게 행동하고 온힘을 기울여 상호 신뢰를 구축한다.

- 이해당사자에 대한 존중
- 상호 신뢰와 서로 간의 책임감
- 진지한 의사소통

팀워크: 우리는 인간적 성숙과 전문적 성장을 자극하고 발전의 기회를 공유하며 개인과 팀의 성과를 최대화한다.

- 교육과 개발에 전념함
- 개인을 존중하고 단합된 팀의 위력을 확신함

도요타 시스템의 전문용어

안돈(andon, アンドン): 원래 '표시등'을 뜻하는 일본어에서 온 말로 대개 기계나 조립라인과 연결되어 작업상황을 알려주는 표시판을 뜻한다. '안돈 코드'는 안돈에 연결된 줄인데, 문제가 있을 때 당기면 조립라인이 자동으로 멈춰 선다. 품질 확보 방안의 하나다.

겐지츠(現眞): 사실이나 실체를 뜻한다. 현장의 사실들은 올바른 의사결정의 토대가 된다.

겐치 겐부츠(現地現物): '현장에 가서 직접 확인한다'는 의미. 이론적 지식보다 실제 경험이 훨씬 중요하다는 믿음이다. 문제를 파악하려면 먼저 문제를 보아야 한다.

헤이준카(平準化): 제품을 생산할 때 생산되는 물품의 종류와 수량을 주어진 시간 안에 최종 조립라인에서 전반적으로 균일하게 하는 것을 말한다. 헤이준카는 '적시생산(JIT)'의 선결조건이다.

호신(方針): 한자 '방침(方針)'에는 방향을 가리키는 나침반의 침이라는 뜻이 있다. 따라서 호신은 성취할 목표와 그것에 도달하기 위한 방법을 뜻한다. 조직을 한 차원 높은 단계로 끌어올리기 위한 최우선 사업 과제를 의미하는데, 해마다 바뀌고 여러 단계로 설정될 수도 있다. 호신은 최고 경영진이 개발한다.

호렌소: 도요타가 창안한 두(頭)문자어로서, 호코쿠(報告, 상대에게 완벽한 정보 주기), 렌라쿠(連絡, 문제를 계속 파고들기), 소단(相談, 문제에 대한 협의)이라는 일본어의 앞 글자를 따서 만든 말이다. 호렌소(ほうれんそう)는 '시금치'를 뜻하는 일본어와 발음이 비슷한데 어떤 문제에 대한 상세한 업무 보고서를 말한다. 일본 도요타의 직원들은 흔히 이렇게 말한다. "호렌소 작성했나?"

지도카(自働化): '도요타 생산방식(TPS)'의 두 기둥 중의 하나이다. 지도카의 한자에는 '동(動)'에 '사람 인(人)'이 붙은 동(働)자를 쓰는데, 이는 장비 고장, 품질 저하, 작업 지연 같은 문제가 생겼을 때 인간이나 기계가 적절하게 생산 라인을 정지시키는 능력을 뜻한다. 지도카는 불량품이 그냥 통과하는 것을 막아 문제를 근원에서 확인하고 일부 지역에 고립시켜 수정하도록 해준다. 생산공정의 품질 확보를 위한 필수방안이다.

지슈켄(自習權): 전문적 리더가 이끄는 카이젠으로서 스스로 학습해가는 지속적 개선활동 혹은 자발적 스터디 그룹을 뜻한다. 지도자가 지속적 개선이 필요한 부분을 찾아내고 조직 전체에 정보를 전달하여 카이젠 활동을 자극하는 것이다.

카이젠(改善): '무다'라 부르는 낭비가 발생했을 때 최소의 비용으로 낭비를 조금씩 제거해가는 지속적 개선과정을 뜻한다. 카이젠은 전문가가 아닌 일반 직원들이 실행해야 할 과제이다. 모든 임직원은 지속적 개선을 위해 노력해야 한다.

미에루카(mieruka, 見える化) : 가시화를 뜻함. 즉 문제나 사실들을 모두가 알도록 공개하는 것이다.

몬다이 카이케쓰(問題解決) : 문제해결을 뜻함. 도요타는 자주 장기 세미나를 열어 종업원들이 효과적인 몬다이 카이케쓰에 집중하도록 만든다.

무다(無駄) : 흔히 '낭비'로 번역되는 무다는 가치를 창출하지 못하는 행동이나 과정을 뜻한다. 대표적인 일곱 가지 무다 유형이 있는데, 과잉생산, 대기, 운반, 가공, 재고, 동작, 불량 수정의 낭비가 그것이다. 무라, 무리와 함께 피해야 할 세 가지 해악이다.

무라(無斑) : 불규칙함이나 비표준화를 뜻한다. 무다, 무리와 함께 피해야 할 세 가지 해악이다.

무리(無理) : 무리나 억지를 뜻한다. '무다', '무라'와 함께 피해야 할 세 가지 해악이다.

네마와시(根回し) : 중요한 사안을 결정할 때 사전에 다른 부서나 전문가와 정보를 교환하여 조정하는 것을 뜻한다. '나무를 뽑을 때 미리 뿌리 주위를 파놓는다'에서 생긴 말로 '사전조율'이나 '막후교섭' 정도의 의미를 지닌다.

오베야(大部屋): '큰 회의실'이라는 뜻으로 많은 직원들이 커다란 공간에서 함께 활동하는 공동 작업을 말한다. 장점은 매일 관리자가 업무 진행 상황을 쉽게 확인할 수 있다는 점이고, 단점은 분위기가 산만해져 개인들이 업무에 집중하기 어렵다는 것이다.

소이쿠푸(創意工夫): 생산 현장의 창조적 사고를 말한다. 작업자의 아이디어를 활용하는 것을 뜻한다.

택트 타임 *takt time*: 하루의 작업 시간을 그날 생산될 제품의 수량으로 나눠서 얻어지는 시간이다. 죽, 제품 한 개를 생산하는 데 필요한 시간을 뜻한다. 'takt'는 리듬이나 박자를 뜻하는 독일어로서 '택트 타임'은 공장에서 생산 속도를 결정하는 기준 시간으로 이용되고 있다.

요코텐(橫展開): 전체에 퍼뜨린다는 의미. 공장에서 어떤 좋은 방안이 나오거나 획기적 기법이 개발될 경우 모든 공장 혹은 다른 계열사에 알려 함께 적용한다는 듯이다. 문자적 의미는 '수평 전개'이다.

도표로 보는 도요타의 성공신화

다음은 미국 테네시 주 채터누가에 있는 테네시대학 재정학 교수 크
리스 브록턴 박사Dr. Chris Brockton와 노스캐롤라이나 주 샬럿에 있
는 노스캐롤라이나대학 재정학 교수 겸 공인재무분석사(CFA) 저드
슨 러셀 박사Dr. Judson W. Russell가 제공한 자료임.

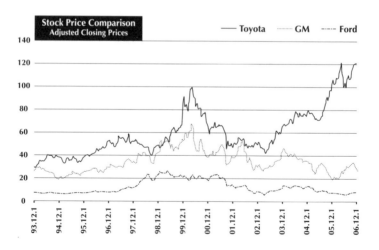

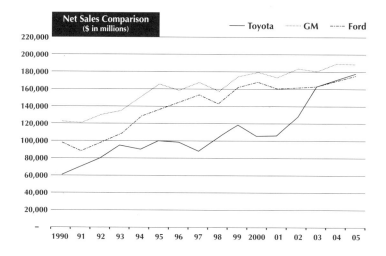

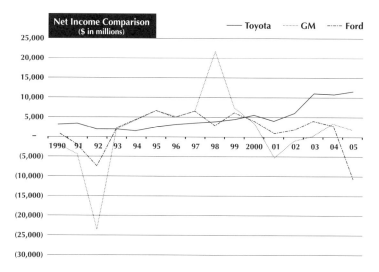

지은이

데이비드 마지 *David Magee*

전직 저널리스트이며, 현재 〈Chattanooga Times〉의 유명 칼럼니스트로 활약하고 있다. 그는 《Turnaround: How Carlos Ghosn Rescued Nissan》, 《존 디어웨이》, 《포드 100년의 저력》 등을 비롯한 일곱 권의 논픽션 서적을 발표한 작가이기도 하다. 마지는 테네시 주 룩아웃 산맥 근처에서 가족과 함께 살고 있다.

옮긴이

이현철

옮긴이 이현철은 경북 포항에서 태어났다. 연세대학교를 졸업했고, 2003년 사단법인 한국번역가협회(KST) 주최 '제13회 국제신인번역장려상'을 수상했다. 휘슬러 큐리어스 시리즈 《스페인》, 《이탈리아》, 《벨기에》, 《헝가리》편과 《마음의 숲을 거닐다》(한언, 2006), 《비움의 발견》(한언, 2007) 등 다수의 역서를 냈다. 현재 전문번역가로 활동 중이다.

한언의 사명선언문

Since 3rd day of January, 1998

Our Mission ─· 우리는 새로운 지식을 창출, 전파하여 전 인류가 이를 공유케 함으로써 인류문화의 발전과 행복에 이바지한다.

─· 우리는 끊임없이 학습하는 조직으로서 자신과 조직의 발전을 위해 쉼없이 노력하며, 궁극적으로는 세계적 컨텐츠 그룹을 지향한다.

─· 우리는 정신적, 물질적으로 최고 수준의 복지를 실현하기 위해 노력하며, 명실공히 초일류 사원들의 집합체로서 부끄럼없이 행동한다.

Our Vision 한언은 컨텐츠 기업의 선도적 성공모델이 된다.

> 저희 한언인들은 위와 같은 사명을 항상 가슴 속에 간직하고
> 좋은 책을 만들기 위해 최선을 다하고 있습니다.
> 독자 여러분의 아낌없는 충고와 격려를 부탁드립니다.
> · 한언 가족 ·

HanEon′s Mission statement

Our Mission ─· We create and broadcast new knowledge for the advancement and happiness of the whole human race.

─· We do our best to improve ourselves and the organization, with the ultimate goal of striving to be the best content group in the world.

─· We try to realize the highest quality of welfare system in both mental and physical ways and we behave in a manner that reflects our mission as proud members of HanEon Community.

Our Vision HanEon will be the leading Success Model of the content group.